Llaw Dialedd

Roy Davies

Argraffiad cyntaf—1992
Argraffiad Print Bras—Rhagfyr 1993

ISBN 185 902 074 7

Dymuna'r cyhoeddwyr gydnabod cymorth
Adrannau'r Cyngor Llyfrau Cymraeg.

Argraffwyd gan
J. D. Lewis a'i Feibion Cyf., Gwasg Gomer, Llandysul, Dyfed

Cyflwynedig i'm Hewythr
Oliver Davies
a fu'n swyddog carchar
am flynyddoedd

Cynnwys

Diolchiadau

Carwn ddiolch yn fawr iawn unwaith eto i'r Prifardd Dic Jones am wedd lenyddol y gyfrol. Ef biau'r ffurf, a minnau'r deunydd.

Diolch i Wasg Gomer am gyhoeddi'r gyfrol; am y gefnogaeth a gefais ganddynt ac am eu gwaith cymen a graenus.

Hefyd i Marilyn fy ngwraig am ei chefnogaeth ac am ei hamynedd.

Diolch hefyd i'r canlynol:

Y Prif Uwch-Arolygydd Richard Thomas, MBE, Heddlu De Cymru.

Y Prif Arolygydd Warren Leyshon, Caerfyrddin.

Y Ditectif Howard Waters, Llanelli.

Y Ditectif Gwyn John, Rhydaman.

Y Parch. J. Cox, Mans Bethel, Heol Alexandra, Gorseinon.

Howell Rees, 16 Highfield, Pontybrenin, Gorseinon.

Fred Hughes, 2 Llygad yr Haul, Caerfyrddin.

Mansell Williams, 22 Heol Orpheus, Ynysforgan, Treforys.

Morris Lewis, Delfron, Llandyfriog, Castellnewydd Emlyn.

Y Swyddog Tim Walters, Carchar Abertawe.

Y Swyddog Bill Shearer, Carchar Walton, Lerpwl.

Miss Doreen Dudley, Swyddfa'r *Assay*, Birmingham.

Ron Edwards, 50 Heol Abertawe, Pont-lliw.

Mary Roberts, 2 Worcester Place, Fforest-fach.

Hefin Wyn, Draenen Wen, Llys-y-frân, Clarbeston Road, Hwlffordd.

Jim Pellai, 31 Heol Rygbi, Maendy, Casnewydd.

John Griffiths, 9 Cefn-yr-Allt, Aberdulais, ger Castell-nedd.

Stanley Teed, Y Coleg Beiblaidd, Abertawe.

Cyflwyniad

Credodd llawer llofrudd dros y blynyddoedd iddo gyflawni'r drosedd berffaith, llofruddiaeth lle na fedrid dod o hyd i gorff nac unrhyw dystiolaeth sut y bu'r dioddefydd farw—nac, yn wir, a fu farw o gwbwl. Ys dywedodd George Haigh, y llofrudd bath asid pan restiwyd ef am lofruddio gweddw gyfoethog, 'Sut medrwch chi brofi llofruddiaeth os nad oes corff i'w gael?'

Credodd sawl awdur stori dditectif yr un peth, y medrai greu'r fath amgylchiadau yn ei ddychymyg fel na fyddai'n bosib profi achos o lofruddiaeth yn erbyn neb. Dibynnant hwythau hefyd fynychaf ar gael gwared o'r corff—ei ddifa neu ei guddio mor llwyr fel na ddeuai awgrym profadwy ohono fyth i'r golwg.

Dros dair canrif yn ôl deddfodd Syr Matthew Hale, un o farnwyr disgleiriaf ei ddydd, na ellid barnu neb yn euog o lofruddiaeth yn absenoldeb corff. Ar yr wyneb, felly, ymddengys fel pe buasai damcaniaeth Haigh a'r nofelwyr yn gywir. Ond er gwaethaf hynny, dros y blynyddoedd profwyd sawl achos heb ddod o hyd i gorff. Ac wrth gwrs, mae'r gyfraith yn cael ei hadolygu ar hyd yr amser.

Bu sawl llofruddiaeth ar y môr. Ac yn yr hen ddyddiau, a mordeithiau yn para am flwyddyn neu fwy efallai, nid oedd yn anarferol i forwyr fod heb wybod dim am newyddion y byd am amser hir—na'r byd amdanynt hwythau. Dan amgylchiadau o'r fath, pwy fyddai fyth yn gwybod yn union beth a ddigwyddodd mewn ffrwgwd rhwng dau forwr ar long filoedd o filltiroedd allan ar y cefnfor, dyweder? Fel yn achos Dudley a Stephens yn 1884. Roedd y ddau ar rafft fil a hanner o filltiroedd o dir gyda hogyn caban wedi i'w llong suddo mewn storm. A hwythau ar fin llwgu wedi bod heb fwyd am wythnosau a'r bachgen yn gwanhau'n gyflym, lladdasant ef a bwyta'i gorff. Ond fe'u rhoddwyd ar eu prawf am lofruddiaeth.

Bu terfysg ar fwrdd llong o'r enw *Veronica* rai blynyddoedd yn ddiweddarach pan laddwyd tri morwr, Gustav Rau, Otto Monsonn a William Smith gan y Capten, Alexander Shaw a'r Mêt, Alexander McLeod, cyn i'r ddau losgi'r llong a dianc ar fad achub. Wrth gwrs, ni fu'n bosib dod o hyd i gorff yn yr achos hwnnw chwaith, ond bu tystiolaeth cogydd y llong a'r *galley boy* a achubwyd gyda hwy yn ddigon i brofi'r achos yn eu herbyn.

Yn 1947 diflannodd Gay Gibson oddi ar fwrdd y *Durban Castle* ger arfordir gorllewin Affrica. Gwadodd James Camb, un o stiwardiaid y llong, iddo'i llofruddio, ond cyfaddefodd iddo wthio'i chorff allan drwy'r *port hole* wedi iddi farw yn ystod cyfathrach rywiol, meddai ef. Felly er na ddaethpwyd o hyd i gorff, cafwyd o leiaf gyfaddefiad o gael gwared ohono, a phrofodd tystiolaeth feddygol a fforensig yn ddigon cryf i wrthbrofi ei stori.

Fel yr âi'r blynyddoedd yn eu blaen, cryfhau o hyd wnâi'r ddamcaniaeth nad oedd yn rhaid dod o hyd i gorff cyn profi llofruddiaeth, ac y gallai tystiolaeth amgylchiadau ymylol fod yn ddigon cryf i brofi'r peth. I ddod yn ôl at George Haigh, carcharwyd ef am ennill arian drwy dwyll yn 1944. Tra yng ngharchar bu'n astudio'r gyfraith a chemeg—tystiolaeth amgylchiadol a fyddai'n chwarae rhan bwysig yn ei brawf ymhen rhai blynyddoedd am lofruddiaeth. Ymhen rhyw bum mlynedd wedi ei ryddhau cyfarfu â gweddw gyfoethog, Mrs Durand-Deacon, a'i llofruddio gan roi ei chorff mewn casgen o asid. Er i'r asid ddifa corff a dillad y wraig bron yn llwyr, pan archwiliwyd y gweddillion cafwyd bag llaw, deunaw o ddarnau o asgwrn, set o ddannedd gosod a thair carreg bustl yng ngwaelod y gasgen. Nid oedd yr asid wedi cael digon o amser i wneud ei waith yn llwyr. Felly er na chafwyd corff, cafwyd digon o dystiolaeth fod corff unwaith wedi bod yn y gasgen honno. Yn y diwedd cyfaddefodd Haigh i'r llofruddiaeth. Cyfaddefodd iddo hefyd lofruddio wyth arall a gwaredu'r cyrff yn llwyr mewn asid. Wyth llofruddiaeth berffaith—ond pa werth oedd i orchest felly heb gael brolio amdani?

Gellir felly ddilyn datblygiad y gyfraith ynglŷn â phrofi llofruddiaeth o ddyddiau Syr Matthew Hale ymlaen yn weddol gyson. I ddechrau roedd yn ofynnol cael corff. Yna derbyniwyd fod gair tystion, fel yn achos y morwyr, yn brawf ychwanegol; yn nesaf fod cyfaddefiad, fel gan James Camb, ac yn olaf fod tystiolaeth am ddarn o gorff, fel yn hanes George Haigh, yn ddigonol.

Ond aethpwyd gam ymhellach eto yn achos Michal Onufrejczyk o Gwm-du. Fe'i cafwyd yn euog o lofruddio Stanislaw Sykut yn 1953 er na ddaethpwyd o hyd i gorff nac unrhyw ddarn ohono ac er na chafwyd cyfaddefiad o fath yn y byd na neb a fedrai dystio i'r drosedd. Eithr deddfodd y Llys Apêl fod tystiolaeth amgylchiadol, os yn ddigon cryf, yn abl i brofi unrhyw beth. Dyna felly, hoelen arall yn arch y syniad o'r 'drosedd berffaith'.

Eithr wedi derbyn hyn'na i gyd, ni ellir llai na theimlo bod yna beryglon. Y mae poblogaethau'r byd mor symudol bellach nes ei bod yn hawdd bod yn Llundain heddiw ac yn Awstralia yfory, heb neb yn gofyn pwy yw dyn nac o ble y daw. Mae cymdeithas wedi llacio ac nid yw dieithriaid yn ein plith yn deffro'r un chwilfrydedd ag a wnaent unwaith. Mae'r amgylchiadau wedi eu creu i rywun ddiflannu o'i fro ei hun heb i neb wybod hynny a symud i fro arall, neu gyfandir arall yn wir, heb i neb holi fawr yn ei gylch.

Yn wyneb y ffaith bod cymaint o bobl yn diflannu'n llwyr bob blwyddyn heb unrhyw achos gweladwy, ac yn aml iawn heb fod unrhyw drosedd wedi ei chyflawni, mae'n *bosibl* nad oedd Sykut wedi ei ladd o gwbwl, a bod Onufrejczyk wedi ei ddedfrydu ar gam. Beth petai'r cwnsler dros y diffynnydd wedi medru codi ar ei draed a chyhoeddi wrth y llys, 'Ac yn awr, aelodau o'r rheithgor, galwaf ar fy nhyst olaf—Stanislaw Sykut'. Mae'n debyg i ryw fargyfreithiwr drio tric o'r fath flynyddoedd yn ôl, ond ymateb y Barnwr oedd, 'Fe wyddwn yr eiliad honno fod y diffynnydd yn euog—fe drodd llygaid pawb at y drws—pawb ond ei lygaid ef.'

'Tra bo dynoliaeth' bydd llofruddiaethau
Pan gwyd y nwyd yn ein heneidiau,
A thra bo eiddo fe fydd troseddau
A *llaw dialedd* yn y llwyd olau,
Er a ddwed gwareiddiadau—mae rhyw ran
O Gain ei hunan yn ein genynnau.

Dic Jones

Colledigion

Nid yw'r heddlu yn cael gwybod am fwy na hanner y 100,000 o bobl sy'n mynd ar goll yn y Deyrnas Unedig yn flynyddol—tua chwe mil yng Nghymru'n unig. Pobl ifanc yw llawer iawn ohonynt--plant yn rhedeg i ffwrdd wedi cweryl yn y cartref ac yn y blaen. Deuir o hyd i'r rhan fwyaf yn fuan iawn ond o bryd i'w gilydd mae rhai yn diflannu na chlywir byth wedyn sôn amdanynt—hynny mewn oes pan fo cyswllt manwl a soffistigedig rhwng heddluoedd gwahanol rannau o'r wlad, ac o'r byd hefyd, a'i gilydd. Prin bod unrhyw gorff, neu ran o gorff a olchir ar ryw draeth diarffordd neu y deuir o hyd iddo mewn rhyw allt anhygyrch nad oes rhyw gliw o ble y daeth neu pwy ydoedd. Ac eto i gyd, mae ambell fam gydwybodol a phenteulu cyfrifol yn mynd ar goll yn llwyr. Nid oes unrhyw haen o gymdeithas nad yw'n agored i'r perygl.

Mae Susan Llywelyn Jones, newyddiadurwraig a swyddog cyhoeddusrwydd o Gaerdydd, ar goll er 14 Ebrill 1980. A hithau'n briod â dau o blant, ffarweliodd â'i gŵr yng Ngorsaf Caerdydd a mynd i Lundain ar y trên. Ni chafwyd unrhyw sôn amdani byth wedyn.

Mae Anne Forbes, 30 oed o Gasnewydd ar goll er Nadolig 1981, a Margaret Salter, 34 oed, o Gasnewydd oddi ar Ionawr 1988.

Diflannodd Kate Eagan o Ben-bre wedi glanio mewn maes awyr yn Indonesia ym Mehefin 1988. A chaniatáu bod Indonesia hanner byd i ffwrdd a phroblemau trafnidiaeth a chyswllt yn gwneud y gwaith o chwilio amdani yn anoddach, mae'n rhyfedd yn yr oes dechnolegol hon na ddoi rhyw awgrym o oleuni ar ei thynged.

Ond rhyfeddach fyth yw i Stephanie Whittaker, mam i dri o blant o Gasnewydd, fynd allan i gwrdd â'i ffrindiau un noson. Ni chadwodd yr oed, ni ddychwelodd adref ac ni ddaeth dim sôn amdani hyd y dydd hwn. Felly hefyd Mrs Trevaline Evans a adawodd nodyn ar ddrws ei siop henebau yn Llangollen—'Nôl mewn dwy funud.' Ddwy flynedd yn ddiweddarach mae'n dal heb ddychwelyd.

Mae amgylchiadau pob diflaniad yn wahanol ac ni ellir dod i unrhyw gasgliad cyffredinol: ambell un yn diflannu o'i wirfodd —methu dygymod â bywyd efallai, ac eto heb fedru cymeryd y cam eithaf. Anghysur ar yr aelwyd, dyledion, carwriaeth yn mynd o chwith, a'r ffoadur yn penderfynu torri pob cyswllt â theulu, ffrindiau ac ardal—mae pob math o resymau. Eto eraill yn colli cof, ond yn meddu ar ddigon o gyfrwystra neu lwc i guddio'u llwybr yn llwyr.

Yn 1920 roedd Victor Grayson, Aelod Seneddol Llafur, i fod i annerch yn Hull ond ni chyrhaeddodd yno na dychwelyd adref ac ni ddaeth unrhyw sôn amdano am dros ddeng mlynedd. Yna'n gynnar yn y tridegau, anfonodd rheolwr gwesty yn Llundain fag teithio yn cynnwys eiddo Grayson i'r heddlu gan ddweud ei fod yn eiddo i ŵr a ddaeth i'r gwesty ryw noson flynyddoedd cyn hynny gyda niweidiau i'w ben a'i fraich. Llogodd ystafell, gadawodd y bag yno ac aeth allan ac ni welwyd mohono'n fyw nac yn farw fyth wedyn.

Mae'r Arglwydd Lucan ar goll er Tachwedd 1974, pan lofruddiwyd Sandra Rivet, nyrs ei blant yn Belgravia. Yn y cwest arni daeth y rheithgor i'r farn mai ef a'i lladdodd. Ond os bu unwaith yn gred na ellid profi llofruddiaeth heb gorff, yna'n sicr ni ellid profi neb yn euog na'i ddedfrydu heb ddiffynnydd. Mae pob lle i gredu nad damwain fu ei ddiflaniad ef.

Achos arall a greodd gryn ddiddordeb ar y pryd oedd diflaniad John Stonehouse, Aelod Seneddol Walsall. Ffugiodd ef ei farwolaeth ei hun ar draeth Miami yn Florida yn 1974—ymddangosai iddo foddi a chafwyd ei ddillad gerllaw, ond ymhen pythefnos daethpwyd o hyd iddo'n fyw ac yn iach yn byw yn Melbourne, Awstralia, o dan enw arall. Roedd wedi cael gafael ar ddwy dystysgrif geni pobl a oedd wedi marw a'u defnyddio i gael dau basport ffug. Roedd ganddo yntau resymau cryf dros ddiflannu. Yn Awst 1976, carcharwyd ef am saith mlynedd am geisio ennill ffortiwn drwy dwyll.

Ac, wrth gwrs, mae llawer o Natsïaid blaenllaw yr Ail Ryfel Byd yn dal yn fyw yn rhywle, er yr holl chwilio a fu amdanynt ers blynyddoedd gan heddluoedd cudd y gwledydd i ateb cyhuddiadau o droseddau rhyfel. Maent wedi mynd ar goll yn llwyr ymhlith miliynau cyffredin dynoliaeth y cyfandiroedd.

Diflannu o'r Aubrey Arms

Roedd hi'n fore Sul—bore Sul, 28 Hydref 1973—a thafarnwraig yr Aubrey Arms, Cwm-twrch yng Nghwmtawe, Barbara Maddock, a'i gŵr, Wil, newydd godi ac yn mwynhau cwpanaid o de. Gan fod y cloc wedi ei droi yn ôl awr—yn swyddogol am dri o'r gloch y bore hwnnw—yr oedd ganddynt ychydig bach mwy o amser nag arfer i hamddena. Gyda hwy yr oedd Annie Stafford, y wraig a fyddai'n glanhau wedi miri mawr y nos Sadwrn cynt. Tafarn hynod boblogaidd oedd yr Aubrey Arms —nid oedd dim yn elitaidd nac ychwaith yn isel ynghylch y lle. Un o'r tafarnau mwyaf trwyadl ddiddosbarth yng Nghymru i gyd, mae'n siŵr. Rhifai fancwyr a glowyr, cyfreithwyr a gweithwyr ffatri, gwŷr a gwragedd, plismyn a drwgweithredwyr, hen ac ifanc, di-waith a chyfoethog fel ei gilydd ymhlith ei chwsmeriaid. Yno gellid dibynnu ar gwrdd â chroesdoriad perffaith o boblogaeth y Cwm.

Yn ôl ei arfer ar foreau Sul wedi cael ei gwpanaid boreol, aeth Wil yn ei gar i alw ar fodryb iddo yn Heol Gorof tua phum munud i naw gan aros yno am ryw hanner awr, ac ar ei ffordd adref galwodd gyda chyfaill iddo yn Heol yr Ysgol a chydag un

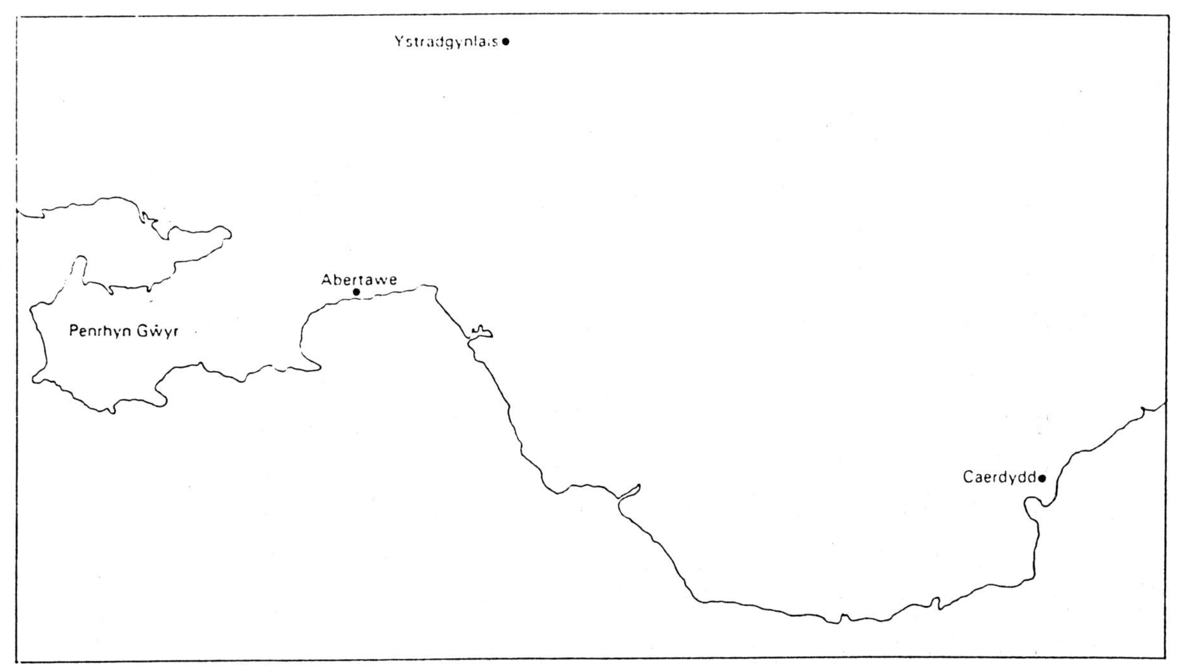

Lleoliad Ystradgynlais

arall yn Nheras Spencer. Cyrhaeddodd yn ôl tua phum munud wedi deg, bron yn union yr un pryd ag y galwodd un o'i gwsmeriaid o'r noson cynt—John Rees o Myrtle Hill—a alwasai i gasglu darn o gig yr oedd Barbara wedi ei gadw iddo yn ei rhewgell.

Anfonodd Wil ef i fyny i'r llofft i'r ystafell fyw tra âi ef i'r bar, ond bron ar unwaith daeth John i lawr yn ei ôl gan ddweud nad oedd Barbara yno. Aeth Wil i alw arni ac i chwilio'r tŷ amdani, gan ddeffro'u mab un-ar-bymtheg oed, Hywel, ond nid oedd hwnnw wedi gweld ei fam o gwbl y bore hwnnw. Felly aeth y ddau ohonynt allan yn y car i gyfeiriad Godre'r-graig ac Ynysmeudwy yr holl ffordd i Bontardawe gan ddychwelyd drwy Ystalyfera ac Ystradgynlais, ond nid oedd sôn amdani yn unman.

Wedi cyrraedd yn ôl i'r tŷ gwelodd Wil nad oedd ei wraig wedi mynd â dim dillad newid gyda hi hyd y gwyddai ef, na bag dillad nac arian, ac aeth i holi Annie Stafford. Roedd honno, meddai hi, wedi gweld Barbara ar ôl i Wil fynd i weld ei fodryb. Daethai i lawr i'r bar tra oedd Annie'n glanhau a throi'r cloc yn ôl awr a gwnaeth hithau yr un peth â chloc y lolfa. Yna aeth Barbara yn ôl i'r llofft a chlywai Annie hi'n symud yn yr ystafell fyw uwchben. Ymhen tipyn bu'n rhaid i Annie ddefnyddio'r hwfer i lanhau'r carpedi ac ni fedrai glywed rhagor o sŵn o'r llofft ac erbyn iddi orffen mae'n rhaid bod y sŵn wedi peidio, er na sylwodd ar hynny ar y pryd. Ni welodd Barbara wedyn.

Edrychai'n debyg i Barbara adael y tŷ yn sŵn yr hwfer ac nad oedd neb wedi'i gweld yn mynd. Felly, am chwarter i un-ar-ddeg aeth Wil i ddweud wrth yr heddlu yn Ystradgynlais, achos yr oedd ei wraig wedi bod yn dioddef o iselder ysbryd yn achlysurol ers rhai blynyddoedd, er ei bod, os rhywbeth, mewn gwell hwyliau nag arfer y bore hwnnw.

Ganed hi yn Southport yn Barbara Robertson a phriododd yno â gŵr o'r enw Bernard ond bu farw hwnnw yn 1948, brin ddeufis cyn i'w phlentyn cyntaf, Jean, gael ei eni. Ymhen dwy flynedd, aethant eu dwy i fyw at fodryb i Barbara yn Melbourne, Awstralia, ac yno y cyfarfu â Wil Maddock, morwr golygus o Gwmtawe. Priododd y ddau yn Awstralia yn 1953 ond ymhen blwyddyn dychwelodd y teulu i Brydain ac i gadw'r Aubrey Arms yng Nghwm-twrch. Ganwyd mab iddynt, Richard yn

Aubrey Arms a Heol Gurnos

1955, ond, ac yntau brin yn ddwy flwydd oed, trawyd ef gan gar y tu allan i'r tŷ a bu farw. Effeithiodd hyn yn drwm iawn ar Barbara ar y pryd ond i bob ymddangosiad, o dipyn i beth daeth dros y sioc, yn enwedig pan anwyd Hywel yn 1957, ac ailgydio yn ei bywyd yn gymharol gysurus.

Eithr ymhen rhai blynyddoedd, aeth ar ei gwyliau i Lundain ac ni ddychwelodd. Cafwyd hi yn nhŷ ffrindiau iddi, Mr a Mrs McKenzie yn Kay Street E.2. Daeth adre'n ôl ac edrychai fel pe bai'n ddigon hapus am beth amser. Yna, yn nechrau 1971, dechreuodd ddioddef o iselder ysbryd a bu dan ofal meddyg a threuliodd gyfnod byr yn cael triniaeth seiciatryddol yn Ysbyty Cefn Coed, Abertawe. Wedi hynny, teimlai hi'n anodd i wynebu pobl, gan ddychmygu eu bod yn gwneud mwy o'r peth nag oedd eisiau. Yn ddiamau, nid oedd ceisio rhedeg tŷ tafarn, o bob galwedigaeth, y gwaith hawddaf o dan y fath amgylchiadau. O'r diwedd, peidiodd â gweithio yn y bar o gwbl. Roedd hi am werthu'r lle ond ni fynnai ei gŵr mo hynny a bu hyn yn ddadl rhyngddynt am beth amser.

Yna, yn niwedd Mehefin 1973, p'un ai o fwriad ai drwy ddamwain, cymerodd ormod o'r tabledi a gâi at ei salwch, a bu'n rhaid ei dwyn i Ysbyty Treforys i'w dadebru. Bu yno am ddeng niwrnod, ac ymhen llai na chwe wythnos yr oedd yn ddigon da i fynd i Southport ar ei gwyliau. Aeth ar ei phen ei hun i aros gyda'i brawd, Kenneth, ac yn ddiweddarach gyda'i chwaer, Doris Miller, yn Avondale Road, lle'r achwynodd ei phroblemau a'i phryderon i'w chwaer. Byrdwn ei gofid oedd ei hawydd i werthu'r Aubrey Arms ac anfodlonrwydd ei gŵr iddi wneud hynny. O'r diwedd, dywedodd nad oedd am ddychwelyd i'r lle byth mwy ac aeth i chwilio am waith, gan ddefnyddio'r enw Barbara Walters, a chyflogwyd hi fel gweinyddes yng Ngwesty'r Royal yn Southport. Bu'n gweithio tan yn gynnar ym mis Medi pan ddaeth ei gŵr i'w chyrchu adref. O hynny ymlaen, yn ôl Wil, cryfhaodd y berthynas rhyngddynt, ac er bod iselder ysbryd yn cydio ynddi'n awr ac yn y man, ymddangosai'n weddol hapus.

Barbara yn ystod cyfnod hapusach

Barbara fel yr edrychai cyn iddi ddiflannu

I fod yn fanwl, ei heiddo hi oedd yr Aubrey Arms. Yn ei henw hi yr oedd y drwydded ac yn ei henw hi yr oedd y gweithredoedd. Ond prin fis cyn iddi ddiflannu, cwblhawyd y trefniadau i drosglwyddo'r cyfan i enwau Wil a hithau ar y cyd. Felly yr oedd yn mynd gan adael hanner y busnes a'i heiddo personol i gyd. Gadawodd fodrwy a rhai gemau a chôt ffwr werth £1,200 a brynasai yn Abertawe lai na blwyddyn ynghynt, ar ôl, ac, yn fwy arwyddocaol na dim efallai, ei hunig lun o'i mam—llun y byddai'n edrych arno'n fynych iawn. Trigai ei merch o'i phriodas gyntaf—Jean Smyth—yn Heol Tredeg gerllaw ac yr oedd wedi mynd heb ddweud gair wrth honno na neb arall.

Yn naturiol, gwnaed ymholiadau yn Southport gyda'i theulu. Aeth y Ditectif Wyn Davies yno'i hunan i chwilio amdani a chyfweld ei brawd a'i chwaer, holi yng Ngwesty'r Royal a phobman arall gyda chymorth yr heddlu lleol. Aethpwyd i Lundain i chwilio am y McKenzies ond roeddent hwy wedi hen symud oddi yno ac mewn gwth o oedran ac ni chafwyd dim gwybodaeth ganddynt hwy. Er holl ddycnwch y ditectif, ni ddaeth dim byd i'r golwg.

Rhoddwyd y cyhoeddusrwydd mwyaf posib i'r achos drwy Brydain i gyd ac ymhellach. Clywyd sibrydion ei bod yn Awstralia ond cadarnhaodd Prif Gomisiynydd Heddlu Victoria nad oedd unrhyw un yn dwyn yr enwau Barbara Maddock, Bernard, Robertson na Walters wedi dod i'r wlad. Yr un oedd yr ateb o Swyddfa'r *Australian High Commission* yn Llundain ac Adran Ymfudo y Swyddfa Gartref. Ac er chwilio cofnodion yr Adran Iechyd a Gwasanaethau Cymdeithasol, ni fedrwyd gweld bod gan Barbara hyd yn oed Rif Yswiriant Gwladol.

Dair wythnos i'r diwrnod y gwelwyd hi ddiwethaf, ar ddydd Sul, 18 Tachwedd, rhwng naw a deg o'r gloch y bore, trefnodd yr heddlu i stopio pob car a deithiai ar hyd yr hen ffordd fawr o Ystalyfera i Ystradgynlais—wyth gant i gyd—a holi'r gyrwyr a oeddent wedi teithio'r ffordd honno ar fore dydd Sul, 28 Hydref; a oeddent yn adnabod Barbara Maddock ac a oeddent wedi ei gweld y bore hwnnw? Tybiwyd am beth amser y gallai'r ymdrech fod wedi bod yn llwyddiannus. Dywedodd Donald Evans o Heol yr Ysgol, Cwm-twrch, ei fod wedi teithio heibio i'r Aubrey Arms y bore hwnnw ac ar hyd Heol Gurnos. Yr oedd, meddai ef, yn berffaith siŵr o'r dyddiad gan fod yr awr wedi'i throi'n ôl y bore hwnnw. Tua chwarter wedi naw oedd hi, pan welodd Barbara yn cerdded yr heol honno i gyfeiriad hen ffordd fawr Ystalyfera i Ystradgynlais. Nid oedd yn bosib ei fod wedi camgymryd achos yr oedd yn gwsmer rheolaidd yn yr Aubrey ac yn ei hadnabod yn iawn.

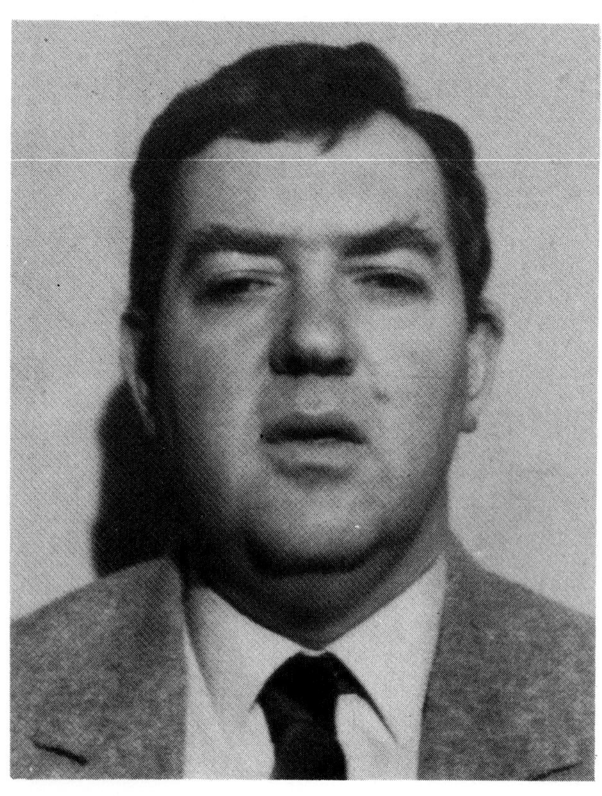

Y Ditectif Wyn Davies

Ac yno ar Heol Gurnos y diflannai'r trywydd. I ble'r aeth oddi yno? Nid oedd un bws yn rhedeg yr adeg honno o'r dydd. Ai troi i'r chwith i gyfeiriad Ystradgynlais a wnaeth, ai i'r dde tuag Ystalyfera? Sut na fuasai rhywun arall wedi'i gweld a'i hadnabod—wedi'r cyfan roedd bron pawb lleol yn ei hadnabod a hithau'n dafarnwraig yr Aubrey, y dafarn fwyaf poblogaidd yn y cylch? Ond ofer fu pob ymdrech i ddod o hyd iddi.

Ei hunig ffrind agos oedd Annie Mary Thomas o Heol Lewis, Creunant, a fyddai'n helpu yn y dafarn yn achlysurol. Pan fuasai Barbara ar goll y troeon cynt, byddai Annie Mary yn derbyn galwadau ffôn oddi wrthi yn y bore bach—weithiau rhwng pump a chwech o'r gloch. Byddai Barbara'n arllwys ei chwd wrthi am hydoedd, yn amlwg yn isel iawn ei hysbryd ac am rywun i dorri gair â hi. Bryd arall, pan atebai Annie Mary byddai Barbara'n rhoi'r ffôn i lawr wedi methu dweud gair. Ac am hanner awr wedi pump fore dydd Gwener, 16 Tachwedd—bedwar diwrnod ar bymtheg wedi'r diflaniad—canodd cloch ffôn Annie Mary wedyn. Rhuthrodd hithau ati ond nid atebodd neb. Ni chlywodd air oddi wrth Barbara fyth wedyn ond yr oedd yn hollol siŵr ynddi hi ei hun mai Barbara oedd yno'r bore hwnnw.

Ond fel ymhob achos lle bo'r gwybod yn methu, mae'r dychymyg yn cael lle i ffynnu. Y drafferth fawr yw gwahanu'r naill oddi wrth y llall. Mae'r dryswch yn para mor ddwfn ag erioed. Beth yn union a ddigwyddodd iddi? A aeth i ffwrdd i golli ei hunan ymhlith miliynau diwyneb rhyw ddinas bell? Os felly, pam? A sut? A gwrddodd â'i diwedd drwy law rhyw droseddwr—neu drwy ei llaw ei hun? Mae hi braidd yn anodd derbyn hynny heb fod rhyw awgrym o'i chorff wedi ymddangos yn rhywle. Ac eto, yn ôl tystiolaeth ei blynyddoedd olaf gallai'n hawdd fod wedi gwneud amdani'i hun, er nad oedd gronyn o dystiolaeth uniongyrchol i awgrymu hynny. Mae dau beth yn fy nhueddu i'r cyfeiriad hwnnw.

Y cyntaf yw clyfrwch diarhebol rhai hunanleiddiaid i gelu'u bwriadau a chuddio'u trywydd—rhyw resymu doeth-orffwyll na ddaeth unrhyw lofrudd yn agos i'w feddu. A'r ail yw eu bod yn gwneud hynny fynychaf pan fyddant yn ymddangos yn dawelach eu meddwl nag arfer. Mae'r ysbryd yn bywhau a'r galon yn codi a'r problemau i gyd fel petaent wedi cilio. Mewn

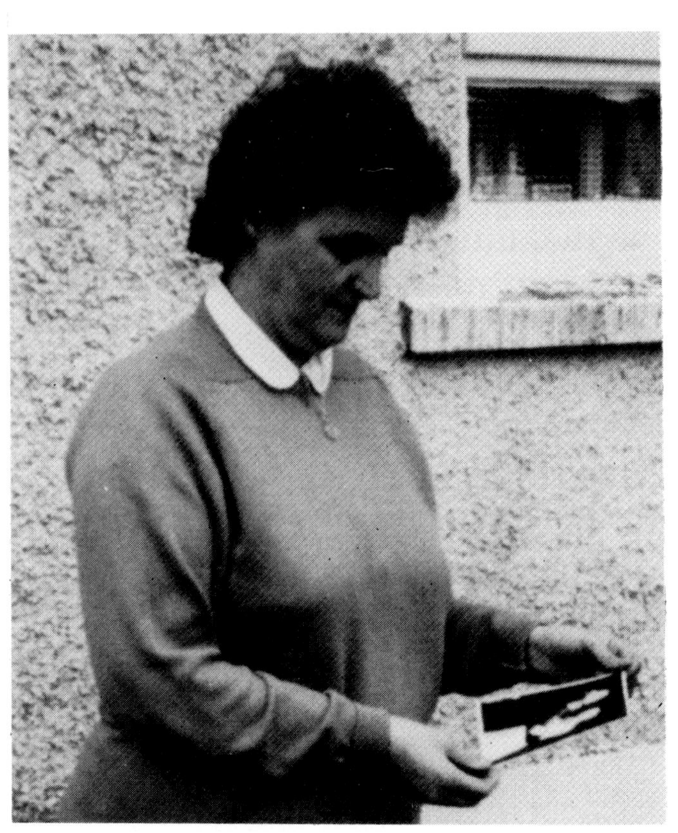

Jean Smyth yn edrych ar lun o'i mam

gwirionedd, wrth gwrs, maent yn dal yr un, ond mae'r penderfyniad mawr beth i'w wneud yn eu cylch wedi ei gymeryd. Felly'n union y bu hi yn hanes Barbara. Annie Stafford oedd yr olaf y gwyddom amdani i'w gweld yn fyw, ac yr oedd honno'n medru tystio, yn ystod yr amser y bu'n gweithio yn yr Aubrey, bod ei meistres yn fynych yn isel iawn ei hysbryd, ond y bore Sul olaf hwnnw yr oedd yn anarferol o siriol a llon a'i siarad i gyd am y dyfodol—troi'r cloc ac yn y blaen.

Ond wedyn, yn 1987 bu farw ei brawd, Ken Robertson, yn Southport. Ar ei wely angau mynnodd gael anfon neges i Jean Smyth, merch Barbara, bod ei mam yn byw yn Cheltenham ac yn gweithio mewn siop yno. Ond cyn i Jean gael amser i gyrraedd Southport i holi rhagor arno, yr oedd wedi marw. Beth oedd sail yr hanes hwnnw, ys gwn i? A pham nad oedd wedi sôn am y peth ynghynt? Er holl holi heddlu Cheltenham a chyhoeddusrwydd mawr yn y papurau ni ddaeth dim sôn amdani.

Roedd yr ymchwiliad swyddogol i'r diflaniad wedi llacio cryn dipyn rai blynyddoedd cyn hynny, achos yn 1979 derbyniodd y Ditectif Pat Molloy wybodaeth 'o ffynhonnell ddibynadwy' fod Barbara wedi gadael y wlad drwy Ddociau Tilbury a'i bod yn byw yn Awstralia. Gan na all neb ond Barnwr o'r Uchel Lys orfodi ditectif i ddatgelu ffynhonnell ei wybodaeth y mae'n rhaid cymryd yn ganiatäol fod y wybodaeth honno wedi cael ei phwyso a'i mesur a'i bod wedi bodloni o leiaf un o weision y Goron. Ond gan nad yw holl ffeithiau'r achos eto'n gyhoeddus, yn swyddogol mae'r ffeil arno heb ei chau.

In the High Court of Justice

The Probate Registry of Wales

BE IT KNOWN that BARBARA MADDOCK of The Aubrey Arms Ystradgynlais Powys

died on or since the 28th day of October 1973

domiciled in England and Wales

AND BE IT FURTHER KNOWN that at the date hereunder written the last Will and Testament

(a copy whereof is hereunto annexed) of the said deceased was proved and registered in the Probate Registry of Wales of the High Court of Justice

and Administration of all the estate which by law devolves to and vests in the personal representative of the said deceased was granted by the aforesaid Court to

BARCLAYS BANK TRUST COMPANY LIMITED of 54 Lombard Street in the City of London the Executor

An Inland Revenue Affidavit has been delivered wherein it is shown

It is hereby certified that [illegible] (exclusive of what the said deceased may have been possessed of or entitled to as a trustee and not beneficially)

of the said estate in the United Kingdom [illegible] amounts to £10000.00 and that the net value [illegible] amounts to £10000.00

Dated the 4th day of January 1991

R. Y[illegible]

District Registrar.

Datganiad yr Uchel Lys ynghylch marwolaeth Barbara

Mae absenoldeb person yn ddi-dor am saith mlynedd yn ddigon i'r gyfraith dderbyn ei fod yn farw, felly, gan i Barbara fynd ar goll ar 28 Hydref 1973, deuai'r saith mlynedd i ben ar 28 Hydref 1980, a gallai ei gŵr wedyn hawlio'i holl eiddo. Ond mae'n rhaid bod y wybodaeth a gafodd Pat Molloy wedi cael ei chymryd o ddifrif achos ni wnaed datganiad swyddogol i'r perwyl hwnnw ar y pryd. Cymerodd fwy na saith mlynedd arall i hynny ddigwydd—hyd 1991 i fod yn fanwl—a hynny wedi misoedd o weithgarwch cyfreithiol. Ond erbyn hynny roedd Wil Maddock yn ei fedd a'r dirgelwch heb ei ddatrys.

Mae'r Aubrey Arms yn awr yn nwylo Hywel Maddock, a daeth 'bugeiliaid newydd' i bencadlys yr heddlu yng Nghaerfyrddin hefyd yn rheolaidd. Ymhlith dyletswyddau pob pennaeth newydd o'r CID yn ei dro byddai astudio ffeil Barbara Maddock unwaith yn rhagor. Rhoddodd Wyn Davies o'i orau i'r achos ac y mae'r pennaeth presennol, y Ditectif Brif-Uwch-Arolygydd Jeff Thomas, yn hollol ffyddiog y daw goleuni ar y mater yng nghyflawnder yr amser.

Y Ditectif Brif-Uwch-Arolygydd Jeff Thomas

Dirgelwch Mary Yafai

Eithr y mae rhai achosion lle na fedrir gweld unrhyw reswm dros ddiflannu. Er y gall amgylchiadau awgrymu'n gryf fod y sawl sydd ar goll wedi ei lofruddio, neu o leiaf yn farw, nid yw'n dilyn fod trosedd o angenrheidrwydd wedi ei chyflawni. Felly yr oedd yn hanes Mary Yafai a ddiflannodd o Gasnewydd ar ddydd Iau, 2 Medi 1971. Ni welwyd mohoni hithau chwaith wedi'r diwrnod tyngedfennol hwnnw.

Ganwyd Mary Hemmings ar 3 Medi 1945 yn Birmingham, y ferch ieuengaf o chwech o blant. Gadawodd yr ysgol yn bymtheg oed ac yn fuan wedyn cyfarfu â'i darpar ŵr—Ali Abdullah Saleh Yafai—bymtheng mlynedd yn hŷn na hi. Ganwyd ef yn Yemen ar 23 Awst 1930 a gadawodd yr ysgol yn 1944. Bu ym myddin Arabia am dair blynedd, yna'n gweithio blwyddyn ar fferm ei dad ac mewn ffatri am ddeunaw mis arall. O 1949 i 1955 bu ar gychod pysgota yn Yemen cyn dod i wledydd Prydain. Roedd ganddo basport Prydeinig ac un Yemenaidd a bu'n gweithio fel taniwr ar longau o Sunderland ac yn ddiweddarach yn tendio masiwn yn Birmingham, West Hartlepool, Yr Alban a Chasnewydd.

Yn 1957, tra oedd yn gweithio mewn gwaith dur yn West Hartlepool, cyfarfu â Miriam Ahmed, merch un-ar-bymtheg oed o Kingston-upon-Hull. Magwyd hi gan ei rhieni, Said a Lilian Ahmed, ond rhoddwyd hi mewn cartref plant yn ddeg oed. Ar 22 Tachwedd 1958 priododd Ali a Miriam yn Swyddfa Gofrestru West Hartlepool. Cawsant ddau o blant, Ablah yn 1959 ac Ishmahan yn 1960.

Yn ôl pob hanes, dyn cas oedd Ali. Pan oedd Miriam yn feichiog bum mis y tro cyntaf, dechreuodd ei churo ar yr esgus lleiaf, ac o hynny ymlaen byddai'n ei cham-drin yn rheolaidd. Ar un achlysur bygythiodd ei thorri'n ddarnau â chyllell. Derbyniai Miriam fod gwraig i Arab yn gyfarwydd â chael ei churo—byddai hyd yn oed ei thad yn cefnogi Ali yn ei greulondeb. Yn ôl ei thystiolaeth hi, nid yn unig yr oedd ei gŵr yn giaidd o greulon, yr oedd hefyd yn gelwyddgi wrth reddf. Roedd wedi tyngu llw ar y *Koran* ei fod yn ddibriod wrth briodi

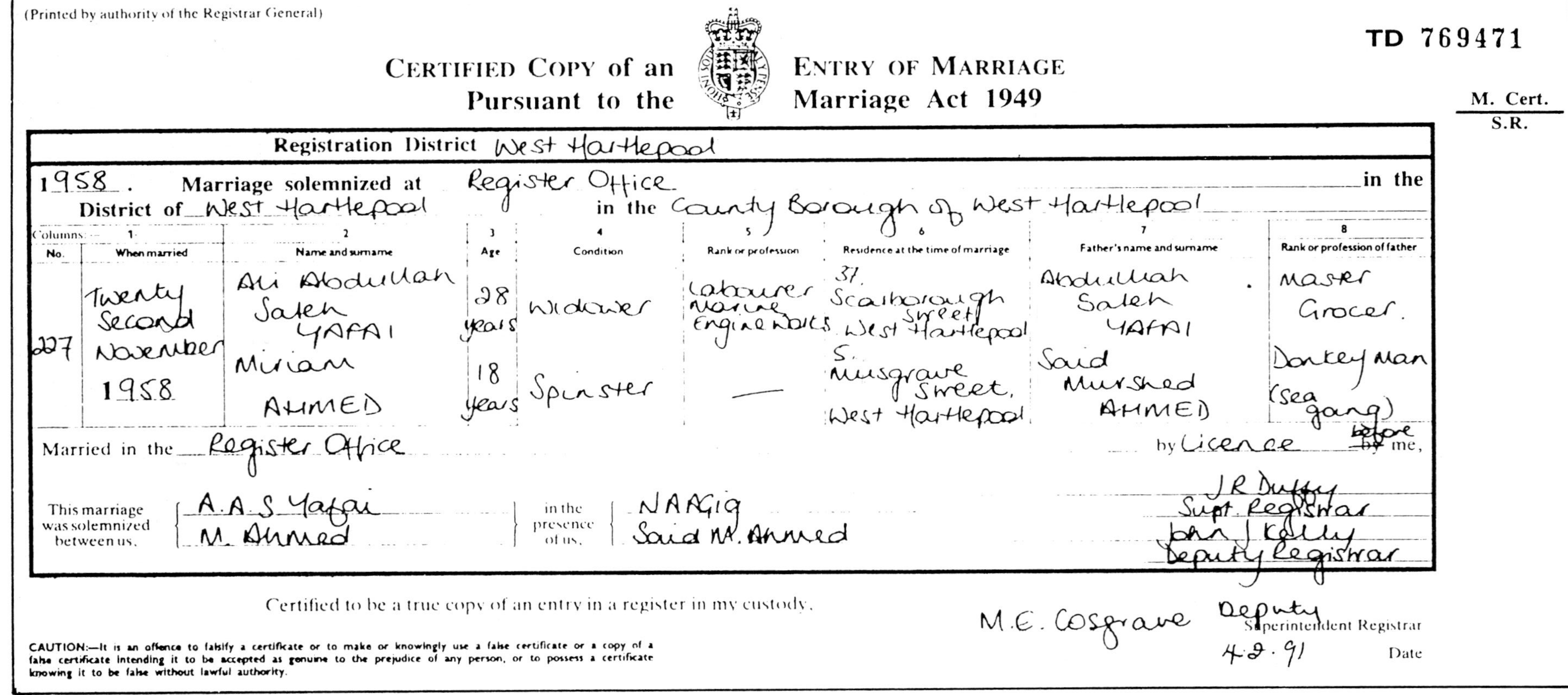

(Printed by authority of the Registrar General)

TD 769471

M. Cert.
S.R.

CERTIFIED COPY of an ENTRY OF MARRIAGE
Pursuant to the Marriage Act 1949

Registration District West Hartlepool

1958. Marriage solemnized at Register Office in the District of West Hartlepool in the County Borough of West Hartlepool

Columns: No.	1 When married	2 Name and surname	3 Age	4 Condition	5 Rank or profession	6 Residence at the time of marriage	7 Father's name and surname	8 Rank or profession of father
227	Twenty Second November 1958	Ali Abdullah Saleh YAFAI	28 years	Widower	Labourer Marine Engine Works	37, Scarborough Street, West Hartlepool	Abdullah Saleh YAFAI	Master Grocer.
		Miriam AHMED	18 years	Spinster	—	5, Musgrave Street, West Hartlepool	Said Murshed AHMED	Donkey Man (Sea going)

Married in the Register Office by Licence before me,

This marriage was solemnized between us, A.A.S Yafai, M. Ahmed

in the presence of us, NARGIS, Said M. Ahmed

J R Duffy, Supt. Registrar
John J Kelly, Deputy Registrar

Certified to be a true copy of an entry in a register in my custody.

M.E. Cosgrave Deputy Superintendent Registrar

4.2.91 Date

CAUTION:—It is an offence to falsify a certificate or to make or knowingly use a false certificate or a copy of a false certificate intending it to be accepted as genuine to the prejudice of any person, or to possess a certificate knowing it to be false without lawful authority.

Tystysgrif Priodas Miriam Ahmed ac Ali

Miriam, ond daethpwyd i wybod ei fod eisoes yn briod yn Yemen. Dan bwysau, cyfaddefodd yntau iddo briodi yn Lahlaja, Ffederasiwn De Arabia, â merch o Aden o'r enw Zara, a chael dau o blant. Eithr honnai fod Zara wedi marw ond nid oedd unrhyw dystiolaeth fod hynny'n wir. Os felly, roedd ei briodas â Miriam yn anghyfreithlon, ond ni fyddai'n bosibl dwyn achos yn ei erbyn gan i'r briodas yn Lahlaja fod yn ôl defod Fwslemaidd ac oherwydd yr anawsterau cyfreithiol o gael tystiolaeth ohoni. Nid oedd cytundeb rhwng heddluoedd Prydain a Ffederasiwn De Arabia i ymchwilio ymhellach.

Yn 1960, oherwydd y curo diddiwedd a ddioddefai gan Ali, gadawodd Miriam ef a'r plant. Ymhen blwyddyn, ac yntau erbyn hynny'n gweithio yn Birmingham, cyfarfu Ali â'i 'wraig' nesaf—Mary Hemmings, ac erbyn Chwefror 1962 yr oedd hi'n feichiog. 'Priododd' y ddau ar 4 Awst 1962, fis cyn pen blwydd Mary yn ddwy-ar-bymtheg, a chytunodd hi i fagu'r ddau blentyn, Ablah ac Ishmahan. Symudodd y teulu i fyw i Gasnewydd lle cafodd Ali waith labrwr yng ngwaith dur Spencer, Llan-wern, ar gyflog o £33 yr wythnos. Ganwyd iddynt ddau o blant, Yasmin yn 1962 a Muna yn 1963. Er nad oedd Ali a Miriam wedi ysgaru cyn iddo briodi Mary, ni ellid fod wedi dwyn achos o ddwywreiciaeth yn ei erbyn gan nad oedd ei briodas â Miriam yn gyfreithiol yn y lle cyntaf, yn ôl pob tebyg.

Yng Nghasnewydd, buont yn byw am gyfnod ar safle carafannau yn Pye Corner, ac wedyn mewn tŷ yn Heol Caradog, Caerllion. Yn ddiweddarach symudasant hwy a'r pedwar plentyn i 7, Heol Grafton, Maendy.

Gŵr byr o gorff oedd Ali—rhyw bum troedfedd a dwy o daldra—ond yn gyhyrog a chaled wedi oes o waith bôn braich. Roedd yn giaidd o greulon, parod â'i ddyrnau a chelwydda yn ail natur iddo. Bu o flaen Llys Chwarter Sir Fynwy ar 23 Awst 1965 ar ddau gyhuddiad o geisio ennill arian drwy dwyll. Enillasai ddwy fet ar rasys ceffylau a newid y ffigurau ar y slipiau yn y gobaith o gael symiau llawer mwy. Cafodd ddirwy o £50 gyda'r dewis o chwe mis yng ngharchar. O ganlyniad i'r ymchwiliadau a wnaed ar y pryd, daeth hanes ei fywyd priodasol i'r amlwg ond ni fedrwyd dwyn dim yn ei erbyn yn y cyfeiriad hwnnw.

Roedd Mary, ar y llaw arall, yn hollol wahanol ei natur: talp o garedigrwydd, yn ôl tystiolaeth ei chydnabod, a chymaint

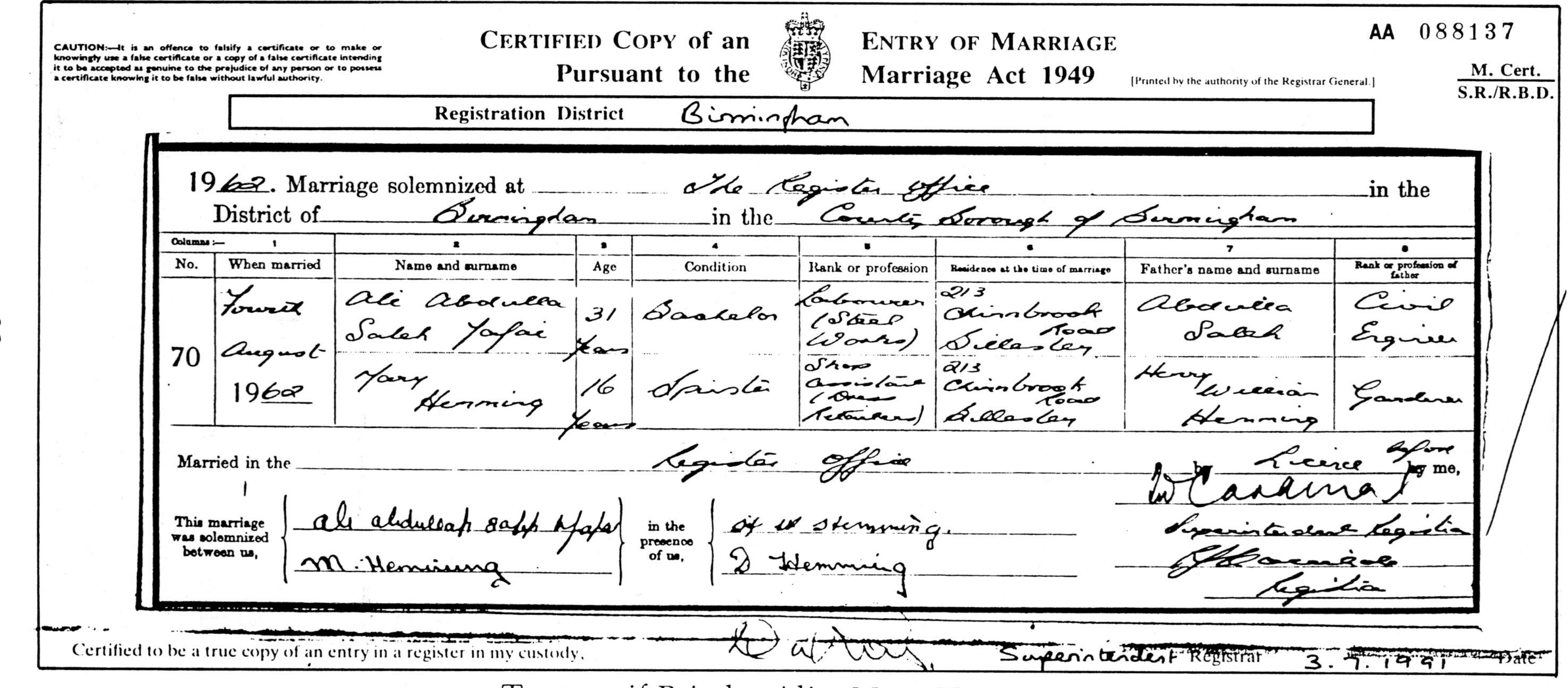

CAUTION:—It is an offence to falsify a certificate or to make or knowingly use a false certificate or a copy of a false certificate intending it to be accepted as genuine to the prejudice of any person or to possess a certificate knowing it to be false without lawful authority.

CERTIFIED COPY of an ENTRY OF MARRIAGE
Pursuant to the Marriage Act 1949

[Printed by the authority of the Registrar General.]

AA 088137

M. Cert. S.R./R.B.D.

Registration District Birmingham

1962. Marriage solemnized at The Register Office in the District of Birmingham in the County Borough of Birmingham

No.	When married	Name and surname	Age	Condition	Rank or profession	Residence at the time of marriage	Father's name and surname	Rank or profession of father
70	Fourth August 1962	Ali Abdulla Saleh Yafai	31 Years	Bachelor	Labourer (Steel Works)	213 Chinbrook Road Billesley	Abdulla Saleh	Civil Engineer
		Mary Hemming	16 Years	Spinster	Shop Assistant (Dress Retailers)	213 Chinbrook Road Billesley	Henry William Hemming	Gardener

Married in the Register Office by Licence before me,

This marriage was solemnized between us, Ali Abdullah Saleh Yafai, M. Hemming

in the presence of us, H. W. Hemming, D. Hemming

W. Cashmore, Superintendent Registrar
[illegible], Registrar

Certified to be a true copy of an entry in a register in my custody. [signature] Superintendent Registrar 3. 7. 1991 Date

Tystysgrif Priodas Ali a Mary Hemmings

gofal ganddi dros blant Miriam â thros ei phlant ei hun. Roedd hi'n gawres yn ymyl ei gŵr, yn ddynes gref, bum troedfedd a naw o daldra, yn llydan ei chorff ac o asgwrn cryf. Pwysai yn agos i ddeuddeg stôn a mesurai 40.28.40. Braidd yn wrywaidd ei hosgo, gwisgai esgidiau maint 7½ a cherddai â chamau hirion, trwm. Er hynny, roedd yn arbennig o hoff o ddawnsio, ac ysmygai'n drwm. Yr oedd hefyd braidd yn amheus ei moesau, gan ddifyrru mwy nag un cariad ar y tro—nid, meddai hi, am ei bod yn mwynhau'r gyfathrach ond am ei bod yn rhoi'r fath fwynhad i'w chariadon! Gwraig lwyd ei gwedd ydoedd gyda llygaid glas-lwyd, trwyn bach, wyneb hirgrwn, bochau bas a gên bwyntiog. Cadwai'r tŷ a'r plant fel pin mewn papur. Gweithiai'n galed a chwaraeai yn yr un modd.

Tra oeddent yn byw yng Nghaerllion, ac yn fuan wedi pen blwydd Mary yn un-ar-hugain, bu cweryl ffyrnig rhyngddi hi a'i gŵr, ac aeth hi a'r pedwar plentyn yn ôl at ei mam i Birmingham. Bu yno am ryw dair wythnos ond dychwelodd ar ôl cymodi.

Yn ddiweddarach daeth Ali i wybod bod ei wraig yn cyfathrachu â chymydog iddo—Martin Charles. Gwadai Mary ei gyhuddiad a bu rhagor o ffraeo rhyngddynt, ac aeth hi a'r plant at ei mam unwaith yn rhagor. Wynebodd Ali Martin, a bu ymladd rhyngddynt hwythau cyn i Ali fynd i Birmingham ar ôl ei wraig. Cyfaddefodd hithau ei charwriaeth â Martin ond tyngodd fod y cyfan drosodd bellach. Maddeuodd Ali iddi a dychwelodd y teulu am gyfnod byr i Gaerllion cyn symud i Heol Grafton, efallai er mwyn bod ymhellach oddi wrth demtasiwn Martin Charles.

Ond ryw noson ym Mehefin 1970, tuag wyth o'r gloch, dychwelodd Ali o'i waith yn annisgwyl a methodd agor y drws ffrynt am fod clicied y clo *Yale* wedi'i gloi. Agorodd Mary'r drws iddo ymhen hir a hwyr gan wneud esgus ei bod wedi pendwmpian ar y soffa a'i bod yn rhaid bod y glicied wedi dod i lawr ar ddamwain. Derbyniodd Ali'r esboniad nes i'r heddlu alw chwarter awr yn ddiweddarach gan ofyn a oedd popeth yn iawn. Roeddent wedi cael galwad brys fod dyn amheus yr olwg wedi cael ei weld yn rhedeg o ddrws y cefn a thrwy'r gerddi (nid oedd llwybr i'r ffordd yng nghefn rhif 7) gan stwffio'i grys i dop ei drywsus wrth fynd! Martin Charles oedd y gŵr hwnnw, ac yr oedd yn weddol amlwg nad oedd y gyfathrach rhyngddo ef a Mary wedi dod i ben fel yr honnai hi.

Ymhen diwrnod neu ddau, galwodd Martin yn y tŷ i drafod pethau a chyhoeddodd Mary ac yntau eu bwriad i gyd-fyw cyn gynted ag y deuent o hyd i le. Cytunodd Ali, a bodlonodd Mary aros gydag ef tan hynny. Parhaodd y garwriaeth rhwng Martin a hi am beth amser, ond yn y diwedd penderfynodd ef na fedrai adael ei wraig a'i blant er mwyn Mary Yafai, a phan ddywedodd hynny wrthi, digiodd yn llwyr a mynd unwaith yn rhagor i dŷ ei mam—y tro hwn heb y plant.

Eithr ymhen ychydig ddyddiau bu cymodi eto, a dychwelodd at Ali a hwythau. Buont yn weddol gytûn tan tua Mehefin 1971, pan alwodd dyn o'r enw Fred Bird i drwsio'r peiriant golchi. Ymhen dim daeth Fred yn gyfaill i'r teulu, a galwai yn y tŷ yn gyson.

Tua'r un amser, dechreuodd Ali fusnes cigydda rhan amser, gan werthu'r cig i Arabiaid Casnewydd. Gan nad oedd ganddo ef na Mary drwydded yrru, cytunodd Fred i yrru'r cerbyd drostynt a phrynodd Ali fen Bedford at y gwaith. Am rai wythnosau bu Fred yn gyrru'r fen o gwmpas y dref, weithiau yng nghwmni Ali ac weithiau yng nghwmni Mary. Dechreuodd roi gwersi gyrru i'r ddau ac yn awr ac yn y man treuliai'r nos yn eu cartref. O dipyn i beth datblygodd carwriaeth rhyngddo ef a Mary, a phan godai Ali'n fore i weithio shifft gynnar, nid yn anaml neidiai Fred o un gwely i'r llall i'w gadw'n gynnes, fel petai! Nid er dim y bedyddiwyd ef yn Fred Bird.

Ond daeth Ali i wybod. Bu cweryl arall ac ar ddydd Sul, 8 Awst, aeth Mary unwaith eto yn ôl at ei mam gyda Yasmin a Muna gan adael Ablah ac Ishmahan gyda'u tad. Aeth Fred Bird gyda hwy. Y Sadwrn canlynol aeth Ali ar eu hôl i Birmingham yng nghwmni Shri Kristaan Moortty Pellai, neu Jim Pellai fel yr adwaenid ef fynychaf, i erfyn ar Mary i ddod yn ôl adref. Perswadiodd ei mam hi i wneud hynny. Daeth yn ei hôl ar 20 Awst ac addawodd beidio â chael dim i'w wneud â Fred Bird o hynny ymlaen. Ond ni chadwodd at ei gair.

Ar ddiwrnod olaf Awst bu'r tri yn trafod y sefyllfa a chyhoeddodd Mary a Fred eu bod yn mynd i fyw gyda'i gilydd. Ceisiodd Ali ei orau i berswadio Mary i aros, gan fynd cyn belled â gwrthod i'r plant fynd gyda hi yn y gobaith y byddai hynny'n ei darbwyllo. Pan ddaeth Mary adre'r noson honno ar ôl bod yng nghwmni Fred, gyrrodd Ali hi o'r tŷ, ond addawodd y câi weld y plant drannoeth. Yn fflat Fred yn Stryd Alma yr arhosodd Mary y noson honno.

Aeth Mary'n ôl adref am hanner awr wedi naw fore trannoeth i wisgo'r plant a'u taclu i fynd i'r ysgol. Yna aeth Ali a hithau i'r dref. Tua hanner awr wedi un-ar-ddeg gadawodd Mary ef i fynd i gwrdd â Fred mewn caffi. Cawsant ginio ac aeth Fred at ei waith. Pan ddaeth adref tua phump o'r gloch roedd Mary yn y fflat yn ei ddisgwyl.

Gobaith Ali oedd na fyddai Fred yn barod i dderbyn y pedwar plentyn yn ogystal â Mary, na Mary'n fodlon ildio'r plant er mwyn Fred, ac y deuai'r gyfathrach rhyngddynt i ben yn raddol, fel y gwnaethai gyda Martin Charles. Ond bu'n gryn sioc iddo ddeall mai hynny'n union oedd bwriad y ddau. Yr oeddent o ddifri. Arhosodd Mary yn fflat Fred y noson honno wedyn, a bu'n cysylltu ag un o'i chwiorydd yn gofyn i honno chwilio am dŷ iddynt a holi am waith i Fred naill ai yn Birmingham neu yn Daventry. Yr oedd pob arwydd fod y garwriaeth rhyngddynt i fod yn barhaol ac yr oedd hi eisoes wedi symud llawer o'i heiddo personol i'r fflat, gan gynnwys cyflenwad o'r bilsen atal cenhedlu—ystyriaeth bwysig i un o'i thueddiadau hi!

Am hanner awr wedi saith fore trannoeth, dydd Iau, 2 Medi, cododd Fred a mynd at ei waith gan adael Mary yn y gwely. Cyn iddo fynd, dywedodd hi wrtho y byddai'n mynd adref i baratoi'r plant i fynd i'r ysgol ac i helpu Ali gyda'r rownd gig—a hynny am y tro olaf. Trefnodd y ddau i fod yn ôl yn y fflat am hanner awr wedi deuddeg i ginio. Cadwodd Fred yr oed ond gorfu iddo ddisgwyl am awr yn ei fen y tu allan gan fod yr allwedd gyda Mary. Ildiodd o'r diwedd a mynd yn ôl at ei waith yn Heol Corporation. Tua hanner awr wedi dau neu chwarter i dri, galwodd Ali yno a rhoi allwedd y fflat iddo oddi wrth Mary. Awgrymodd y dylai Fred wybod bod gan Mary gariad arall—rhywun o Gaerllion—a'i bod yn bwriadu cwrdd ag ef am un o'r gloch y prynhawn hwnnw, a'i fod ef (Ali) wedi rhoi decpunt iddi yn ei phoced a'i chynghori i fynd i ffwrdd i ystyried y peth. Ni fedrai Fred gredu'r stori o gwbl a sylwodd fod golwg gythryblus dros ben ar Ali.

Ni welwyd Mary Yafai fyth wedyn. Beth bynnag a ddigwyddodd iddi, digwyddodd rhwng hanner awr wedi un-ar-ddeg y bore a chwarter i dri y prynhawn hwnnw, dydd Iau, 2 Medi 1971. Roedd wedi dechrau cael gwersi gyrru gan Ysgol Foduro Beechwood er 22 Mehefin ond wedi methu ei phrawf gyrru ar 2 Awst. Dilynai ei gwersi wythnosol yn ddi-fwlch wedi hynny ac yr oedd ei gwers nesaf i fod ar 3 Medi ond ni chadwodd honno. Ni ddychwelodd i fflat Fred yn Stryd Alma, ni chysylltodd â'i mam na'i chwiorydd ac ni welodd ei phlant na neb arall hi hyd y dydd heddiw.

Bu Fred Bird yn chwilio amdani drwy'r noson honno. Aeth sawl gwaith i Heol Grafton ond heb ei gweld. Bu'n cadw llygad ar symudiadau Ali a gwelodd ef yn dod adref am chwarter wedi un-ar-ddeg yn ei fen a mynd i'r tŷ ar ei ben ei hun. Ymhen diwrnod neu ddau, holodd Ali am unrhyw newyddion ynglŷn â Mary, a phwysodd arno i fynd at yr heddlu ond ni fynnai Ali mo hynny. Roedd Jim Pellai hefyd, a oedd yn blisman rhan amser, ac felly'n gyfarwydd â'r heddweision lleol, yn awyddus iawn i Ali ddweud wrth yr heddlu am ddiflaniad Mary. Holodd Ali yn drylwyr, ond prin y teimlai iddo gael gair o wirionedd ganddo. Roedd Jim wedi cynghori Mary i beidio â mynd i fyw gyda Fred Bird, ac mae'n fwy na thebyg mai oherwydd hynny y cytunodd Ali yn y diwedd i fynd gyda Jim i Orsaf yr Heddlu, Maendy, am naw o'r gloch nos Sul, 5 Medi, pan hysbyswyd y Rhingyll Mark Waters, sydd erbyn hyn yn bennaeth CID Gwent, yn swyddogol fod Mary ar goll.

Ni chymerodd Ali arno fod fawr o ddim anghyffredin wedi digwydd. Wedi'r cyfan, roedd Mary wedi mynd i ffwrdd sawl gwaith o'r blaen, ac wedi dychwelyd bob tro. Pam yr holl ffwdan y tro hwn? Ond ni fedrai egluro pam nad aethai i dŷ ei mam fel y gwnâi yn ddieithriad, na pham yr oedd wedi dewis gadael y plant ar ôl, na pham nad oedd ei mam nac un aelod arall o'r teulu wedi clywed gair oddi wrthi.

Barn gyfrinachol Jim Pellai wrth Mark Waters oedd fod Ali wedi ei lladd. Roedd wedi galw yn nhŷ Ali fore dydd Gwener pan ddywedodd Ali wrtho fod Mary wedi mynd i Lundain ac iddo roi decpunt iddi. Yna dechreuodd sgwrio llawr y gegin a golwg gynhyrfus iawn arno. Digon diwedwst ydoedd, yn wahanol i'w arfer a gadawodd Jim ef wrthi'n sgwrio. Dychwelodd ryw ddwyawr yn ddiweddarach ac yr oedd Ali'n dal i sgwrio. Aeth Jim ag ef adref am bryd o fwyd, gan ddal i'w holi o hyd. Erbyn hynny roedd si ar led fod rhywrai wedi clywed sgrechfeydd ofnadwy yn dod o dŷ Ali tua hanner awr wedi un-ar-ddeg y bore y diflannodd Mary. O'r diwedd, cyfaddefodd Ali fod cweryl wedi bod rhyngddynt a bod Mary wedi dweud rhai pethau na fedrai ef mo'u goddef. Yn ei dymer, meddai, roedd wedi ei tharo yn ei cheg nes tynnu gwaed.

O ganlyniad i'r wybodaeth honno aeth Mark Waters a'r Cwnstabl Pink yng nghwmni Jim ac Ali yn ôl i 7, Heol Grafton lle'r oedd Ali, er y noson cynt, wedi rhoi lloches i bâr digartref lleol, Mr a Mrs Huxford, am iddynt edrych ar ôl y plant. Chwiliwyd y tŷ yn fanwl ond i ddim pwrpas. Nid oedd Mary yno.

Yn Rhif 5, y drws nesaf i'r Yafais, yr oedd Mrs Kathleen Williams yn byw. Ar y bore Iau tyngedfennol, tua hanner awr wedi un-ar-ddeg y bore, roedd wedi clywed sŵn ergydion trwm yn dod o dŷ Ali—fel sŵn ergydion bwyell. Ond yr oedd yn hen gyfarwydd â sŵn felly—roedd Ali yn fwtsiwr. Eithr pan

Y Ditectif
Brif-Uwch-Arolygydd
Mark Waters

beidiodd yr ergydion, clywodd lais merch yn sgrechian a dychrynu cymaint nes iddi redeg i ffenest y stafell ffrynt rhag ofn bod rhywun o'r drws nesaf wedi cael damwain. Aeth yn ôl i'r gegin a chlywed y sgrechian wedyn a llais Mary yn glir yn gweiddi mewn dychryn, 'Mae'n ddrwg gen i, ddrwg gen i. Na, na, mae'n ddrwg gen i,' a sŵn celfi yn cael eu lluchio'n erbyn y palis rhwng y ddau dŷ. Yna—distawrwydd.

Aeth Mrs Williams allan i ddweud yr hanes wrth Harry Allen yn ei siop flodau yr ochr arall i'r stryd. 'Mwrdwr' oedd ei gair hi wrth ddisgrifio'r cyffro yn nhŷ'r Yafais, ond cymerodd Harry'r peth fel ffordd o siarad—wedi'r cyfan, roedd yn hen gyfarwydd a sŵn cweryla yn dod oddi yno. Ond teimlai Mrs Williams i'r byw, a bu'r peth yn ei phoeni drwy'r dydd. Bu'n rhyddhad mawr iddi weld yr heddlu yn dod i ymchwilio i'r mater.

Holodd Mark Waters Ali'n fanwl a'i fersiwn ef o'r hyn a ddigwyddodd oedd fod Mary ac ef wedi cweryla y bore hwnnw a'i fod wedi ei tharo. Yna roedd wedi mynd allan yn ystod yr awr ginio ac erbyn iddo ddychwelyd yr oedd hi wedi mynd. Pwysodd Waters arno ynglŷn â'r ymladd gan nad oedd neb wedi gweld Mary'n gadael y tŷ a'i ateb ef, yn ddigon rhesymol oedd, 'Wel, rydych chi wedi chwilio'r tŷ ac nid yw Mary yma, felly mae'n rhaid ei bod wedi gadael.' Digon teg. Y cwestiwn oedd sut, ac ym mha gyflwr?

Aeth Ali ymlaen i ddweud iddo ef a Mary fynd allan i ddosbarthu cig wedi i'r plant fynd i'r ysgol. Pan ddaethant yn eu hôl, torrodd Mary'r newydd iddo nad oedd, wedi'r cwbl, yn mynd i fyw at Fred Bird ond bod ganddi rywun arall. Cyhuddodd ef hi o ddwyn arian y morgais—£100—o'r tŷ. Gwadu hynny a wnaeth hi gan ychwanegu y byddai'n derbyn ei harian dipyn yn haws o hynny ymlaen—roedd yn mynd i fod yn butain broffes-iynol. Gwylltiodd yntau'n gacwn a'i tharo. Wedi i bethau dawelu rhywfaint rhyngddynt, cytunodd y ddau fod popeth drosodd yn eu priodas ac aeth ef i olchi dillad y plant tra bu hi'n golchi'r gwaed o'i cheg a'i gwefusau. Yna, gofynnodd Mary iddo fynd â'r allwedd yn ôl at Fred Bird. Erbyn iddo ddychwelyd yr oedd hi wedi mynd. Ni syflai Ali ddim oddi wrth y datganiad hwn.

Ar wahân i Ali, un o'r rhai olaf i weld Mary oedd Aaron Rees, y bwtsiwr o Abercarn y prynai Ali ei gig ganddo. Digwyddodd daro ar Ali y bore hwnnw ym marchnad Casnewydd pan ofynnodd Ali iddo hebrwng y cig i Heol Grafton a'i adael yn y gegin. Gwnaeth Rees hynny gan fynd at Harry Allen am yr allwedd ac aeth y ddau i'r tŷ. Wrth iddynt ddod allan roedd Ali a Mary yn dod i'w cwrdd ond gan fod peth brys ar Aaron ni fu llawer o siarad rhyngddynt.

Rhwng un-ar-ddeg o'r gloch a hanner awr wedi un-ar-ddeg, roedd Mary wedi bod yn siop Harry, a thoc wedi iddi fynd yn ôl i'r tŷ y clywodd ef y cweryla yn dechrau. Tuag un o'r gloch aeth â thorch o flodau i Geoffrey Hicks, trefnydd angladdau a oedd hefyd yn byw yn Heol Grafton, ac yr oedd yr Yafais yn dal i gweryla meddai ef. Ond nid oedd Hicks wedi clywed dim ac nid oedd Harry wedi sôn wrtho am y ffrwgwd.

Galwodd Albert Inseal, yr hyfforddwr gyrru, yn nhŷ Ali am hanner dydd union i gadarnhau dyddiad ail brawf gyrru Mary, ond er iddo guro ddwywaith ar y drws ac aros ysbaid ni chafodd ateb na chlywed unrhyw sŵn yn y tŷ. Drannoeth, trawodd ar Ali yn y stryd a dywedodd hwnnw wrtho ei fod ef a Mary wedi gwahanu ac na fyddai hi yn sefyll ei phrawf nac yn bwriadu cael rhagor o wersi. Yr oedd fersiynau'r gwahanol dystion yn gwahaniaethu cryn dipyn, felly.

Heol Grafton, Maendy

Os oedd Ali wedi lladd ei wraig yn ei dymer y bore hwnnw, ymhle yr oedd y corff? A fyddai rhywun o'i faintioli ef wedi medru cario corff trwm Mary allan drwy ddrws y ffrynt heb i rywun ei weld? Nid oedd yna ffordd allan o ddrws y cefn i'r lôn, fel y darganfu Martin Charles y noson honno y bu'n rhaid iddo ddianc drwy'r gerddi. Wedi'r cyfan, doedd ond dau beth yn bosibl—un ai yr oedd wedi cael ei chario allan neu yr oedd wedi cerdded.

Fel rheol, nid yw'n rhan o swyddogaeth y Troseddlu Rhanbarthol i ymchwilio i achosion o lofruddiaeth—lladron teithiol a throseddau difrifol gwlad-eang yw eu maes hwy. Ond y tro hwn, am yr unig dro yn hanes Troseddlu Rhanbarthol Cymru, gofynnodd Prif Gwnstabl Gwent i bennaeth y Troseddlu, Vic Butler, ddelio â'r diflaniad. Bu ef a'r Ditectif Brif Arolygydd Trevor Lyons a minnau am ddiwrnodau yn adolygu'r datganiadau a gafwyd eisoes ac yn nithio'r holl dystiolaeth cyn ailgychwyn ein hymholiadau.

Wrth holi o dŷ i dŷ, daethom at Mrs Catherine Kuczma yn Rhif 22, Heol Grafton—fflat llawr uchaf gyferbyn â drws ffrynt Ali a'r stafell fwyta yn edrych i lawr yn union arno. Naill ai ar nos Iau, 2 Medi, neu nos Wener, 3 Medi, ni fedrai fod yn hollol siŵr p'un, roedd Mrs Kuczma yn disgwyl ei merch adref yn lled hwyr. Gan ei bod braidd yn ofidus amdani, eisteddai yn y ffenest wedi diffodd y golau er mwyn medru gweld allan i'r stryd. Tua hanner awr wedi un-ar-ddeg, sylwodd fod fen Ali y tu allan i'r drws a'r drysau ôl yn llydan agored. Roedd drws y tŷ ar agor led y pen a golau o'r gegin yn goleuo'r pasej. Daeth tri dyn allan gan gario rhywbeth tebyg i rolyn o garped trwm a llydan. Wynebai'r ddau gyntaf ei gilydd gan gydio dwylo dan un pen i'r 'carped' a chan ochrgamu'n ofalus drwy'r cyntedd cyfyng, a'r trydydd yn cynnal y pen arall. Nid oedd amheuaeth amdani, yr oedd yn adnabod y tri—Ali a dau gydwladwr iddo. Un o'r rhain oedd Kassim Hussain, gŵr a chanddo bedwar o blant y bu Mary Yafai yn eu gwarchod ar un adeg ac a welai Mrs Kuczma yn aml ar y stryd. Yr ail oedd Ahmed Mana Ahmed, oedd erbyn hynny'n cyd-fyw â gwraig wen yn nhŷ Yafai. Yr hyn a synnai Mrs Kuczma oedd absenoldeb Mary. Hi fyddai o dan ben trymaf pob baich fel rheol. Ymhle'r oedd hi y tro hwn?

Roedd Hussain wedi'i eni yn Ne Yemen ar 26 Hydref 1933.

Ni chafodd ysgol ond daeth i Brydain yn 1955 a chwrdd ag Ali Yafai yn West Hartlepool. Pan symudodd hwnnw i Birmingham, dilynodd Hussain ef, a'i ganlyn wedyn i Gasnewydd a chyd-weithio ag ef yn Llan-wern. Yr oedd yn amlwg fod y ddau yn go agos at ei gilydd. Roedd Hussain yntau wedi gadael gwraig a dau o blant yn Yemen ac wedi cwrdd â Mary McGarity o Gasnewydd a chael pedwar o blant. Gadawodd Mary ef yn 1969 ac am gyfnod Mary Yafai fu'n edrych ar ôl ei blant. Dolen gyswllt arall.

Brodor o Dde Yemen oedd Ahmed Mana Ahmed yntau. Credai iddo gael ei eni rhwng 1935 a 1938. Fel Hussain, ni chafodd addysg a daeth i Brydain yn 1960. Yr un fu ei hanes yntau: gadael gwraig a dau o blant, eu cynnal am beth amser ac yna cwrdd â Pheobe Whitehurst a mynd i gyd-fyw â hi. Bu'n gweithio mewn ffatri yn Birmingham am chwe blynedd cyn symud i Gasnewydd a byw yn 7, Heol Grafton wedi i Mary ddiflannu. Pan symudodd Ali a'r plant i 400, Heol Corporation, aeth Ahmed a Pheobe yno hefyd. Llathen arall o'r un brethyn, mae'n amlwg.

Y Ditectif Brif-Uwch-Arolygydd
Vic Butler, Q.P.M.

Y Ditectif Brif-Arolygydd
Trevor Lyons

Un o'r pethau pwysicaf wrth ymchwilio i unrhyw lofruddiaeth yw mynd i fan y drosedd, a'r unig awgrym oedd gennym y tro hwn oedd tystiolaeth Kathleen Williams, a'r man mwyaf tebygol, os bu trosedd o gwbl, oedd 7, Heol Grafton. Archwiliwyd y tŷ gan wyddonwyr o'r labordy fforensig yng Nghaerdydd. Aethpwyd ag offer cigydda Ali i gyd a'u harchwilio am waed dynol. Gwnaed yr un peth â'i fen ond negyddol hollol oedd y profion. Mewn un stafell yn y tŷ daeth Brian Morgan, y gwyddonydd, o hyd i smotïau gwaed ar waelod coesau dwy gadair ac ar fwrdd, a medrwyd profi mai gwaed dynol ydoedd. Cafwyd peth gwaed ar lawr stafell wely yn ogystal. Ni wyddem beth oedd grŵp gwaed Mary ac felly ni fedrid gwneud profion uniongyrchol. Ond byddai'n bosibl, pe caem samplau o waed ei gŵr a'i phlant a dadansoddi'r rheiny, ganfod ei grŵp gwaed hi. Cawsom sampl o waed Ali heb ffwdan o gwbl—achos byddai ganddo bob hawl i'w wrthod i ni—a rhoddodd ei ganiatâd parod i ni gymryd samplau gan Yasmin a Muna. Mae'n rhaid i mi gyfaddef na theimlais erioed yn waeth nag a wneuthum wrth geisio cael tystiolaeth gan y plant yn erbyn y tad i'w gyhuddo o ladd eu mam. Eithr rhaid oedd caledu'r galon.

Grŵp gwaed Ali oedd AM(PGM 1-1 AK 1-1). Grŵp y ddau blentyn oedd A.MN. Felly, yn ôl yr arbenigwr roedd yn rhaid bod gwaed Mary yn cynnwys y ffactor N a gellid casglu i sicrwydd mai naill ai AMN neu MN oedd grŵp ei gwaed hi. Canlyniad y cyfan, fodd bynnag, oedd nad gwaed Mary oedd ar y celfi nac yn y stafell wely chwaith—gwaed Ablah o'i misglwyf oedd hwnnw.

Er mai negyddol oedd yr adroddiadau o'r labordy, cyfeiriodd Brian Morgan at un ffaith ddiddorol—nid oedd wedi dod o hyd i waed o gwbl yn y gegin, a hwnnw y lle y byddai Ali'n bwtsiwria ynddo bob dydd! Bwyellu, llifio a thorri sawl math o gig a doedd dim hyd yn oed arlliw o waed yno! Mae'n rhaid fod Ali wedi gwneud gwaith anarferol o drylwyr o'r sgwrio pan welodd Jim Pellai ef. P'un bynnag, roedd Brian Morgan o'r farn nad oedd dim tystiolaeth fod corff dynol wedi ei ddarnio yn Rhif 7, Heol Grafton. Yn ei farn ef, ni fyddai'n bosibl i hynny gael ei wneud heb i'r mymrynnau lleiaf o gnawd ac asgwrn dasgu ar hyd y lle a glynu yn y mân graciau ar y muriau ac yn y nenfwd.

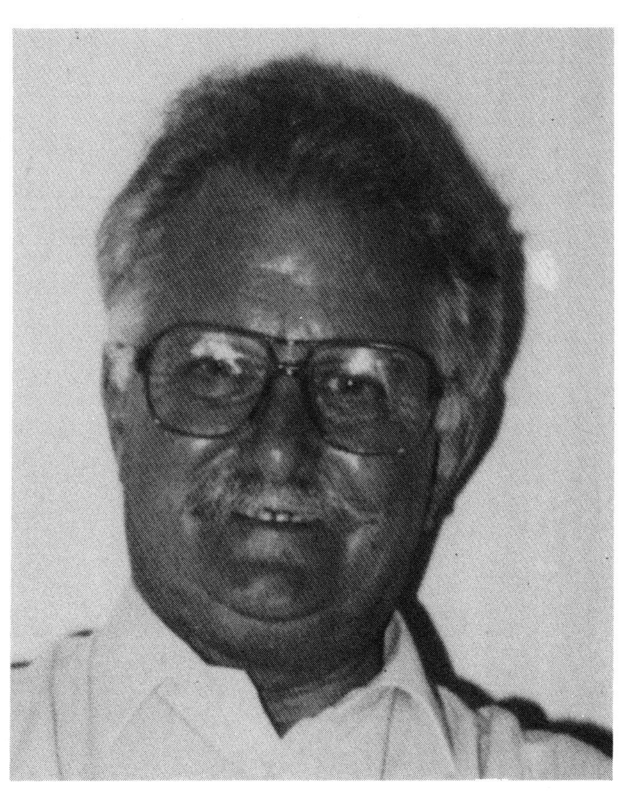

Brian Morgan
o'r Labordy Fforensig

Yr oedd yn rhaid i ni dderbyn, felly, fod corff Mary'n gyfan pan symudwyd ef o'r tŷ—os oedd yno gorff o gwbl. Ond os felly—pryd? Ni fedrai Mrs Kuczma fod yn hollol siŵr ai ar y nos Iau ynteu'r nos Wener y gwelodd y tri. Os ar y nos Iau, rhaid bod y symud wedi bod funudau'n unig ar ôl i Fred Bird droi am adref wedi gwylio Ali yn mynd i'r tŷ, a bod Hussain ac Ahmed yn y tŷ eisoes. Os ar y nos Wener, rhaid bod y corff wedi bod yn y tŷ am yn agos i ddau ddiwrnod. A fyddai hynny'n bosibl heb i'r plant neu rywun arall ei weld? Dim ond dau o'r cwestiynau mae'n debyg na cheir fyth ateb iddynt mwyach. Ond y noson fwyaf tebygol fyddai'r nos Wener—nid oedd Ali, Hussain nac Ahmed yn gweithio y noson honno.

Hysbyswyd diflaniad Mary drwy'r holl wlad. Rhoddwyd posteri mawr ohoni ar fyrddau hysbysebu y tu allan i bob gorsaf heddlu ac ar orsafau rheilffordd. Cafwyd cyhoeddusrwydd llawn yn y wasg ac ar y teledu ynghyd ag apêl ar i Mary fynd at yr heddlu—popeth y gwyddem ni amdano i geisio dod o hyd i ryw gliw beth oedd wedi digwydd iddi. Roedd yn achos wrth fodd calon y papurau Sul wrth gwrs, a buont yn cyfweld Ali droeon. Fe'u plesiai ef hwy â stori wahanol bob tro. Ond ni fedrodd hyd yn oed y *News of the World* a'i gylchrediad o ddeng miliwn ddenu unrhyw fath o ymateb o gwbl i'w apêl am wybodaeth.

Bu Ali yntau, chwarae teg iddo, yn chwilio'n ddyfal amdani. Bu'n holi ymhlith holl ffrindiau Mary yng Nghasnewydd ac yn y Canoldir, a'i ffrindiau Arabaidd ef ar hyd a lled y wlad. Cysylltodd â pherthnasau ei wraig i gyd. Ond nid aeth at ei mam!

Fel sydd fynychaf yn digwydd mewn achos o chwilio am rywun ar goll, cafwyd nifer o alwadau yn honni bod Mary wedi cael ei gweld mewn gwahanol fannau. Dilynwyd pob si yn drylwyr ond ofer fu'r cyfan—ofer, hynny yw, o safbwynt dod o hyd iddi hi. Ond daeth nifer o sgerbydau digon diddorol i'r amlwg o ambell gwpwrdd! Clywyd si am bâr yn aros mewn gwesty ym Mryste, a'r ferch, yn ôl rhywrai, yn hynod o debyg i Mary Yafai. Pan aethpwyd i holi'n fanylach, pwy oedd hi ond ysgrifenyddes rheolwr banc go amlwg yn ne Cymru ar waith answyddogol gyda'r bòs!

Daeth galwad arall un bore Sul bod car mewn chwarel gerllaw Porthladd Abertawe a phâr serchus yn y sedd gefn, a'r ferch, yn ôl yr adroddiad, yr un ffunud â Mary. Drwy drugaredd, ni bu'n rhaid anfon cwnstabl i darfu arnynt a sbwylio'u sbort. Bu sicrhau rhif y car yn ddigon i adnabod gŵr lled amlwg yng nghylchoedd Abertawe ar ei ffordd adref o Iwerddon lle buasai'n bwrw'r Sul gyda gweddw ddeniadol. *Sabbatical*, efallai! 'O'r tu arall heibio' yr âi'r gŵr hwnnw wedyn bob tro y digwyddai ein llwybrau groesi.

Ar y llaw arall, cafwyd mwy nag un adroddiad y bu'n rhaid ei gymryd o ddifri, a'r tebygrwydd rhwng dwy neu dair o ferched â Mary yn syfrdanol. Gwelwyd un yn arbennig yng Nghasnewydd gan fwy nag un a gredai mai Mary ydoedd. Gwelodd Fred Bird hi, ac os oedd rhywun a ddylai fedru adnabod Mary, ef ydoedd hwnnw. Dilynodd hi i gyfeiriad Heol Grafton a'i obeithion yn codi gyda phob cam, ond pan drodd i'w wynebu troes ei obaith yn siom. Gwelodd Mrs Kuczma hi hefyd yn siopa yn Woolworth yn fuan wedyn, a chafodd hithau ei thwyllo yn yr un modd. Wrth gwrs, bu'n rhaid cyfweld y ferch a sicrhau mai Audrey McDonald o Stryd Havelock ydoedd. Roedd ei gwisg a'i hosgo yn hynod o debyg i Mary—ond bod honno fynychaf yn gwisgo sgert mini.

GWENT CONSTABULARY

HAVE YOU SEEN Mrs YAFAI ?

Missing from her home at 7, Grafton Road, Newport, since 2nd September, 1971, Mrs. Mary YAFAI (nee HEMMING).

Description:

a white woman, 26 years of age, born at Birmingham, 5ft. 8/9ins. tall, average build, long straight dark brown hair, hanging to well below shoulder level, usually worn with centre parting, grey blue eyes, oval face, small pointed chin, sunken cheeks, pale complexion, does not use make-up, scar right shin. Wears modern style clothing.

Is a heavy smoker.

Is somewhat masculine in appearance, and walks with a long stride.

Is lively and active, and very fond of dancing.

Any information to the Chief Constable, Gwent Constabulary, telephone no. Cwmbran 2011, or to the nearest police station.

Llun o'r poster

Yr un fu hanes Sylvia Parks o Stryd William, Casnewydd. Camgymerodd mwy nag un hithau am Mary. Os rhywbeth, roedd hi'n debycach iddi hyd yn oed na Audrey McDonald—hyd yn oed o ran steil ei gwallt, ond nid oedd hithau chwaith yn ffafrio'r sgert fer.

Roedd Frederick Teppett yn hollol argyhoeddedig iddo weld Mary oddi ar fws yn cerdded Heol Cas-gwent gerllaw Sgwâr Maendy. Gan mor siŵr yr oedd o'i bethau, trefnwyd i ail-greu'r sefyllfa, gan ddefnyddio Audrey McDonald a Sylvia Parks. Audrey y tro cyntaf a Sylvia'r ail dro yn cerdded yn yr union fan lle gwelodd Frederick y sawl y credai ef oedd Mary. Ond nid oedd symud arno—Mary yr oedd ef wedi'i gweld, nid neb arall. Felly apeliwyd ar i bob gwraig a fu yn y stryd honno ar y dyddiad hwnnw i ddod ymlaen. Daeth dros drigain i gyd. Ond nid oedd Mary'n un ohonynt.

Talwyd sylw manylach nag arfer, hyd yn oed, i bob corff a ddeuai i'r golwg, a bu un yn arbennig yn destun trafodaeth hir. Ar 7 Mai 1972, golchwyd rhan o dorso i'r traeth yn Weston-super-Mare—gyferbyn â moryd Afon Hafren. Eithr oherwydd ei gyflwr, ni fedrai'r patholegydd fod yn hollol siŵr ai corff gwryw neu fenyw oedd. Er iddo edrych yn debyg i gorff gwryw, ni ellid diystyru'r posibilrwydd mai corff Mary ydoedd, o gofio nodweddion gwrywaidd ei chorff hi. Yn ffodus, daethpwyd o hyd i luniau pelydr-X a dynnwyd o frest Mary yn 1963. Dangosent fod trwch anarferol yn ei nawfed asen chwith. Roedd yr asen honno yn y torso yn normal. Roedd nam ar drydedd asen chwith Mary hefyd, ond gwaetha'r modd, roedd yr asen honno'n eisiau yn y torso. Felly bu'n rhaid dod i'r casgliad nad ei chorff hi ydoedd. Yn ychwanegol at hynny, yr oedd dau ddernyn o ddilledyn ynghlwm wrth y torso. Gallai un fod yn ddarn o grys a'r tebygrwydd oedd mai darn o fest oedd y llall. Tystiolaeth unfrydol Martin Charles a Fred Bird oedd na fyddai Mary byth yn gwisgo fest. Bra a nicers meddent hwy, haf a gaeaf.

Yr unig beth y medrem ei gasglu'n ddiogel, gan ddwyn i ystyriaeth y teidiau rhwng Medi 1971 a Mai 1972 ar foryd Afon Hafren, oedd fod posibilrwydd cryf mai corff a aeth i'r dŵr yng Nghasnewydd ydoedd, ond ni ddaethpwyd fyth i wybod corff pwy. Un arall i'w ychwanegu at ystadegau'r miloedd a aeth ar goll. Digwyddodd, darfu.

Roedd gan Ali ddiwrnod yn rhydd o'i waith ar ddydd Iau, 2 Medi, ond er bod disgwyl iddo fod yno ar y dydd Gwener a'r dydd Sadwrn nid ymddangosodd ac ni fedrai roi unrhyw reswm dros hynny. Y shifft nesaf iddo ei gweithio oedd yr un gynnar fore Sul. Ychydig cyn wyth o'r gloch, achwynodd wrth gyd-weithiwr, o'r enw Derek Ball, iddo ei anafu'i hun yn ei ochr pan lithrodd *jack hammer* o'i afael a'i daro yn ei ais. Aeth ar ei union i'r feddygfa gan ailgydio yn ei waith ar ôl amser bwyd. Ychydig yn ddiweddarach gwelodd gweithiwr arall, Vivian Edwards, ef yn ei blyg ac yn dal ei ochr fel petai mewn poen. Cynigiodd Vivian wneud ei waith drosto a'i gymell i fynd i'r caban am hoe. Ond tua hanner dydd, gwelodd Vivian ef â bwcedaid o ddŵr a rhecsyn yn ei law yn mynd, meddai ef, i olchi ei fen. Roedd honno tua dau gan llath i ffwrdd, a phan holodd Vivian pam na fyddai'n dod â hi'n nes, ei ateb swta oedd mai yn y fan honno y mynnai ef ei glanhau. Ond aeth Vivian yn ddigon agos ati i fedru gweld Ali'n golchi'r *dashboard* yn ofalus iawn.

Stanley Davies oedd y nyrs ar ddyletswydd yn y gwaith y diwrnod hwnnw a chafodd ef yr un stori am y *jack hammer.* Archwiliodd Ali a gweld fod cleisiau a chwydd o gwmpas y nawfed asen ar yr ochr chwith, ond yr oedd rheiny'n sawl diwrnod oed ym marn y nyrs. Byddai hynny, wrth gwrs, yn gyson â'r ymladd y tystiodd Kathleen Williams iddi ei glywed yn Heol Grafton, a Mary'n ei hamddiffyn ei hun.

Wrth roi ei adroddiad ar ei ddamwain yn y gwaith, rhoddodd Ali'r enw 'Powell' fel tyst. Ni wyddai ei enw cyntaf, felly bu'n rhaid holi pob Powell a fu yn y gwaith y diwrnod hwnnw er mwyn cadarnhau neu wrthbrofi ei honiad. Roeddent yn chwech i gyd, ond nid oedd un ohonynt wedi gweld y ddamwain.

Gwaith cynta'r bore i mi a Vic Butler bob dydd fyddai trafod y datblygiadau diweddaraf. Yr un hen stori—digon o amheuon ond ychydig iawn o dystiolaeth. Ond nid unrhyw ddiffyg yn y Ditectif Sarjant Denis Traves oedd hynny. Os gweithiodd rhywun yn galed ar achos erioed, fe weithiodd ef. O Birmingham i Gasnewydd, ni adawodd garreg heb ei throi gan hidlo pob si ac awgrym. Daeth un Indiad o'r enw Nanigopali Roi ato i ddweud iddo fod yn nhŷ Ali ar y dydd Iau tyngedfennol tua hanner awr wedi saith y nos, ac iddo weld Mary yn mynd i'r bathrwm. Ein barn ni ein tri oedd bod tipyn o ôl Ali ar y stori honno. Onid oedd ef ei hunan wedi dweud bod Mary wedi mynd cyn iddo ef ddod adref yn y prynhawn? Er i ni awgrymu i Roi ei fod o bosibl wedi camgymryd y noson, ni fynnai dderbyn hynny chwaith.

Yna bu datblygiad a allai fod wedi newid gogwydd yr holl achos. Cawsom wybod gan Susan White, cyfeilles a chydymaith Mary mewn llawer o'i hanturiaethau carwriaethol, fod gan Mrs Yafai gariad arall eto—un na chlywyd crybwyll ei enw gan neb arall—sef gŵr ifanc o'r enw Philip y bu Mary'n ei garu yn 1970 a 1971, hynny yw, cyn gorffen â Martin Charles a chyn cwrdd â Fred Bird. Apeliwyd arno i ddod ymlaen, ond yn ofer. Rhyfedd hynny hefyd, wedi'r cyfan, mae'n rhaid ei fod erbyn hynny wedi clywed sôn am y chwilio am Mary. Yr oedd gennym ddisgrifiad manwl ohono er na wyddem ond ei enw cyntaf, ac, yn wir, fe'i gwelwyd fwy nag unwaith. Tybed a oedd ganddo rywbeth i'w guddio?

Fe'i gwelwyd yn gyrru o leiaf ddau gar gwahanol ond diflannai bob tro i'r cysgodion, fel petai. Yr unig gliw a oedd gennym oedd y llwch ocsid coch (*red oxide*) ar un o'i geir. Er holi a chwilio pob gwaith a ffatri yng Nghaerdydd, Casnewydd a Bryste, ni ddaethpwyd o hyd iddo. Ein penbleth ni oedd hon: pe dygid achos o lofruddiaeth yn erbyn Ali a ninnau'n gwybod am fodolaeth Philip, fe wnâi ei fargyfreithiwr fôr a mynydd ohono, yn ddi-os.

Er nad oedd y dystiolaeth yn ei erbyn yn gryf iawn, wedi cysylltu â'r Cyfarwyddwr Erlyniadau Cyhoeddus, daethpwyd i'r casgliad fod holl amgylchiadau'r achos yn cyfiawnhau restio Ali Yafai ar gyhuddiad o lofruddio'i wraig, a Hussain ac Ahmed am gynorthwyo troseddwr. Roedd Ali erbyn hynny'n byw yn Rhif 400, Heol Corporation. Yno y restiwyd ef ac archwiliwyd y tŷ. Ymhlith rhai o eitemau personol Mary a gafwyd yno roedd wats arddwrn aur, wats y byddai bob amser yn ei gwisgo yn ôl tystiolaeth ei chwiorydd a Fred Bird. Yr oedd Mary, meddai ef, yn gwisgo'r wats pan welodd hi ddiwethaf. Felly hefyd ei bag llaw—peth arall na fyddai Mary byth yn mynd i unman hebddo.

Yn ychwanegol at hynny, daeth Denis Traves o hyd i lythyr

yn stafell wely Ali, llythyr wedi ei sgrifennu yn yr Arabeg ac a gyfieithwyd yn y Ganolfan Islamaidd yng Nghaerdydd. Roedd ynddo frawddegau'n cyfeirio at 'adael y wlad erbyn y nawfed mis', sef mis Tachwedd yn ôl calendr Luna y byd Arabaidd; '. . . wedi cael cynnig mil o bunnau i gyhoeddi stori'r wraig yn y wlad yma. . .'; '. . . yn siŵr o gael pum neu chwe mil, efallai rhagor, wedi dychwelyd i Yemen. . .'; '. . . byth yn dychwelyd i Loegr eto, wedyn gallaf ddweud y gwir'. Gwaetha'r modd, nid oedd y llythyr wedi ei arwyddo a bu'n rhaid galw ar arbenigwr llawysgrifen i geisio profi'i awduraeth. Ond gan nad oedd yn gyfarwydd ag ysgrifen Arabaidd, y gorau y medrai ei wneud oedd dweud bod tebygrwydd mawr rhwng llawysgrifen Ali â'r llawysgrifen yn y llythyr.

Er hynny, ar 10 Awst 1972, restiwyd y tri—Ali ac Ahmed yn Heol Corporation, a Hussain yn ei gartref yn Sydenham, Llundain—a dod â hwy gerbron yr Ynadon yng Nghasnewydd.

Gwadu'r cyhuddiadau yn eu herbyn wnaeth y tri a glynu wrth eu ple hyd y diwedd. Gwadent iddynt gario dim allan o'r tŷ yn Heol Grafton a gwadu tystiolaeth Kathleen Williams, ac, wrth gwrs, gwadai Ali iddo sgrifennu'r llythyr Arabeg er iddo gyfaddef ei fod wedi curo Mary y diwrnod hwnnw.

Anfonwyd y tri i sefyll eu prawf yn Llys y Goron Caerdydd ac agorwyd yr achos ym mis Tachwedd 1972. Cymerodd tystiolaethau'r ddwy ochr un diwrnod ar bymtheg i'w cyflwyno a daeth y rheithgor i'r casgliad fod yr holl amgylchiadau, ynghyd â'r dystiolaeth, er prinned oedd, yn ddigon i brofi nid yn unig bod Mary yn farw ond bod Ali wedi ei lladd. Ond teimlent ei bod hi, drwy ei godineb cyson, wedi cythruddo Ali i'r fath raddau fel nad oedd dedfryd o lofruddiaeth yn gyfiawn, a gostyngwyd yr achos i un o ddyn-laddiad. Y ddedfryd oedd chwe blynedd o garchar.

Ni theimlai'r rheithgor fod y dystiolaeth yn erbyn Hussain ac Ahmed yn ddigon cadarn i gyfiawnhau eu barnu'n euog o gynorthwyo troseddwr, ac ni phrofwyd y tu hwnt i amheuaeth iddynt roi cymorth i Ali gael gwared o gorff Mary. Felly fe'u rhyddhawyd. Treuliodd Ali ran o'i ddedfryd yng ngharchar Caerdydd ond fe'i gorffennodd mewn carchar agored yn Leyhill, Swydd Gaerloyw, ac fe'i rhyddhawyd yn 1976.

Fel sy'n digwydd bob amser wedi dirgelwch o'r fath, bu dyfalu mawr beth yn union oedd wedi digwydd i Mary. Y ddamcaniaeth leol am flynyddoedd oedd fod Ali wedi llosgi'i chorff yn un o ffwrneisi enfawr y Gwaith Dur, ac yn ddiamau buasai ganddo'r cyfle i wneud hynny. Serch hynny, ni chafwyd y gronyn lleiaf o dystiolaeth mai hynny a ddigwyddodd mewn gwirionedd. Bu chwilio mawr hefyd ar y tir corsiog o gwmpas y gwaith, ac yn enwedig yn ardal Pye Corner lle bu Ali'n byw ar un adeg. Ond ni chafwyd dim.

Aeth dros ugain mlynedd heibio bellach ers pan welwyd Mary Yafai ddiwethaf. Yn swyddogol, felly, nid yw mwy yn bod. Ond mae rhyw anniddigrwydd yn fy mhoeni o hyd pan ddaw'r achos i'r cof. Beth oedd cyswllt y Philip hwnnw â'r holl fusnes? Pwy oedd ac i ble'r aeth?

Ciliodd prif actorion y ddrama o un i un. Bu farw'r Arolygydd Trevor Lyons yn ŵr ifanc, a dwy flynedd yn ôl claddwyd Vic Butler. Ymddeolodd Denis Traves ac y mae heddiw'n swyddog llysoedd yng Nghasnewydd. Mae Martin Charles erbyn hyn yn ŵr busnes llwyddiannus (gyda llaw, ei enw ef yw'r unig enw ffug yn y stori) ond trist fu hanes Fred Bird. Cafwyd ei gorff yng nghaban ei lorri rhyw fore yng Nghasnewydd—wedi gwneud amdano'i hun.

Ac Ali? Tra bu ef yng ngharchar, Jim Pellai a'r galon fawr fu'n edrych ar ôl ei blant, a phan ollyngwyd eu tad aeth y teulu i gyd (ar wahân i un sydd heddiw'n byw yn Lloegr) yn ôl i'r Yemen. Dair blynedd yn ôl, aeth Jim yno hefyd ar ymweliad â hwy. Bu cryn holi cyn iddo ddod o hyd i Ali. Yr oedd yng ngharchar eto—yn ôl yr hyn a ddywedodd Ali ei hun wrth Jim—ar gyhuddiad o lofruddiaeth!

Esgyrn Sychion

Yn niwedd Rhagfyr 1919, daeth un o forwynion Gwesty'r Grosvenor yn Stryd y Coleg, Abertawe, o hyd i bortmanto lledr brown yn un o'r stafelloedd yno na wyddid pwy oedd ei berchen ac na fedrid ei gysylltu â neb o'r gwesteion a fu'n aros yno y dyddiau cynt.

Ynddo yr oedd dau fag dillad wedi eu torri'n ddarnau; darn o ddefnydd; carreg; gefel dorri gwifrau; pedwar pâr o esgidiau merch wedi eu llifio'n eu hanner (o'r sawdl i'r blaen) a bag lledr bach. Yn hwnnw yr oedd bag llaw merch; wats arddwrn arian a'r arysgrif '*From George October 31 1917 with love*' arni; a chas metel gyda ffyrling a cherdyn ymweld J. S. Stewart, s/s Durham, 9, Riverside Terrace, Sunderland ynddo. Yr oedd yno hefyd fag llaw arian a'r llythrennau M.S. arno; cas *vanity* yn dangos yr un llythrennau, a Beibl â'r enwau 'Maisie Brass, 9, Riverside, 29 Hawarden Crescent, Sunderland' ac 'Edyth May Brass, 7, Queen's Crescent, Sunderland' o fewn ei glawr.

Os oedd y modd y daeth y portmanto i'r gwesty yn dipyn o ddirgelwch, yr oedd peth o'i gynnwys yn achos cryn ddyfalu hefyd. Pam y byddai unrhyw ferch yn dewis cario pethau mor ddiwerth â charreg a darnau o fagiau ac esgidiau wedi eu llifio'n ddau gyda hi? Oni fyddai'n rhesymol disgwyl iddi fod wedi gwaredu'r rheiny petai ond i ysgafnhau ei baich a chael mwy o le yn y portmanto? Pam cadw'r sbwriel hynny yn gymysg â phethau eraill oedd yn dipyn mwy gwerthfawr?

Rhyw fis ynghynt yr oedd Mamie Stuart wedi diflannu. Yn ôl George Shotton, ei gŵr, yr oedd wedi gadael Tŷ Llonydd, Newton, Y Mwmbwls ac nid oedd wedi ei gweld ers hynny. Gwaith cymharol hawdd fu i'r heddlu, o'r wybodaeth a oedd ganddynt yng nghynnwys y portmanto, holi yn Sunderland a sefydlu mai eiddo Mamie Stuart ydoedd. Hi oedd yr M.S. Ond beth oedd wedi digwydd iddi?

Amy Stuart oedd ei henw iawn ond fel Mamie y byddai'n cael ei hadnabod yn gyffredin. Roedd yn 26 oed, yn bum troedfedd a phedair modfedd o daldra, o gorff tenau gyda llygaid llwyd-dywyll a fflach ynddynt, a gwallt brown tywyll wedi ei dorri'n

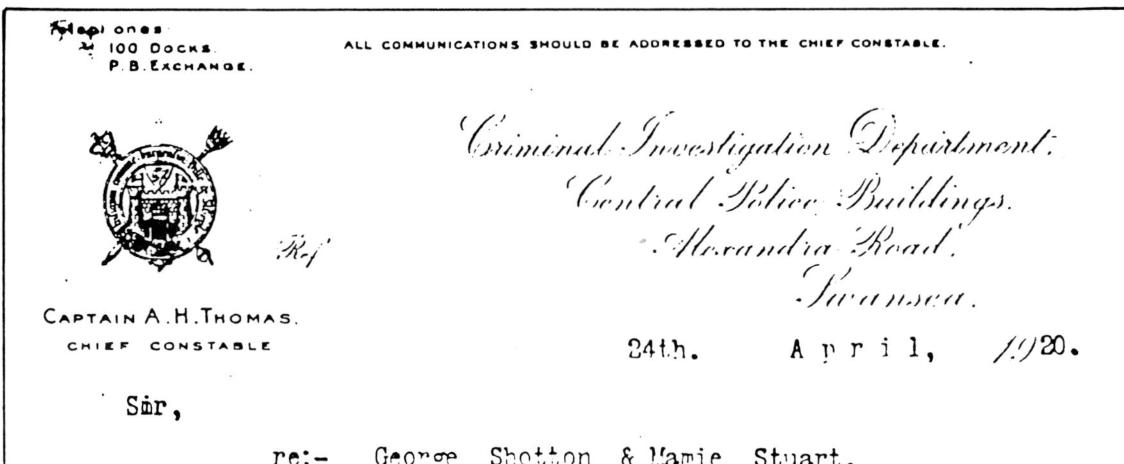

Telephones:
100 Docks.
P.B. Exchange.

ALL COMMUNICATIONS SHOULD BE ADDRESSED TO THE CHIEF CONSTABLE.

Criminal Investigation Department.
Central Police Buildings.
Alexandra Road.
Swansea.

Ref

Captain A.H. Thomas.
Chief Constable

24th. April, 1920.

Sir,

re:- George Shotton & Mamie Stuart.

With further reference to the above named and to your letter dated the 21st.instant, I have to inform you that no trace of the missing woman has yet been obtained.

I have recovered possession of the portmanteau and contents, and herewith enclose as requested some of the articles for the purpose of identification, viz:- Handbag, silver wristlet watch, metal card and sovereign case, silver puse, silver vanity case and chain and a number of beads, which please return when finished with.

Rhan o adroddiad heddlu Abertawe, 24 Ebrill 1920

fyr. Roedd ei dannedd yn llyfn a'r dant nesaf at y dant llygad chwith yn eisiau, ac weithiau gwisgai ddant aur neu ifori yn ei le. O ganlyniad i gael ei chnoi gan gi yn blentyn roedd pedair craith fechan aneglur braidd ar ei hwyneb—un ar ei boch dde, dwy ar y gern ac un ar ael y llygad dde. Cariai ei hun yn syth ac urddasol a gwisgai'n ffasiynol. Pan adawsai Sunderland yn 1919, gwisgai het sidan ddu a phluen ynddi; côt ddu o groen morlo a choler, gwaelod a thorchau'r llewys o ffwr cadno iddi; sgert serj; siwmper o liw gwin port ac iddi dair streipen o liw bisgeden o gylch ei gwaelod a'r coler a thorchau y llewys; sanau duon ac esgidiau swêd du; pais gotwm a dillad isaf o lês gwyn. Gwisgai fodrwy briodas a modrwy ddyweddïo a thri diemwnt ynddi, tlws mawr hirgrwn a llun ohoni'i hun o'i fewn, breichled bres a chadwyn wats batrymog yn uchel ar ei braich. Merch ddeniadol ac, yn amlwg, yr oedd ganddi chwaeth at ddilladu'n ddrudfawr.

Drwy gyfweld ei theulu a'i chydnabod, o dipyn i beth llwyddodd yr awdurdodau i glytio hanes ei bywyd at ei gilydd. Ganed hi yn Sunderland ar 25 Tachwedd 1893. Yn ddeunaw oed, ymunodd â chwmni dawns o'r enw *The Verona Girls*, gan berfformio mewn theatrau yng ngogledd Lloegr. Pan dorrodd y rhyfel, gwasgarodd y cwmni a sefydlodd hi a dwy ferch arall—Ena Inwood a Charlotte Warrington—barti arall, *The Three*

SUNDERLAND BOROUGH POLICE. 44

Central Police Station,

July 4th 1920

Copy of Telegram, From Supt. Ruchen

Time 4.10 pm. to Swansea Police

Forwarded by SC to

Chief Constable, Swansea.

Re your telegram of today.
Mamie Stuart was dressed in a bla[ck] sealskin coat with fox fur collar, cuffs & bottom. A sand serge skirt, plain make. A port wine coloured jumper with three biscuit coloured stripes around bottom, biscuit coloured collar & cuffs, white lawn, or cotton, ~~not marked~~ underskirt, all other underclothing white lawn, or cotton not marked, black suede shoes black stockings, was wearing a wedding ring and an engagement ring set with three white stones

Telegram heddlu Sunderland, 4 Gorffennaf 1920

Dancing Glens, a fu'n diddanu'r tyrfaoedd yn theatrau'r gogledd am ryw ddwy flynedd. Oherwydd amgylchiadau'r rhyfel, gwasgaru fu eu hanes hwythau hefyd, ac aeth Mamie'n ôl i fyw at ei rhieni yn 24, Hawarden Crescent, Sunderland, gan weithio yn awr ac yn y man yn theatrau Llundain.

Wedi rhyw dair blynedd o'r bywyd hwn, tua diwedd 1917 cyfarfu ag Everard George Shotton, peiriannydd llongau wedi ei eni yn Sunderland ond a oedd erbyn hynny, yn rhinwedd ei swydd, yn teithio i wahanol borthladdoedd ledled Prydain. Wedi carwriaeth fer a thanbaid, priodwyd y ddau yn South Shields ar 25 Mawrth 1918—Shotton yn ei ddisgrifio'i hun yn ŵr sengl, 37 oed, a Mamie yn rhoi ei chyfeiriad yn 43, Elgin Crescent, Notting Hill, Llundain—ei llety tra'n perfformio yn y ddinas, mae'n debyg.

Wedi'r briodas, bu'r ddau yn byw mewn gwahanol rannau o'r wlad—hi yn dal ymlaen i berfformio yma a thraw ac yntau i bob ymddangosiad yn parhau i drafaelu o borthladd i borthladd wrth ei waith. Ond buan y troes y chwarae yn chwerw. Roedd yna ddrwg yn y caws. Drwg mawr.

George Shotton a Mamie Stuart

1918. Marriage solemnized at the Register Office in the District of South Shields in the Counties of Durham and South Shields

No.	When Married.	Name and Surname.	Age.	Condition.	Rank or Profession.	Residence at the time of Marriage.	Father's Name and Surname.	Rank or Profession of Father.
91	Twenty fifth March 1918	George Shotton	37 years	Bachelor	Marine Superintendent	Golden Lion Hotel South Shields	John Webb Shotton	Ship Surveyor
		Mamie Stuart	24 years	Spinster	—	43 Elgin Crescent Notting Hill London	James Stuart	Master Mariner

Married in the Register Office ~~according to the Rites and Ceremonies of the~~ by [illegible]

This Marriage was solemnized between us, George Shotton, Mamie Stuart

in the Presence of us, Louie Robson, D. Alan Coats.

[illegible] Deputy Registrar.

[illegible] Supt. Registrar

Tystysgrif Priodas Shotton a Mamie

1905. Marriage solemnized at the Parish Church in the Parish of St Woolos in the County of Monmouth

No.	When Married.	Name and Surname.	Age.	Condition.	Rank or Profession.	Residence at the time of Marriage.	Father's Name and Surname.	Rank or Profession of Father.
418	Sep: 7th 1905	George Shotton	25	Bachelor	Marine Surveyor	Caerau Road	John Webb Shotton	Marine Surveyor
		May Leader	23	Spinster	—	109 Stow Hill	George William Leader	Marine Captain

Married in the Parish Church according to the Rites and Ceremonies of the Established Church by Licence ~~or after~~ by me,

This Marriage was solemnized between us, George Shotton, May Leader

in the Presence of us, Albert Harold Hill, Sarah Leader

B. Lloyd, Vicar

Tystysgrif Priodas Shotton a May

Y gwir amdani oedd fod Shotton eisoes yn briod pan gyfarfu â Mamie—er 7 Medi 1905 i fod yn fanwl. Roedd wedi dod i Gymru a phriodi May Leader, merch 23 oed i gapten llong yn Eglwys y Plwyf, St. Woolos, Casnewydd. Roeddent wedi cartrefu ym Mhenarth ac yn 1915 ganed plentyn iddynt. Ar un o'i deithiau gwaith oddi yno y cyfarfu Shotton â Mamie.

Yr oedd mwyach yn fochyn deudwlc, a'r amgylchiadau—ar y cychwyn, beth bynnag—yn gwneud hynny'n gymharol hawdd. Byddai ei waith yn ei ddwyn oddi cartref am wythnosau ar y tro, a gwaith Mamie yn sicrhau ei bod hithau i ffwrdd am ysbeidiau lled faith hefyd. Pan ddigwyddai hynny, âi George at May i Benarth—pan ddôi Mamie'n ôl, dychwelai ati hi—heb fod yr un o'r ddwy yn gwybod dim am fodolaeth y llall. Mae'n rhaid ei bod wedi bod yn gyfyng arno lawer gwaith rhag i un o'r miloedd pethau bychain hynny sy'n cydio gŵr a gwraig ei fradychu—pethau fel dyddiadau pen blwydd, talu biliau, newid dillad isaf, popeth yn cael ei wneud yn nannedd y chweched synnwyr diarhebol hwnnw sydd gan wragedd.

Nid oedd hynny'n ddim at y tensiwn a ddygodd arno'i hun pan newidiodd amgylchiadau ei waith. Cafodd ryw fath o ddyrchafiad a swyddfa yn Adelaide Chambers, Abertawe, lle byddai fwy neu lai yn sefydlog heb yr angen am deithio—a heb gystal cyfle i chwarae'r ffon ddwybig, wrth gwrs. Ond cymerodd lety iddo ef ei hun a Mamie gyda Mrs Hearne yn Nheras Trafalgar, Abertawe, gan ddwyn Mamie a May i fyw gryn dipyn yn nes at ei gilydd. Daeth y Trafalgar hwnnw ag ef yn nes at ei Waterloo. Er hynny, pan fyddai Mamie i ffwrdd, mynnai Shotton herio ffawd a dod â May a'r bachgen bach i aros yng Ngwesty'r George yn Y Mwmbwls.

I unrhyw un o'r tu allan, byddai wedi bod yn weddol amlwg bod storm yn crynhoi, ond yr oedd George yn 'ddihangol hyd yn hyn'. Yna cymerodd y cam eithaf. Roedd May erbyn hynny'n dechrau syrffedu wedi agos i bymtheng mlynedd o'r bywyd priodasol peripatetig hwn ac yn ddigon naturiol yn dyheu am gael ei gŵr gartref gyda hi a'r plentyn. Mynnodd ei fod yn prynu tŷ o'r enw Craig Eithin ym Mae Caswell, Y Mwmbwls—tua'r un pryd ag yr aeth ef a Mamie i fyw i Dŷ Llonydd, Newton, hefyd yn Y Mwmbwls—nid oedd ond cwpl o filltiroedd rhyngddynt. Un peth oedd cadw'r ddwy fenyw ar wahân ar ben tri chan milltir—peth arall oedd gwneud hynny ar ben tair. Yr oedd un ai'n chwarae â thân neu yr oedd ganddo rhyw gynlluniau yng nghefn ei feddwl.

Roedd angen adnewyddu Craig Eithin a phenderfynodd Shotton roi gratiau newydd yno. Aeth at gontractiwr ym Mhenarth i ddewis rhai—nid gyda May ond gyda Mamie! Ymhlith llawer o bethau eraill at y gwaith, archebodd dunnell o galch brwd—nid ar gyfer yr atgyweirio, meddai ef, ond 'at yr ardd'.

Fel yr âi'r atgyweirio rhagddo, a May yn mynd yn fwyfwy awyddus i symud i mewn, âi Shotton â hi yno yn awr ac yn y man i weld sut yr oedd pethau yn dod ymlaen. Bryd arall, pan dybiai ei bod yn ddiogel iddo wneud hynny, âi â Mamie. Fwy na thebyg y credai honno mai ar ei chyfer hi yr oedd y tŷ—beth bynnag am y calch!

Craig Eithin

Tŷ Llonydd

Roedd yn mynd yn fwy anodd bob dydd ar Shotton i gadw'r ddwy rhag dod i wybod y naill am y llall, er bod lle i gredu bod Mamie erbyn hynny yn dechrau amau pethau. Cynyddu o hyd a wnâi'r perygl y deuai ei ddwywreiciaeth i'r golwg ac, wrth gwrs, pe digwyddai hynny, Mamie fyddai'r tyst pennaf. Roedd y tŷ bron yn barod a May yn paratoi i symud i mewn yn nechrau Rhagfyr 1919 pan fu cweryl ffyrnig rhwng Shotton a Mamie. Pan ddaeth adref o'i waith drannoeth, meddai ef, yr oedd hi wedi mynd.

Bron o'r cychwyn cyntaf, tyngai ei theulu a'i chydnabod fod ar Mamie ofn Shotton. Mae'n anodd i rywun amgyffred y peth mewn gwaed oer efallai—bod merch osgeiddig, soffistigedig yn llygad y cyhoedd am briodi rhywun yr oedd yn ei ofni. Ond peth rhyfedd yw serch, ac onid oes i'r gwningen hefyd ryw atyniad anesboniadwy at y wenci sy'n mynd i sugno gwaed ei heinioes? Yn wir, dywedodd Mamie fwy nag unwaith ei bod yn ofni y byddai Shotton yn ei lladd. Beth bynnag, p'un ai oherwydd y tensiwn yr oedd dano neu o gasineb cynhenid, aeth pethau cynddrwg rhyngddynt nes iddo unwaith arllwys clorofform a rhyw gymysgedd arall i lawr ei gwddw. Bu'n ddifrifol sâl am ddyddiau, yn chwydu, ei llwnc yn llosgi'n ofnadwy ac yntau'n chwerthin am ei phen—ond llwyddodd i guddio un o'r poteli a gynhwysai'r gymysgedd a'i rhoi i'w chwaer. Cadwodd honno hi a'i rhoi i'r heddlu'n ddiweddarach. Dadansoddwyd y cynnwys a hynny a ddarbwyllodd y Prif Gwnstabl A. H. Thomas i alw am gymorth Scotland Yard, a daeth y Prif Arolygydd Daper i Abertawe i gyfarwyddo'r ymholiadau. Ni fydd neb bellach yn gwybod yn union beth oedd bwriad George Shotton pan geisiodd orfodi Mamie i lyncu cynnwys y botel honno, ond gan ei bod yn cynnwys clorofform tybed a oedd y syniad o'r drosedd berffaith yng nghefn ei feddwl yntau hefyd?

Dechreuwyd holi Shotton ar 18 Mawrth 1920 gan y Ditectif Uwch Arolygydd Hayse a'r Ditectif Sarjant Arthur Eynon ac, yn ddiweddarach, gan y Ditectif Arolygydd Barry a'r Sarjant Eynon. Dywedodd iddo gwrdd â Mamie gyntaf yng Ngorffennaf 1917 a'i fod wedi byw tali gyda hi yn achlysurol ers hynny. Pwysleisiodd y byddai ei waith yn ei ddwyn i wahanol borthladdoedd am gyfnodau o wythnosau ar y tro. Ar yr adegau hynny, dilynai Mamie ef o gwmpas ac arhosent mewn gwahanol letyau. Gwyddai Mamie'n iawn ei fod yn briod, meddai ef.

Roedd ganddi dymer wyllt ac ymfflamychol a gadawodd ef droeon a mynd i Lundain. Ni chlywai air oddi wrthi wedyn am fisoedd efallai, yna'n sydyn ac annisgwyl hollol câi lythyr yn gofyn am arian, ac ailgychwynnai'r gyfathrach. Câi byliau o iselder a barhâi am ddiwrnodau weithiau.

Nid oedd yn hollol siŵr o'r dyddiad yr aeth i ffwrdd y tro olaf ond ailadroddodd fel y bu iddynt gweryla a'i bod wedi mynd pan gyrhaeddodd ef adref o'i waith drannoeth. Y tro olaf y medrai fod yn bendant iddo'i gweld oedd ar 3 Rhagfyr, pan welodd hi o bell yn Stryd Oxford, Abertawe.

Nid oedd wedi rhoi pwys mawr ar ei hymadawiad gan iddi wneud yr un peth droeon o'r blaen, ac ar rai o'r adegau hynny buasai yn aros gyda chyfeilles iddi o Sunderland, Cissy Davidson, a letyai mewn caffi yn Percy Street, gyferbyn â Tottenham Court Road yn Llundain.

Rhyfedd cyn amled y mae rhywun yr amheuir ei fod wedi cyflawni llofruddiaeth yn cynnig y stori fod y sawl sydd ar goll 'wedi mynd i Lundain'. Ai am ei fod yn tybio fod Llundain a'i miliynau diadnabod yn lle delfrydol i fynd ar goll ynddo? Ai am ei bod yn rhyw fath o freuddwyd gan y rhan fwyaf ohonom i fynd yno o leiaf unwaith yn ein hoes?

Mae'n hawdd dychmygu trallod ac amheuon teulu Mamie yn Sunderland; ei llythyrau cyson yn gorffen heb nac eglurhad na rhybudd; dim sôn amdani ar boster theatr nac yn unman arall. Anfonodd sawl aelod o'r teulu lythyr lawer gwaith at Shotton yn holi beth oedd wedi digwydd iddi a pham nad ysgrifennai. Yn wir, ar 4 Rhagfyr, derbyniodd ei thad a'i chwaer bob o delegram yn edrych fel petaent wedi cael eu hanfon gan Mamie. Ond dal i sgrifennu a phwyso am ragor o wybodaeth a wnâi'r teulu, ac ym mis Chwefror 1920 derbyniodd ei thad lythyr oddi wrth Shotton yn dweud ei bod 'wrth ei ochr' tra ysgrifennai ond ei bod yn un o'i hwyliau gwael. Cyn gynted ag y deuai dros ei phwl, byddai'n ei chymell i anfon gair atynt.

Serch hynny, cryfhau o hyd a wnâi eu hamheuon bod rhyw ddrwg difrifol iawn wedi digwydd i Mamie. Gwadodd Shotton unrhyw wybodaeth am y ddau delegram ond cyfaddefodd ei bod yn bosibl iddo roi'r argraff fod Mamie wrth ei ymyl wrth sgrifennu'r llythyr hwnnw er mwyn tawelu eu hofnau, gan y teimlai'n siŵr mai yn Llundain yr oedd ac y dychwelai'n hwyr neu hwyrach.

Roedd May yn dal i fyw ym Mhenarth ac o bryd i'w gilydd âi i weld Craig Eithin, ac un tro pan gyrhaeddodd gwelodd ddynion yn archwilio'r tŷ a cheibio yn yr ardd. Ni ddywedodd neb air wrthi, ond synhwyrai rywsut mai chwilio am gorff yr oeddent. Daeth i wybod am yr amheuaeth ynglŷn â dwywreiciaeth ei gŵr, ond pan wynebodd ef gwadu'r cyfan a wnaeth.

Aeth yr ymholiadau yn eu blaen a chydweithredu clòs rhwng Heddluoedd Abertawe, Sunderland a South Shields ac, er na chafwyd goleuni newydd ar ddiflaniad Mamie, cafwyd toreth o dystiolaeth bod Shotton yn euog o ddwywreiciaeth. Ysywaeth, yr oedd y prif dyst yn eisiau. A fedrid profi dwywreiciaeth pan nad oedd ond un ar gael? Hynny, mae'n weddol siŵr, oedd prif obaith Shotton.

Teimlwyd o'r diwedd fod digon o dystiolaeth wedi'i chasglu i gyfiawnhau cael gwarant i'w restio a gwnaed hynny ar 21 Mai 1920 yng Ngorsaf Reilffordd Abertawe. Cyfaddefodd iddo gydfyw â Mamie, ac er bod hynny yn yr oes honno yn drosedd foesol, o leiaf yr oedd yn llai o drosedd na dwywreiciaeth, ond gwadodd iddo erioed ei phriodi.

SWANSEA BOROUGH POLICE.

SPECIAL REPORT.

Town Division. CRIMINAL INVESTIGATION DEPARTMENT.

Subject: Mrs. Shotton or Mamie Stuart. 12th. April, 1920.

To/ Captain Alfred H. Thomas,
Chief Constable.

Sir,

Referring to a further communication received from the Police at Sunderland, respecting the above named person.

I respectfully report, in company with Detective Inspector Barry, having interviewed Mr. George Shotton at his Office in Adelaide Street, Swansea.

He informed me that he first met Mamie Stuart in Sunderland, during July 1917, and has cohabited with her at different times,-but not continuously. Shotton's business takes him away from home a good deal, visiting seaport towns, and on these occasions she would follow him, and they would then stay together.

He denies that he went through a form of marriage with her at the Registry Office, South Shields, as she knew that he was a married man.

I also questioned him respecting the telegram received by Mrs. Brass purporting to have been sent from Swansea Christmas time by Mamie Stuart, and he stated that he knew nothing about it.

The cause of the delay of this enquiry has been through Mr. Shotton being out of town on business.

I respectfully suggest that the Chief Constable of Sunderland may be so informed.

I am, Sir,
Your Obedient Servant,
Arthur Eynon
Detective Sergeant.

Noted Mayle Det Supt

Respectfully Submitted
Thomas W. E. Mayle
Detective Superintendent

Rhan o adroddiad heddlu Abertawe, 12 Ebrill 1920

Dygwyd ef o flaen Ynadon Abertawe i'w draddodi ar 3 Mehefin ac anfonwyd ef i sefyll ei brawf ym Mrawdlys Morgannwg ar ddydd Mercher, 12 Gorffennaf 1920. Y Barnwr oedd Mr Ustus Avery ac, yn unol â'r traddodiad, aeth yn gyntaf i Eglwys y Santes Fair ac oddi yno i'r llys, lle'r oedd gwaith trwm yn ei aros. 60 o garcharorion—31 o ddwyrain y sir, 29 o'r gorllewin ac yn eu plith 13 achos o ddwywreiciaeth. Syr Ellis Griffiths C.B. a arweiniai dros y Goron gyda Trevor Davies i'w gynorthwyo, a Syr Marley Samson C.B. gyda Trevor Hunter dros y diffynnydd. Rhoddwyd y cyhuddiad i'r carcharor, ei fod, ar 25 Mawrth 1918

> '. . . wedi priodi Mamie Stuart yn Swyddfa Gofrestru South Shields a hynny yn ystod bywyd eich gwraig, May Shotton, yr hon a briodasoch yn Eglwys y Plwyf Santes Fair, St. Woolos, Casnewydd ar 7 Medi 1905.'

Plediodd yntau yn ddieuog.

Amlinellodd Syr Ellis Griffiths yr achos gan gyfeirio'n fras at y dystiolaeth cyn dechrau galw'r tystion. Y mae peth gwahaniaeth yn y rheolau mewn achos o ddwywreiciaeth rhagor unrhyw drosedd arall. Er enghraifft, mae cyfaddefiad gan y diffynnydd fel arfer yn dderbynadwy gan lys (cyhyd ag y bo wedi ei wneud o ewyllys rydd a heb fod o dan bwysau). Mae achos o ddwywreiciaeth rywfaint yn wahanol. Deddfwyd yn achos R-v-Lindsay yn 1902 ei bod yn rhaid profi'r briodas gyntaf yn llwyr, h.y. drwy ddangos tystysgrif y cofrestrydd priodas. Nid yw addefiad y cyhuddiedig yn ddigon. Ymhellach, er na châi gwraig yn y cyfnod hwnnw dystio yn erbyn ei gŵr, gan fod y gyfraith yn eu hystyried yn un person, roedd achos o ddwywreiciaeth yn eithriad yn hynny o beth hefyd. O dan y *Criminal Justice Administration Act 1914*, caniateid galw gŵr neu wraig mewn achos felly i dystio heb ganiatâd y diffynnydd. Caniateid ei alw ond roedd gan y tyst yr hawl i wrthod tystio. Felly, roedd yn ddoeth peidio â dibynnu'n gyfan gwbl ar dyst o'r fath ond yn hytrach sicrhau tystiolaeth ychwanegol i brofi'r briodas.

Daeth May Shotton i'r bocs yn crynu o ofn. Gwraig hollol ddiniwed ac onest oedd hi a bu'r holi a'r croesholi yn ormod iddi. Tystiodd iddi briodi Shotton yn 1905 a'i bod o hyd yn wraig gyfreithlon iddo. Dilynwyd hi gan gofrestrydd y briodas a dangosodd hwnnw brawf diymwad y llyfr cofrestru.

Yna galwyd Arthur Parry, cofrestrydd South Shields, i gael y ffeithiau am yr ail briodas. Dangosodd yntau ei lyfr cofrestru, y dyddiad dan sylw—25 Mawrth 1918—ac enwau Mamie Stuart a George Shotton. Ni fedrai dyngu mai'r un gŵr oedd yn y doc â'r gŵr a arwyddodd y llyfr cofrestru. Y gorau y medrai ei wneud oedd tystio iddo weld ei wyneb rywbryd o'r blaen ond ni fedrai fod yn ddigon siŵr i ddweud ymhle. Dangoswyd llofnod Shotton yn y llyfr cofrestru a'i gymharu â'r llofnod a arwyddodd yn y llyfr olion bysedd yng ngŵydd y Ditectif Gwnstabl Cornock pan gafodd ei restio. Tystiodd Mrs Edyth Brass, chwaer Mamie, fod Shotton o leiaf yn South Shields yn union cyn y briodas ac yn union wedi hynny—roedd y ddau wedi aros yn ei chartref fel gŵr a gwraig. Nid oedd hi wedi bod yn y seremoni, felly nid oedd ei thystiolaeth hithau chwaith yn profi'r briodas gant y cant. Wrth gwrs, roedd yr unig dyst na ellid bod wedi amau'i gair ar goll.

Galwyd ar forwynion gwahanol westai yn Lerpwl a Llundain a ddywedodd fod Mamie a Shotton wedi aros yno fel gŵr a gwraig, gan ddangos ei lofnod ef amryw o weithiau. Roedd y dystiolaeth amgylchiadol yn cryfhau o hyd.

Yn olaf, dangoswyd nifer o lythyron oddi wrth Shotton at Mamie lle cyfeiriai ati fel ei wraig, gan arwyddo mwy nag un—*Your hubby, Geo.* Mae'n debyg mai'r llythyr a glensiodd y cyfan oedd ei un olaf ati. Yn hwnnw, cwynai (gan gyfeirio at y ffaith ei fod wedi ei churo, mwy na thebyg), 'Yr wyt yn fy ngyrru i wneud yr hyn a fyddai'n dy alluogi i'm hysgaru,' gan ddangos yn eglur ei fod yn edrych arni fel gwraig gyfreithlon iddo—cyn agosed fyth at gyfaddefiad ag y byddai'n debyg o ddod.

Aeth Shotton i'r bocs heb droi blewyn i haeru nad oedd erioed wedi priodi Mamie, er iddo gyfaddef ei fod yn South Shields y diwrnod hwnnw. Cyd-fyw yn unig a wnaent, meddai ef, a galwai hi'n wraig iddo er mwyn gwedduster yn unig. Cyhuddodd Syr Ellis Griffiths ef o anwiredd—yn wir, aeth cyn belled â'i gyhuddo o gael gwared o Mamie'n gyfan gwbl fel na allai dystio yn ei erbyn. Yn hollol hunanfeddiannol, gwadodd Shotton hynny hefyd, gan ddweud y gallai Mamie'n hawdd fod wedi gwneud amdani'i hun. Onid oedd yn dioddef pyliau o iselder ysbryd ac wedi bygwth gwneud hynny fwy nag unwaith? Onid oedd o natur enbyd o wyllt? Beth am y tro hwnnw yr oedd wedi tynnu rifolfer o'i bag a'i fygwth ag ef? Onid oedd wedi achwyn wrtho droeon ei bod yn ofnus mewn tai mawrion fel Craig Eithin a Thŷ Llonydd? Onid oedd yn bosibl mai hynny oedd yr achos iddi ymadael? Onid oedd popeth yn pwyntio at y ffaith nad oedd ganddo ef ddim oll i'w wneud â'i diflaniad?

Cerddodd allan o'r bocs lawn mor gŵl ag yr aeth iddo, fel pe na bai'n hidio ffeuen am neb. Ond gan mai ar ei brawf am ddwywreiciaeth yr oedd, ac nid am unrhyw drosedd waeth, mae'n bosibl na wnaeth ei holl rethreg fawr o les iddo.

Pwysleisiodd y Barnwr yr union bwynt hwnnw yn ei anerchiad i'r rheithgor a'i ddadansoddiad o'r dystiolaeth a'i drafod yn dra gofalus. Cymerodd hanner awr iddo. Ni fu'r rheithgor fwy nag ychydig funudau yn dod i'w penderfyniad hwy. Euog. Pan gyhoeddodd Mr Ustus Avery ei ddedfryd o ddeunaw mis o garchar gyda llafur caled, llewygodd Shotton.

Er i'r achos o ddwywreiciaeth orffen o blaid y Goron, roedd y prif ddirgelwch heb ei ddatrys o hyd. Beth oedd wedi digwydd i Mamie Stuart? Erbyn hynny roedd amheuon cryf nid yn unig ei bod wedi marw ond bod Shotton wedi ei lladd. Yr oedd ganddo'r cyfle a'r cymhelliad—efallai mwy nag un o'r ddau beth: cenfigen, o bosibl. Yn un peth, roedd hi'n iau nag ef o dair blynedd ar ddeg, a'i harddwch yn denu sylw, gormod efallai wrth ei fodd ef. Yr oedd ef ei hun wedi awgrymu ei bod hi'n gwasgu arno am arian—roedd ganddi chwaeth at y drudfawr erioed—ac yntau â dwy gymhares a dwy aelwyd i'w cadw. Uwchlaw popeth arall, hi fyddai wedi bod yn bennaf tyst yn ei erbyn fel dwywreiciwr. Mae llawer llofrudd wedi lladd am lai.

Aeth yr ymholiadau yn eu blaen ac archwiliwyd pob modfedd o Graig Eithin a Thŷ Llonydd ond ni chafwyd yr un cliw. Talwyd sylw manwl i bob corff a olchwyd i'r lan ar draethau de Cymru. Daeth chwaer Mamie unwaith bob cam i Abertawe i geisio adnabod corff, ond yn ofer. Apeliwyd ar i unrhyw un a wyddai unrhyw beth yn ymwneud â'r achos, pa mor ymddangosiadol ddibwys bynnag, i ddod ymlaen. Ond, fel sy'n digwydd yn rhy aml, ni ddaeth neb.

Mae'n anodd amgyffred y rheswm dros y cyndynrwydd hwn

ar ran y cyhoedd. Yn y rhan fwyaf o achosion—yn enwedig yn yr achos hwn lle nad oedd y ddau wedi byw ond cyfnod byr mewn man gweddol amhoblog—mae'n rhaid bod rhywun wedi gweld neu glywed rhywbeth allan o'r cyffredin. P'un ai o ofn yr heddlu neu o ddifaterwch neu o ryw ysbryd gwyrdroedig o deyrngarwch i gydnabod, ni ddaeth neb ymlaen.

Yn awr ac yn y man, deuid o hyd i ryw ddernyn bach o wybodaeth na wnâi ddim ond cadarnhau'r gred fod Mamie yn farw. Cafwyd llythyr at Mrs Hearne, lle bu Mamie a Shotton yn lletya cyn symud i Dŷ Llonydd, oddi wrth Mamie yn dweud, '. . . os byth yr af ar goll, gwnewch eich gorau i ddod o hyd i mi, wnewch chi?' Mewn un arall at ei mam roedd wedi dweud, '. . . trawodd fi ar draws fy mhen ac mae fy mreichiau wedi eu niweidio a chleisiau o gylch fy ngheg. . . Bûm yn chwydu am amser, ac yntau'n dal i chwerthin. . . Mae'n ddyn anghredadwy o gas, mae arnaf ofn na fyddaf byw lawer yn rhagor gydag ef. Nid yw fy mywyd yn werth ei fyw. Eich merch Mamie.'

Ond fel yr oedd y trywydd yn oeri, lleihau yn raddol a wnâi ymdrechion yr heddlu a thawelu'n araf bach a wnâi'r sôn yn y gymdogaeth. O bryd i bryd, gwelid erthygl yn y wasg yn trafod dirgelwch Mamie a chadwai ei chwaer Edyth Brass gofnod manwl o bob dernyn o wybodaeth a ddeuai i'r golwg mewn llyfr du.

Aeth y blynyddoedd heibio. Torrodd a gorffennodd rhyfel arall, ac i bawb ond yr heddlu a'i theulu agosaf beth oedd diflaniad un ymhlith miliynau colledigion y gyflafan honno? I bob pwrpas, darfu am achos Mamie Stuart—tan 1950.

Yn y flwyddyn honno, prynwyd Craig Eithin gan ddeintydd o Fae Caswell, Lewis Jones, ac wedi dod yno sylwodd ar leithder yn llawr un o'r stafelloedd cefn. Codwyd y llawr a gwelwyd fod pwll oddi tano, yn amlwg yn waith caib a rhaw, a hwnnw'n llawn o galch brwd. Mesurai bedair troedfedd o hyd, dwy o led a throedfedd o ddyfnder a thwll fel twnnel bychan yn arwain ohono i mewn o dan y gegin. Yr unig beth a gafwyd ynddo oedd sliper merch.

Gan gofio hanes y lle a'i gyn-berchennog, teimlai'r deintydd yn siŵr ei fod wedi datrys cyfrinach Mamie Stuart. Galwyd yr heddlu dan ofal yr Uwch Arolygydd Charles Pugh o Dre-gŵyr a cheibiwyd yr holl loriau. Ni chafwyd dim ond yr un sliper honno.

B

from

By

Charges to pay s. d.

POST OFFICE TELEGRAPHS

This Form must accompany any Inquiry respecting this Telegram.

No. of Telegram 2215

Sent........M

To........

By........

Office Stamp

Prefix | Handed in at | Office of Origin and Service Instructions | Words | Received here at

12.50 Swansea Police

SUNDERLAND 10 AU 21

Chief Constable Sunderland

The Dissected body of a female of 26 to 30 years of age Has been recovered in the bays adjacent to this borough the height and physical measurements would appear to answer to those of Mamie Stuart missing from the borough since 5.11.19 Identification as regards face and body would appear impossible but may be established by teeth which appear to be a subject for identification if Mrs Brass sister of Mamie Stuart would be able to Identify her sister by the death You should send her here as soon as possible this request is sent in view of what has appeared in newspapers and to give relatives every opportunity of identification missing woman

Rhan o adroddiad heddlu Abertawe, 10 Awst 1921

SUNDERLAND BOROUGH POLICE.

~~TELEPHONE, (TRUNK CALL) OR~~ TELEGRAM.

Time 7.45 p.m. 10 day of Aug. 1921.

Forwarded by C.I.D.

To Newcastle on T. Telegraph Office for transmission to C.C. Swansea, by telegraph.

Your telegram received re 'Mamie Stuart' — Mrs Brass will leave to-morrow morning to view body. She will have to be accompanied by another person as she is in poor health.

(35 words — 2/11d.)

not identified as Mamie Stuart.

Signature A. J. Patterson Sgt

Telegram, 10 Awst 1921

Llithrodd un mlynedd ar ddeg heibio, a diddordebau hamdden y wlad yn newid a datblygu o hyd. Daeth ogofeydd a hen siafftiau mwyn a glo, lle bu eu cyndadau'n llafurio am eu bara beunyddiol, yn feysydd gweithgarwch hamdden y to newydd.

Mae Penrhyn Gŵyr yn frith o gilfachau ac ogofeydd naturiol lle byddai smyglwyr yn llochesu flynyddoedd yn ôl. Erbyn heddiw mae yno hefyd laweroedd o hen siafftiau mwyn a fu'n segur ers amser maith. Gwnaed gwahanol ddefnydd ohonynt ar hyd y blynyddoedd, ac efallai mai un o'r rhai mwyaf diddorol yw Twll Johnnie Nichols, gerllaw Clogwyn y Rhod Wynt yng Nghilfach Brandy, nid nepell o'r Mwmbwls. Yno, yn ôl traddodiad lleol, yr âi Johnnie i guddio pan ddoi'r *Press Gang* i'r ardal.

Archwilio'r hen dyllau hyn oedd prif ddiddordeb Colin McNamara, Graham Jones a Joachim Gerke o Fro Gŵyr, ac ar ddydd Sul, 5 Tachwedd 1961 roedd y tri â'u bryd ar chwilio lefelau a siambrau'r twll yng Nghilfach Brandy. Bu McNamara yno ryw saith mlynedd cyn hynny, ond y tro hwn penderfynodd y tri ddisgyn yn is gan ddefnyddio rhaff. Aethant i lawr at y siambr gyntaf a arweiniai o'r siafft ac oddi yno at ail siambr. Sylwodd McNamara fod trydedd siambr fel petai wedi ei chau gan gwymp, ac wrth glirio'r cerrig a'r rwbel gwelwyd twnnel yn arwain ohoni. Dilynodd hwnnw am ddwy neu dair llath nes dod at fan lle'r oedd carreg fawr, a honno'n amlwg wedi ei gosod yno'n ofalus gyda cherrig llai yn ei dal yn ei lle, yn cau'r twll. Symudwyd y garreg hon gyda chryn ffwdan ac aeth y tri yn eu blaenau un ar ôl y llall, gan nad oedd ond prin le i un gropian ar y tro. Daethant at dro yn y ffordd, ac yno ar y llawr yr oedd penglog ddynol yn crechwenu arnynt yng ngolau'r fflachlampau.

Wedi dod dros y sioc gyntaf, aethant ati i glirio rhagor o'r rwbel a chael y benglog allan i olau dydd a mynd â hi i Orsaf Heddlu Llandeilo Ferwallt a'i throsglwyddo i'r Cwnstabl Barnett. Anfonwyd ar unwaith am y Ditectif Arolygydd Graham Williams o Dre-gŵyr a galwodd yntau am y Doctor John Griffiths o'r pentref ar ei ffordd yn ôl i Gilfach Brandy.

Wrth reswm, bu'n dipyn anos i'r plismyn a'r meddyg fynd i lawr i'r twnnel gyda'u lampau a'u hoffer, ond gyda'r tri gŵr ifanc i'w cyfeirio daethant o hyd i'r man lle cafwyd y benglog yn y diwedd. Archwiliwyd yr holl siambrau a chafwyd bod yno dwr o esgyrn dynol a edrychai fel petaent yn sgerbwd cyfan. Ynghyd â'r esgyrn, cafwyd gweddillion sach; dwy fodrwy, gên isaf ddynol; botwm; gweddillion bag llaw; crib cynnal gwallt

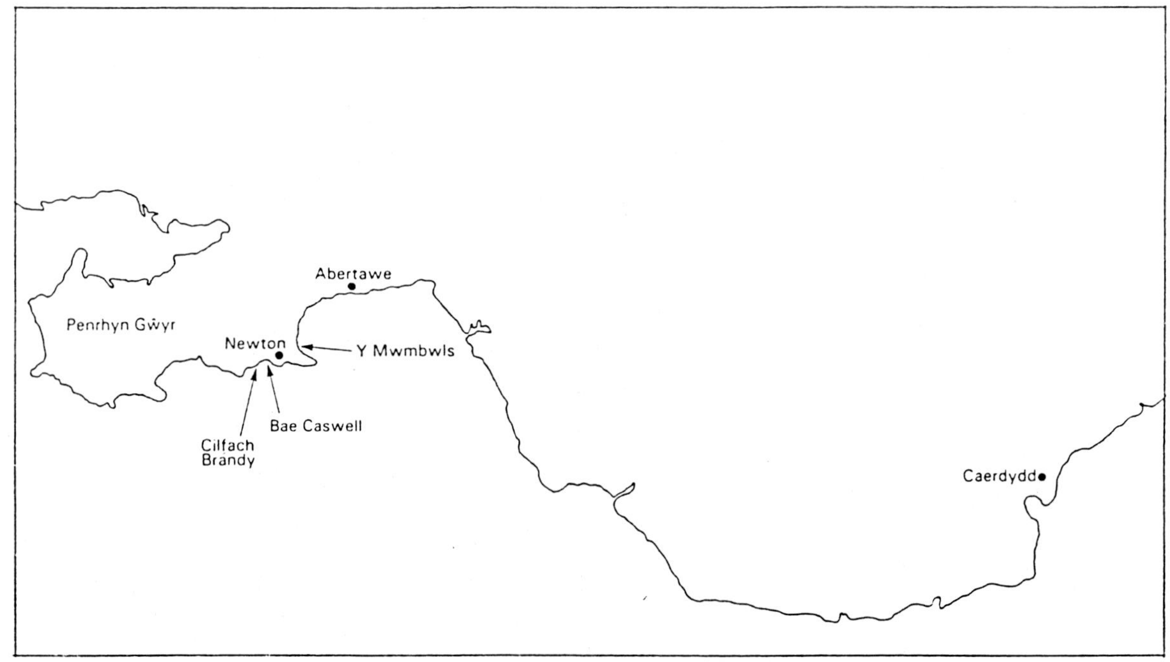

Cilfach Brandy a Bae Caswell, Penrhyn Gŵyr

gyda'r mymryn lleiaf o groen a rhai blewiach o wallt brown tywyll yn glynu wrthi; cadwyn bres fechan saith modfedd o hyd; seffti pin, botwm *mother-of-pearl*; sawl dernyn o fetel rhydlyd a dau dasel a deuddeg pwythyn o wifren gopr drwyddynt, a phedwar darn o frethyn—darnau o sidan du; brethyn *worsted* brown tywyll; brethyn gwlad o'r un lliw a darn o felfedîn pinc a du.

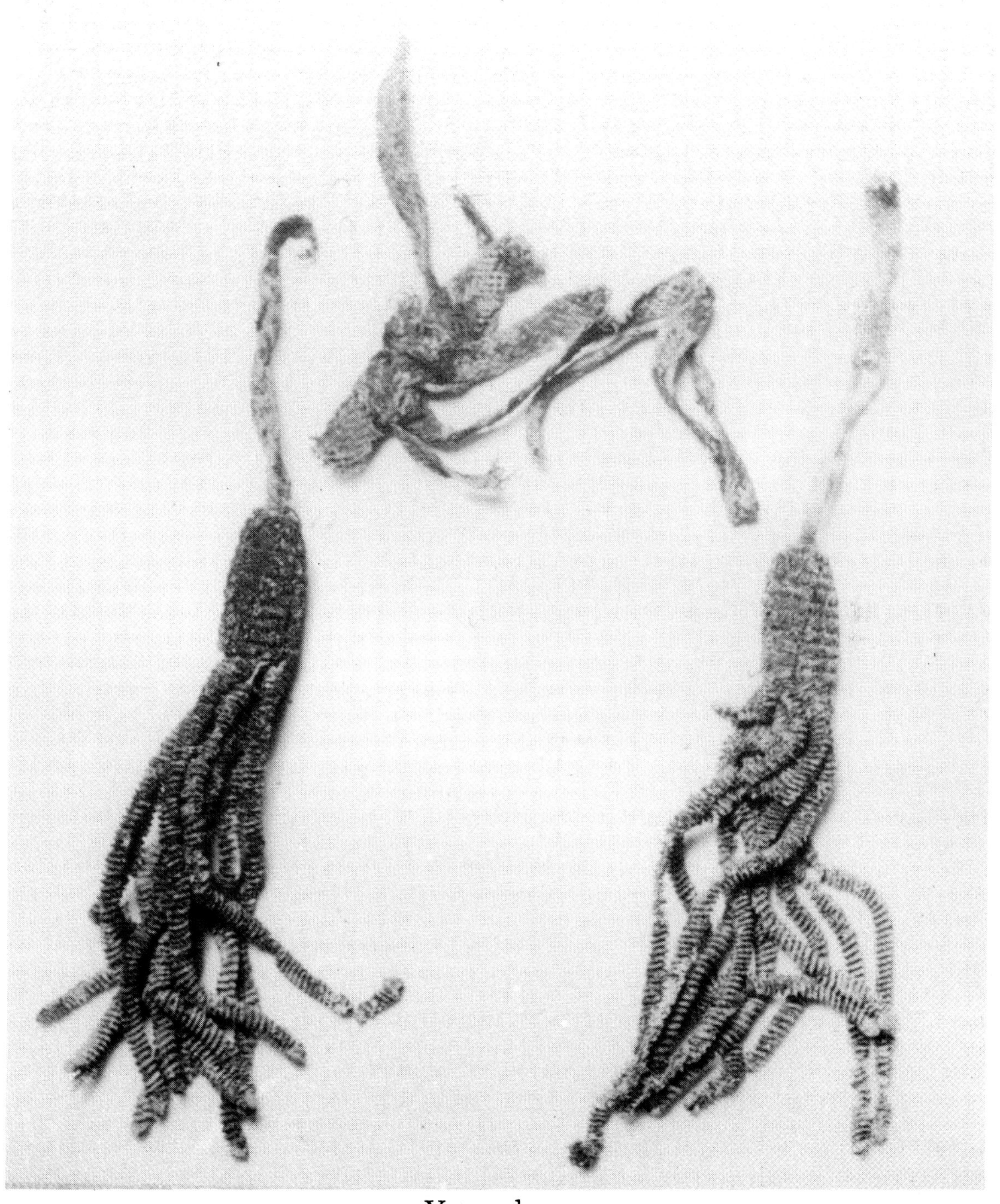

Y taselau

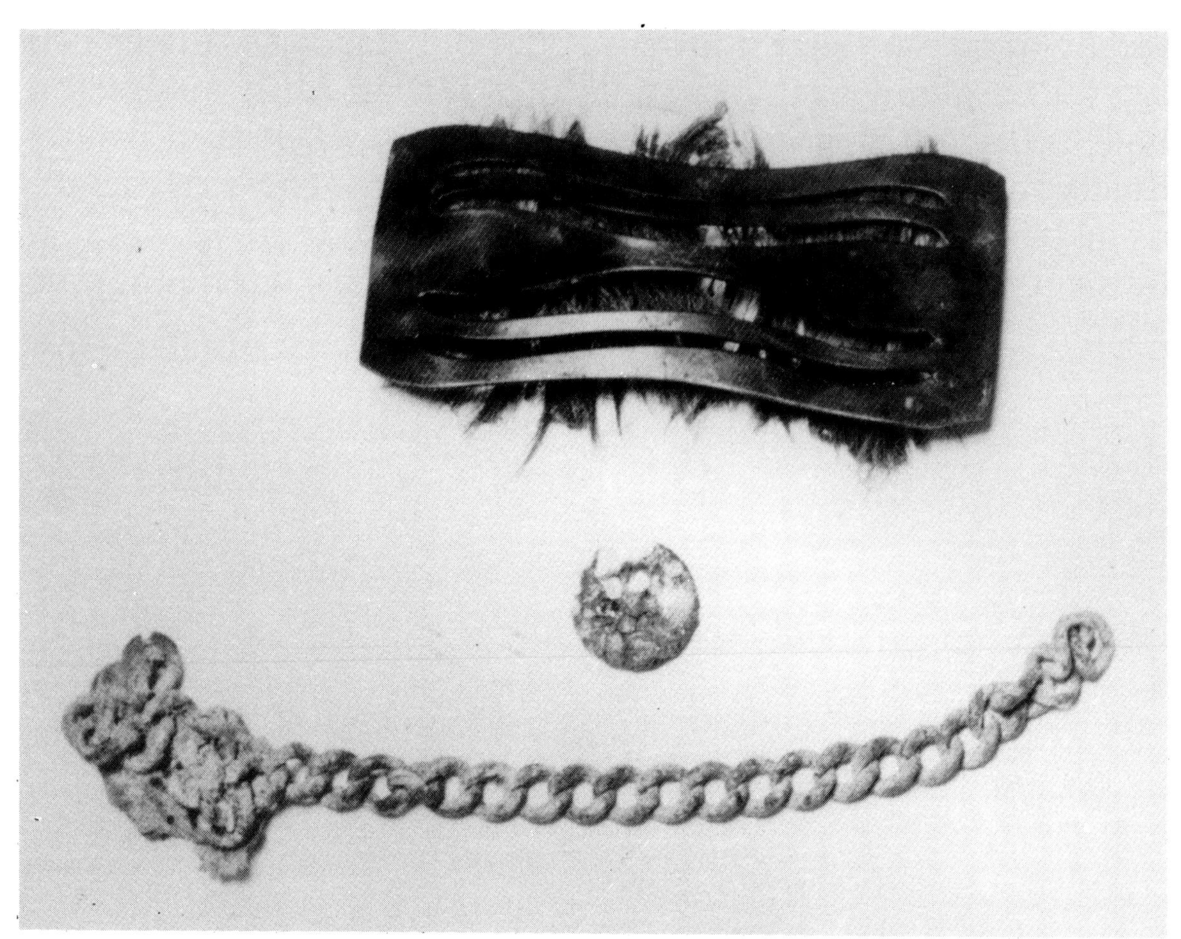

Y grib cynnal gwallt, y botwm a'r gadwyn bres

Wedi cael y cyfan i Orsaf yr Heddlu, aethpwyd ati i roi'r esgyrn at ei gilydd a chael eu bod yn gwneud sgerbwd cyflawn, ond bod ambell ddarn yn eisiau, fel y badell ben-lin chwith, un asgwrn bach yn y gwddf a rhai esgyrn bychain o'r dwylo a'r traed. Serch hynny yr oedd yno ddigon i'r meddyg fedru dweud i sicrwydd mai sgerbwd menyw ydoedd a fu yn y siambr ers rhwng 25 a 40 mlynedd. Roedd rhai esgyrn wedi eu torri—y breichiau uwchben y penelinoedd â'r coesau uwchben y penliniau—a hynny, yn ôl pob tebyg, â llif.

Y cam nesaf oedd cael barn arbenigwyr fforensig i geisio darganfod esgyrn pwy oeddynt. Daethant hwy i'r casgliad eu bod yn esgyrn gwraig o bum troedfedd a phedair modfedd gyda gwallt brown tywyll, o lawn aeddfedrwydd, rhwng 24 a 28 mlwydd oed. Nid oedd dim arwyddion anafiadau cyn y farwolaeth i'r benglog, i'r asgwrn cefn nac un asgwrn arall. Ni ellid dweud ag unrhyw sicrwydd beth a'i hachosodd. Yr oedd y corff yn amlwg wedi ei lifio yn dri darn.

Y sgerbwd, yn dangos fod y corff wedi ei dorri'n dair rhan

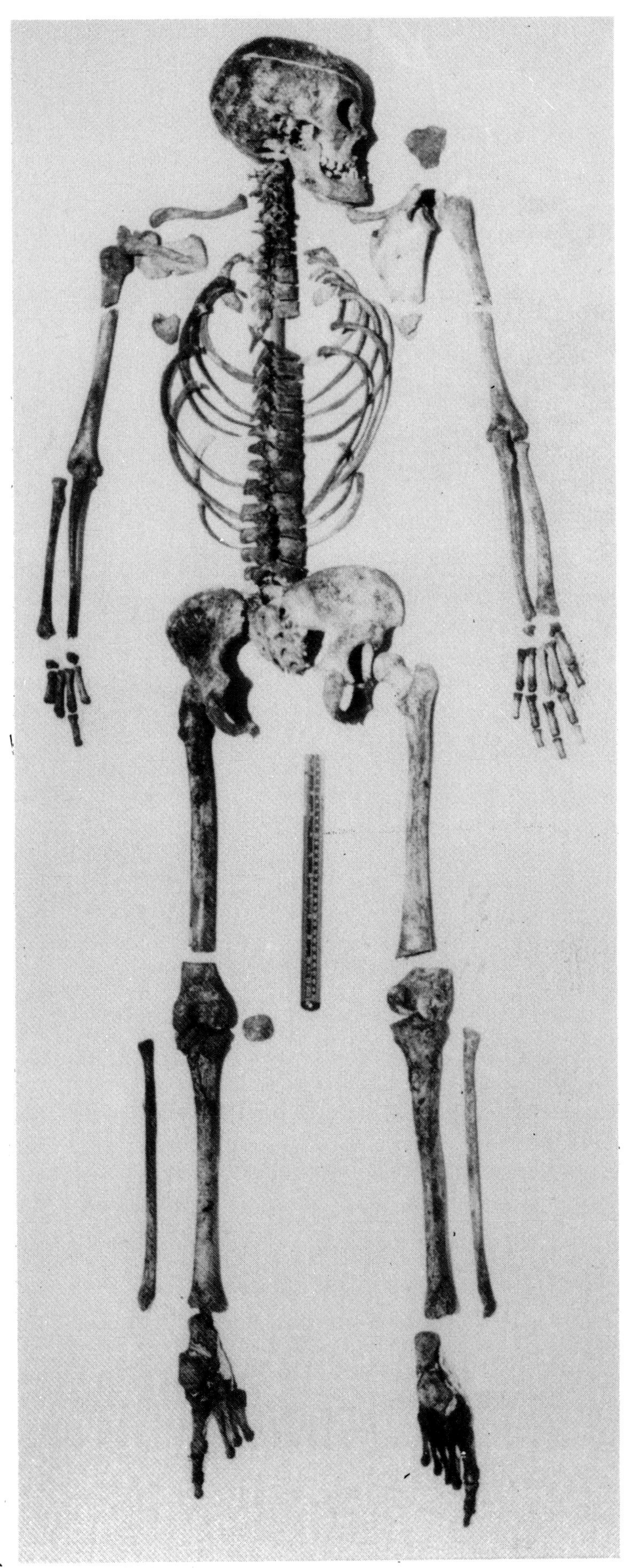

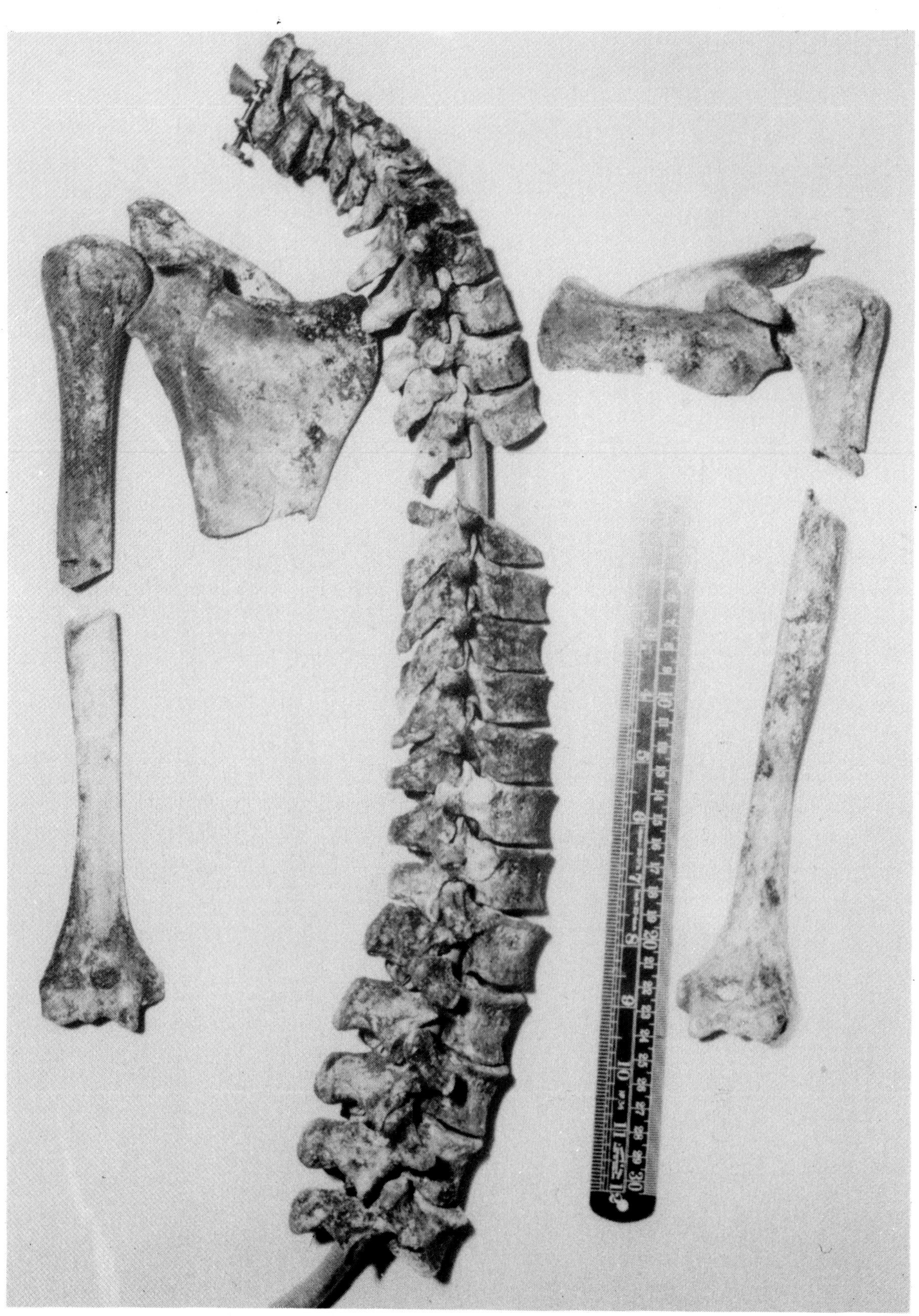

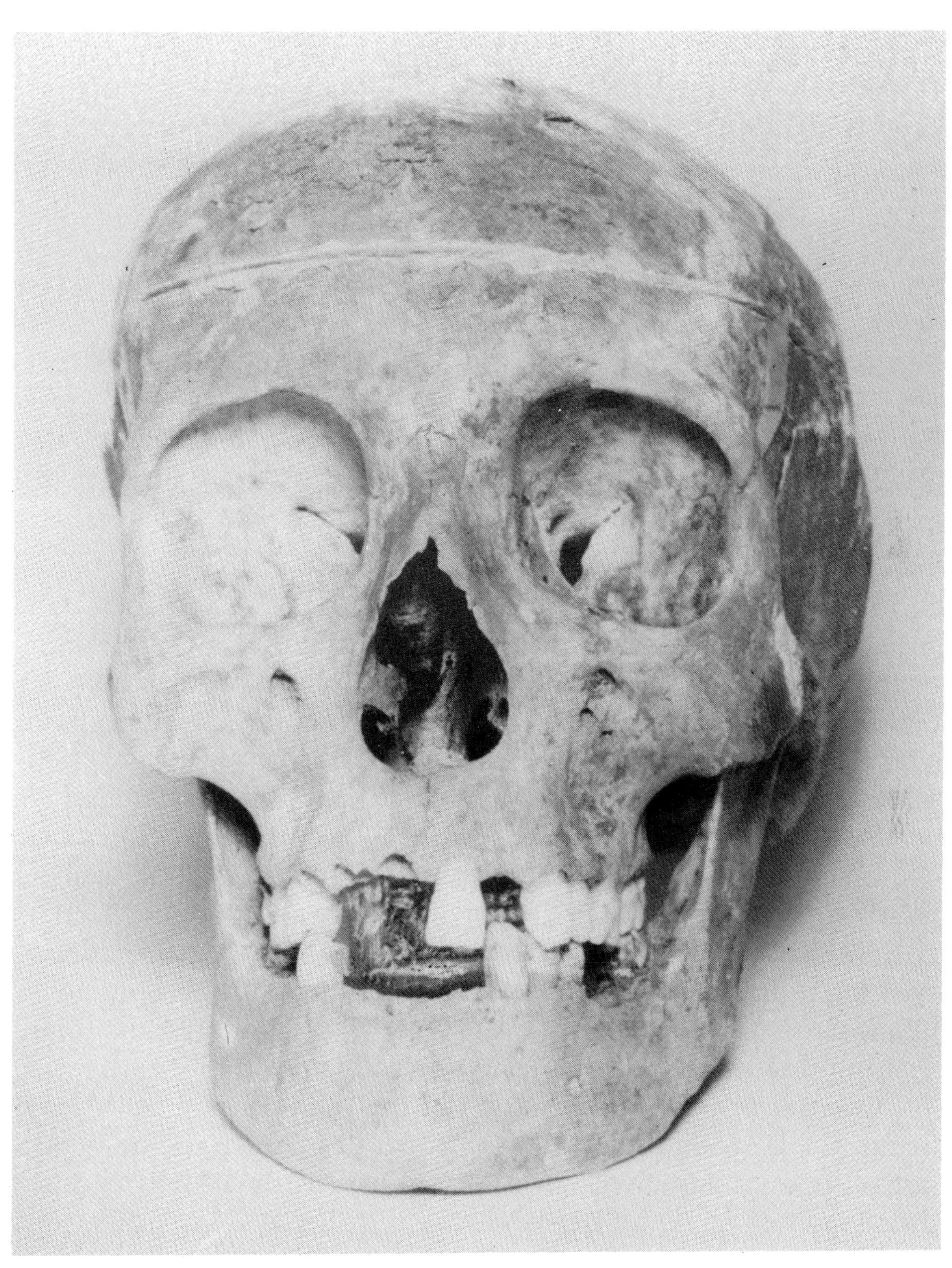

Cilfach Brandy a Chraig Eithin yn y cefndir

Fel y gellid disgwyl, creodd y darganfyddiad erchyll ddiddordeb mawr drwy'r wlad ac yn enwedig yn ardal Abertawe. Yr oedd llawer ym Mhenrhyn Gŵyr yn dal i gofio am ddirgelwch Mamie Stuart, a chasglodd llawer mai sgerbwd ei chorff hi ydoedd. Yn wir, yr oedd y ffeithiau a ddatgelwyd gan yr arbenigwyr yn cyfateb i'r disgrifiad ohoni i'r dim. Roedd yr esgyrn yn 25-40 mlwydd oed, hynny'n golygu eu bod wedi ei rhoi yn y siafft rhwng 1921 a 1936, yr union adeg yr aethai ar goll; esgyrn merch o bum troedfedd a phedair modfedd oeddent —ei hunion daldra hi, ac yr oedd manylion lliw ei gwallt a'i hoedran yn ffitio'n berffaith. I goroni'r cyfan, roedd Craig Eithin o fewn 480 llath i'r fan y daethpwyd o hyd i'r sgerbwd.

Pwyntiai popeth yn gryf at y ffaith fod dirgelwch Mamie Stuart wedi ei ddatrys, ond o safbwynt yr heddlu, nid oes y fath beth â bod yn rhy siŵr. Wedi dod o hyd i lun o Mamie, drwy drosod y tryloywder negyddol o'r benglog ar y llun, gwelwyd y tu hwnt i amheuaeth resymol mai ei phenglog hi ydoedd.

Er hynny, daliwyd ati i ddadansoddi'r cliwiau eraill a gafwyd gyda'r esgyrn. Roedd stôr o wybodaeth yn y modrwyau. Mae pob modrwy aur neu arian wedi ei hargraffu â dilysnod (*hallmark*) a'r marciau hynny'n dynodi tref ei gwneuthuriad, y gwneuthurwr a'r llythyren ddyddio. Ar y fodrwy ddyweddïo roedd y marciau *L&Co*, Coron, '18', Tair Ysgub a Dagr, 'M'. Ar y fodrwy briodas roedd *EK*, Coron, '22', Angor, 'S'. Drwy ddycnwch dau dditectif, Elgar Williams ac Islwyn Davies, a deithiodd gannoedd o filltiroedd ledled y wlad yn ymchwilio, deallwyd fod marc *L&Co* wedi ei gofrestru yn Swyddfa Purdeb Caer ar 3 Ebrill 1902 ac mai ei berchen oedd Ferdinand Livingstone o Lundain, yn masnachu dan yr enw Lamb & Co. yn yr Wool Exchange, Llundain, a bod y stamp wedi ei osod ar y fodrwy yn Swyddfa Purdeb Caer yn 1912.

Dynodai'r *EK* ar y fodrwy briodas E. Korn & Sons Ltd. o Whitechapel, Llundain, cwmni a gofrestrwyd yn 1905 ond a oedd wedi peidio â bod erbyn 1961. Profwyd y fodrwy honno yn Birmingham yn 1917, flwyddyn cyn 'priodas' Shotton a Mamie. Cafwyd hyd i un o gyd-berfformwyr Mamie yn ystod ei chyfnod yn y theatrau—Charlotte Warrington o'r *Three Dancing Glens* dros ddeugain mlynedd ynghynt—a dangoswyd y ddwy fodrwy iddi ynghyd â'r ddau dasel ac fe'u hadnabu ar unwaith fel eiddo Mamie.

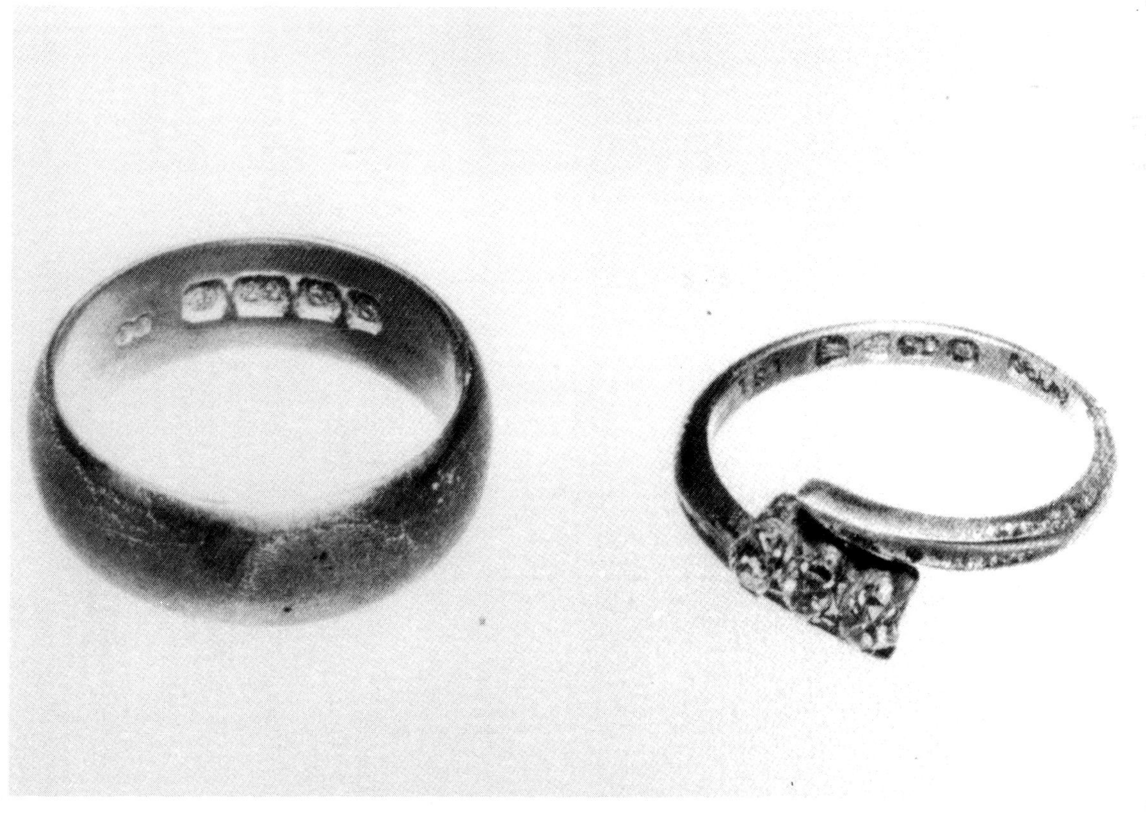

Y ddwy fodrwy

Y fodrwy briodas, yn dangos y dilysnodau

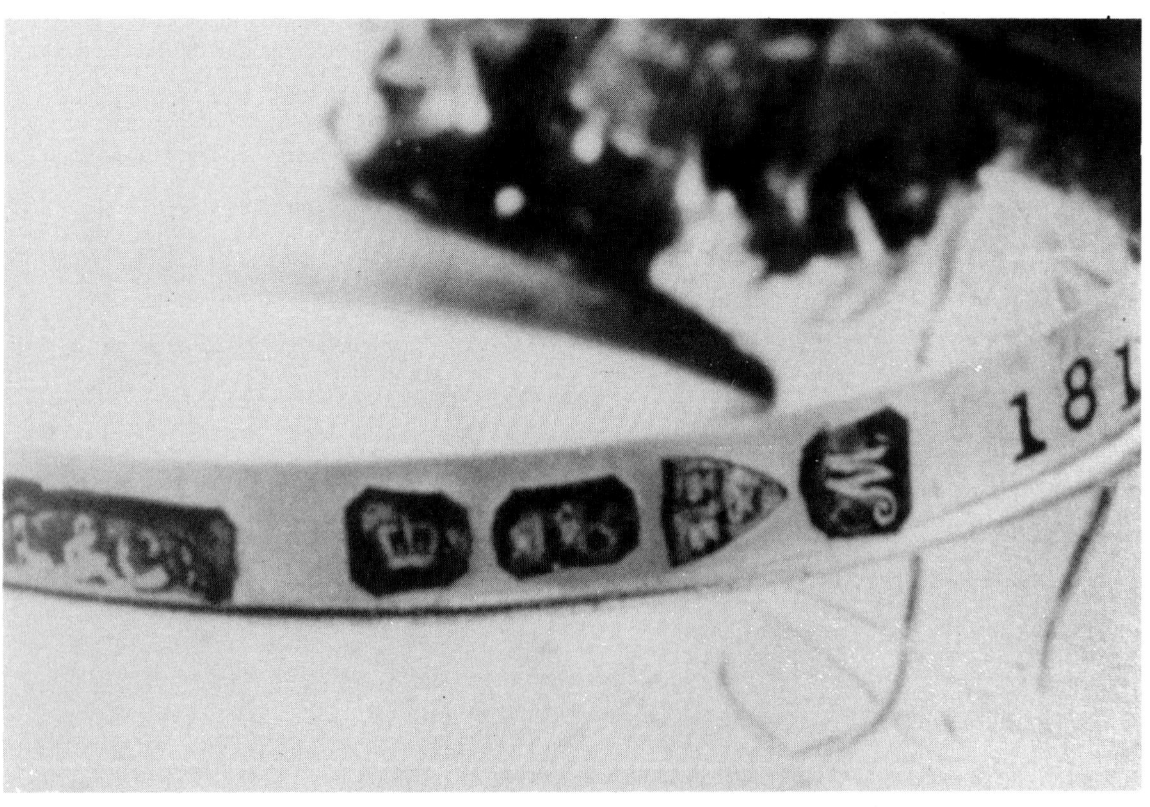

Y fodrwy ddyweddïo yn dangos y dilysnodau

Birmingham (Silver Hallmarks)

		1801	d	1837	O	1873	Y	1908	i
1773	A	1802	e			1874	Z	1909	k
1774	B	1803	f	1838	P			1910	l
1775	C	1804	g	1839	Q	1875	a	1911	m
1776	D	1805	h	1840	R	1876	b	1912	n
1777	E	1806	i	1841	S	1877	c	1913	o
1778	F	1807	j	1842	T	1878	d	1914	p
1779	G	1808	k	1843	U	1879	e	1915	q
1780	H	1809	l	1844	V	1880	f	1916	r
1781	I	1810	m	1845	W	1881	g	1917	s
1782	K	1811	n	1846	X	1882	h	1918	t
		1812	o	1847	Y	1883	i	1919	u
		1813	p	1848	Z	1884	k	1920	v
		1814	q			1885	l	1921	w

Detholiad o wahanol ddilysnodau: cymharer 'S' 1917 â'r llythyren ar y fodrwy briodas

O ganlyniad i'r cyhoeddusrwydd a roddwyd i'r achos, aeth gwraig o Fryste—Elaine Evans—at yr heddlu yno i ddweud ei bod yn arfer adnabod Mamie a'i bod wedi cwrdd â hi a Shotton pan arhosai'r ddau yn y dref yn 1918. Pan welodd y modrwyau, tystiodd hithau hefyd mai rhai Mamie oeddent. Fe'i cofiai hefyd yn gwisgo crib cynnal gwallt seliwloid yr un fath yn union â'r un a gafwyd yn ymyl y benglog a bod *sash* am ei chanol a thaselau yn ei dau ben, yr un fath â'r rhai a gafwyd yng Nghilfach Brandy. Yr oedd pob darn o'r dystiolaeth wedi cwympo i'w le.

Felly roedd y gofynion yn gyflawn ar gyfer y cwest, achos fel rheol cynhelir cwest i bob marwolaeth amheus neu sydyn i benderfynu'r achos a'r modd y cyfarfu'r ymadawedig â'i ddiwedd. Mae gan y Crwner hawliau eang iawn, hyd yn oed yr hawl i draddodi rhywun i sefyll ei brawf mewn llys uwch petai angen, a'r Ynadon, am ryw reswm, wedi methu gwneud hynny.

Wrth gwrs, un o anghenion cyntaf cwest yw corff, neu o leiaf ran o gorff. Yn yr achos hwn, i fod yn fanwl, nid oedd yma gorff i'w gael gan fod y cnawd a'r holl organau mewnol wedi eu difa. Ond daeth y Crwner, Mr D. R. Jones, a'r Ysgrifennydd Cartref i'r penderfyniad fod sgerbwd a oedd bron yn gyflawn i'w ystyried yn rhan o gorff, ac felly'n ateb y gofynion cyfreithiol ar gyfer cynnal cwest.

Agorodd ar ddydd Iau, 14 Rhagfyr 1961, o flaen y Crwner a rheithgor. Galwyd y tystion, y tri gŵr a ddaeth o hyd i'r sgerbwd, y patholegydd o'r Swyddfa Gartref, y Dr. Griffiths ac aelodau o'r Heddlu, a nith Mamie Stuart, Edith Hardy o Swydd Efrog, yn ogystal ag Elaine Evans o Fryste, i dystiolaethu mai Mamie oedd biau'r modrwyau. Sefydlwyd felly mai ei chorff hi a guddiwyd yn y siafft honno dros ddeugain mlynedd ynghynt. Ond sut y bu farw a phwy a'i rhoddodd yno?

Y tyst olaf i gael ei alw oedd William Symmons, cyn-bostman o'r Mwmbwls yr oedd Tŷ Llonydd a Chraig Eithin ar ei rownd yr adeg honno. Cofiai Mamie a Shotton yn dda ac yr oedd amgylchiadau'r diflaniad yn hollol glir yn ei gof. Tystiodd iddo fynd heibio i Graig Eithin wrth ei waith un bore yn fuan wedi i'r si dorri fod Mamie ar goll. Yr oedd fen felen y tu allan i'r tŷ a gwelodd George Shotton yn rhyw hanner llusgo a hanner cario sach lawn i lawr dros y tair neu bedair gris wrth ddrws y ffrynt i'w gosod yng nghefn y fen. Gan ei fod yn amlwg yn cael trafferth i drafod baich mor drwm, cynigiodd y postman help iddo ond atebodd yntau'n frysiog, 'Na, na, mae'n iawn—jiw, fe gredais mai plisman oedd 'na.' Esboniwyd i'r Crwner bod y botymau pres ar lifrai'r postmyn yr adeg honno yn hynod o debyg i'r botymau ar wisg yr heddlu. Ymhen rhyw ddeng munud, a Symmons yn parhau â'i rownd, gwelodd y fen wedyn—y tro hwn yn cael ei gyrru i gyfeiriad Cilfach Brandy.

Gofynnodd y Crwner iddo pam na fuasai wedi cynnig y wybodaeth honno i'r heddlu ar y pryd, ac atebodd yntau nad oedd wedi meddwl fod y digwyddiad yn gysylltiedig â diflaniad Mamie Stuart o gwbl. Mae'n rhaid dweud ei bod yn anodd derbyn, mewn lle cymharol fach fel Bae Caswell, a phawb yn ddiau yn sôn am y dirgelwch na fyddai postman o bawb yn gweld bod yr hyn a welodd yn haeddu sôn amdano, o leiaf. Enghraifft arall, o bosibl, o wybodaeth na ddaeth i'r amlwg mewn pryd oherwydd cred ddiniwed y sawl a'i meddai na fyddai'r hyn a wyddai ef o unrhyw help.

Bu'r si ar led yn yr ardal am flynyddoedd fod pâr ifanc a oedd yn caru uwchben y gilfach ar y pryd wedi gweld dau debyg iawn i Shotton a Mamie ar yr un adeg—Myra Lewis a Reginald Spring. Ond buasai'r ddau farw o fewn wythnos i'w gilydd lai na dwy flynedd yn ddiweddarach. Y gred leol oedd mai'r sioc a'u lladdodd. Beth bynnag am hynny, yr oeddent wedi dweud am yr hyn a welsant wrth Eunice Spring o Dreforys.

Fe'i galwyd hithau i dystio ac ailadroddodd yr hyn a glywsai gan y pâr ifanc flynyddoedd cyn hynny. Yr oeddent, meddent hwy, wedi gweld y pâr amheus uwchben y gilfach yn cerddded beth ffordd oddi wrthynt, ac wedi ceisio cadw eu hunain o'r golwg (yr oedd caru yn yr oes honno yn beth llai cyhoeddus nag yw heddiw). Yn fuan wedyn, gwelsant y dyn yn dychwelyd wrtho'i hun â golwg gythryblus a gofidus iawn arno. Yn wir, gan mor wyllt oedd yr olwg arno, roeddent yn siŵr ei fod ar fin taflu'i hun dros y graig i'r môr ac y byddent yn dystion i'w farwolaeth erchyll.

Gan mai tystiolaeth ail-law fyddai hynny ar y gorau, braidd yn beryglus fyddai rhoi gormod o bwys arni. A ph'un bynnag, oni fyddai hynny'n tueddu i groesddweud tystiolaeth y postman? Mwy na hynny, a bwrw mai Shotton a Mamie oedd y pâr a welsai'r ddau gariad mewn gwirionedd, a fyddai ef wedi cael amser i ladd Mamie a'i chuddio mor ofalus yn y siafft anhygyrch honno yn yr amser byr y bu o olwg Myra a Reginald. Mae'n bosibl, wrth gwrs, ei fod wedi ei lladd a dychwelyd yn ddiweddarach i gwblhau ei waith dychrynllyd.

Beth bynnag, y casgliad y daeth y rheithgor iddo oedd fod Mamie Stuart wedi ei llofruddio ac, ar wahân i dystiolaeth y cyn-bostman, fod popeth arall yn pwyntio at y ffaith mai George Shotton a'i lladdodd—casgliad y gallai lleygwr diduedd, o bosibl, amau braidd a oedd yn ddiogel gant y cant. Onid oedd yn bosibl y gallai Mamie, o gofio'i holl hanes, fod wedi ei lladd ei hun, a Shotton, wedyn, yn ofni y câi ei gyhuddo o'i lladd, yn penderfynu cael gwared o'r corff? Er mor ddifrifol a fyddai trosedd felly, ni fyddai gynddrwg â llofruddiaeth. Ymhellach, os oedd wedi ei lladd, ac mai ei chorff drylliedig hi a oedd yn y sach honno a welodd y postman, a fyddai'n debyg o geisio'i gwaredu liw dydd glân golau? Onid 'yn y llwyd olau' y byddai 'llaw dialedd' yn fwyaf tebygol o fod wrth ei hanfadwaith? Os oedd Shotton wedi cael y fath drafferth i lusgo'r sach i lawr dros y stepiau o flaen y tŷ fel y disgrifiodd y postman, sut y medrodd ei chario o'r ffordd bedwar can llath drwy'r drain a'r eithin ar hyd llwybr gafr dros y creigiau? A oedd hwn yn un achos lle gellid amau bod egwyddor tystiolaeth amgylchiadol wedi ei hestyn fodfedd fach yn rhy bell?

Eithr swyddogaeth rheithgor yw dod i benderfyniad ar y dystiolaeth fel y gwelant hwy hi, ar y pryd hwnnw, y tu hwnt i amheuaeth resymol.

Yr oedd George Shotton felly'n euog o lofruddiaeth ym marn y 'deuddengwr cywir ac uniawn', ac er gwaetha'r ffaith i hynny ddigwydd ddeugain a dwy o flynyddoedd ynghynt—yr amser hwyaf erioed i fynd heibio rhwng diflaniad rhywun a dod o hyd i'r gweddillion—roedd yn rhaid gwneud popeth posibl i ddod o hyd iddo a'i ddwyn i gyfri.

Ond os bu'n ŵr anodd rhoi bys arno pan drafaeliai o borthladd i borthladd yn yr hen ddyddiau, roedd y cadno erbyn 1961 wedi cael blynyddoedd i guddio'i drywydd ac i newid ei ffau lawer gwaith. Efallai nad oedd hyd yn oed yn y wlad bellach.

Beth bynnag, daliodd Elgar Williams ac Islwyn Davies ati i deithio a holi. Dechreuwyd gyda May ei wraig—dynes urddasol a hyfryd ymhob modd, wedi ailbriodi'n hapus ar ôl ysgaru Shotton yn dilyn ei garcharu. Yn naturiol ddigon, y peth diwethaf a ddymunai oedd codi hen grachen y dyddiau trallodus gynt, ond cydweithredodd i'r eithaf â'r heddlu.

Wedi'r carchariad, yr oedd hi wedi mynd i fyw i Graig Eithin ond newidiodd yr enw ar unwaith i Grey Home—efallai i geisio cael gwared o ysbrydion y gorffennol, ond enw a ddaliai i awgrymu arlliw o'r hyn a ddigwyddodd yno gynt. Ei enw erbyn heddiw yw Restormel. Oddi yno aeth i fyw i dŷ gyferbyn ag Eglwys Sant Pedr yn Newton—The Shack—ond newidiodd enw hwnnw hefyd, i Rochelle. Ailbriododd, ac erbyn 1961 roedd yn byw yn Little House, Fairwood, Abertawe—ond ni fyddai cyfieithu enw hwnnw yn ychwanegu fawr at ei statws!

Nid oedd wedi gweld na chlywed dim am Shotton er pan aeth i garchar, nac yn dymuno gwneud hynny, ond cadarnhaodd na wyddai ddim am Mamie Stuart nes i Shotton gael ei restio.

Cododd y ddau dditectif y trywydd yn Lydney, lle'r aeth eu prae i weithio ar ôl cael ei ryddhau. Cyfarfu Peter Klooker ag ef yno tua 1930, a chyn pen fawr o dro roedd Shotton yn lletya gydag ef. Fe'i galwai'i hun yn Behi, ond rhyw ddiwrnod galwodd ffrind i Klooker a ddigwyddai adnabod Shotton, a bu'n rhaid iddo esbonio pam y bu'n rhaid iddo newid ei enw. Adroddodd yr holl stori am ddiflaniad Mamie—neu ei fersiwn ef ohoni, beth bynnag—ac wrth ymadael â'i lety yn 1932 a diolch i Klooker amdano, ei eiriau olaf oedd, 'Un peth arall—ni leddais i mo'ni.'

Bu wedyn yn byw yn Llundain tan 1938 pan symudodd i Fareham, lle'r oedd chwaer iddo'n byw. Rhyw noson, ymosododd arni gan ei bygwth â rifolfer. Ei chwaer ei hun! Rhoddwyd ef ar ei brawf yn Llys Chwarter Dinas Portsmouth ar 11 Hydref 1938 a'i gael yn euog o fod â rifolfer yn ei feddiant gyda'r bwriad o beryglu bywyd. Dedfrydwyd ef i flwyddyn arall o garchar gyda llafur caled.

Fe'i rhyddhawyd yn fuan wedi dechrau'r Ail Ryfel Byd ac yn y dyddiau hynny nid oedd yn anodd newid bro a chael gwaith heb i neb ofyn gormod o gwestiynau—yn enwedig yn y diwydiant arfau. Symudodd i Fryste i weithio gyda'r Cwmni Awyrennau yno. Lletyai yn nhŷ Mrs Ingledon ac roedd ei dwy ferch yn cofio amdano'n dda ac yn adnabod ei lun ar unwaith. Roedd ganddo gariad tra bu'n lletya gyda hwy—merch ddeunaw oed—ac yntau dros ei drigain! Ni ddaeth fawr o'r garwriaeth.

Ar 9 Hydref 1947, ac yntau felly'n 67 oed, derbyniwyd ef i gartref henoed yn Heol Fishponds, Bryste. Cofiai'r gofalwr, Arthur Smith, ei dderbyn a gwelwyd ei fod wedi ailddechrau defnyddio'i enw bedydd. Ond gadawodd y cartref o'i wirfodd ym Mehefin 1949 a mynd i letya gyda Mrs Edna Collins a'i gŵr yn Heol Corporation, Bryste.

Buasai gan Mrs Collins frawd ac arno nam meddyliol yn y cartref ers peth amser ac yr oedd Shotton, mae'n debyg, wedi ei gymryd o dan ei adain a bod yn garedig iawn wrtho tra bu yno. O dipyn i beth, mae'n siŵr eu bod wedi dod ar delerau cystal nes o'r diwedd iddi ei wahodd (gyda chydsyniad Mr Collins fwy na thebyg) i ginio Nadolig yn eu tŷ hwy. Ymhen dim, aeth yno i aros am bythefnos—ac aros am ddeng mlynedd!

Yn ystod yr holl amser hwnnw, ni ddywedodd air wrthynt am ei helyntion. Siaradai ychydig yn awr ac yn y man am ei

CF 120305

[Printed by authority of the Registrar

B. Cert.
S.R.

...atutory fee for this certificate is 3s. 9d. ...a search is necessary to find the entry, a search fee is payable in addition.

CERTIFIED COPY of an ENTRY OF BIRTH
Pursuant to the Births and Deaths Registration Act, 1953

Registration District SUNDERLAND

1880. Birth in the Sub-district of North Bishopwearmouth in the County of DURHAM

Columns :— 1	1	2	3	4	5	6	7	8	9	10*
No.	When and where born	Name, if any	Sex	Name, and surname of father	Name, surname, and maiden surname of mother	Occupation of father	Signature, description, and residence of informant	When registered	Signature of registrar	Name entered after registration
385	Twentieth June 1880 16 Enderby Road.	George	Boy	John Webb Shotton	Louisa Jane Shotton formerly Wilde	Draughtsman at Shipyard	L. J. Shotton mother 16 Enderby Road Sunderland	Twenty Second July 1880	W A Blakston Registrar.	

I, WILLIAM GREIG, Superintendent Registrar for the District of SUNDERLAND, in the COUNTY BOROUGH OF SUNDERLAND, hereby certify that this is a true copy of the entry No. 385 in the Register of Births No. 84 for the above-named Sub-district, and that such Register is now legally in my custody.

*See note overleaf.

WITNESS MY HAND this day of , 19 .

CAUTION.—Any person who (1) falsifies any of the particulars on this certificate, or (2) uses a falsified certificate as true, knowing it to be false, is liable to prosecution.

Superintendent Registrar

Tystysgrif Geni George Shotton

ddyddiau cynnar 'ym Mhenarth', ond dim gair am Mamie Stuart—na May a'r bachgen chwaith.

Yna yng ngwanwyn 1958 fe'i cymerwyd i ysbyty Snowdon Road, Bryste a bu farw yno ar 30 Ebrill, dair blynedd cyn i sgerbwd Mamie ddod i'r golwg. Efallai ei bod yn fesur o'r graddau y cafodd ei dderbyn fel un o'r teulu i Mrs Collins drefnu iddo gael ei gladdu ym medd ei rhieni ym mynwent Arnos Vale, Bryste. Mae'n rhaid ei bod wedi camgyfri ei oed o ddeng mlynedd achos hi a gofrestrodd ei farw—Everard George Shotton, 67 oed. Twyllwr hyd y diwedd. Roedd y cadno yn ei wâl.

Felly y daeth i ben ymchwil lafurus, faith ac amyneddgar Elgar Williams ac Islwyn Davies. Os oedd Shotton wedi llofruddio Mamie Stuart, nid 'plant y llawr' fyddai'n ei farnu mwyach, trosedd berffaith neu beidio.

Y Ditectif Elgar Williams

Y Ditectif Islwyn Davies

Llaw Tynged ar Dyle Du

Os bu lle erioed i godi arswyd ar ddyn, Coed Penlle'r-gaer yw hwnnw. Mae dros bedwar can cyfer o goed a phrysgwydd tywyll a bygythiol a rhyw naws gyntefig dros y cyfan yn ennyn pob math o ddychmygion am rai o fannau gwyllt y byd cyn i law gwareiddiad eu diwyllio. Hyd yn oed heddiw, â stribedi golau yr M4 yn hollti ei hanner uchaf, mae rhyw ias o anesmwythyd yn dod ar ddyn wrth yrru i fyny'r tyle i gyfeiriad cylchdro Penlle'r-gaer, fel petai'r gwrachod y dywedid eu bod yn trigo yno gynt wedi bwrw rhaib ar y lle. Nid yw ond llwydolau yno ganol dydd. Cartref ellyllon os bu un erioed.

Ar un adeg, bu'n rhan o stad enfawr Syr John Llywelyn, ond cymerwyd y tir gan y Comisiwn Coedwigaeth ers diwedd y tridegau. Cliriwyd ac ail-blannwyd rhannau helaeth dros y blynyddoedd ond y mae erwau o hyd mor unig a gwyllt ag y buont erioed.

Y mae yno, wrth gwrs, nifer o ffermydd a mân-ddaliadau a'u tir yn ymestyn i'r coed—llawer llai heddiw nag a fu flynyddoedd yn ôl. Mae'n hen dir diffaith a digon corsiog gan fwyaf, a'r ffyrdd rhwng y gwahanol ddaliadau fawr mwy na llwybrau mewn gwirionedd. Un o'r daliadau hynny oedd Tyle Du.

Fel y mae ei enw yn ei awgrymu, safai ar godiad yn un o'r mannau tywyllaf yn y coed, a hynny filltir dda i mewn i'r allt. Rhyngddo â'r ffordd fawr yr oedd dau dŷ Melin Llan a fferm Penderi ar y banc gyferbyn ag ef. Mae'r Afon Llan yn hollti'r Coed yn ddau a'r rheilffordd o Bont-lliw i Langyfelach yn ei chroesi.

Hyd tua phedwar ugain mlynedd yn ôl, y ffordd a redai dros Bont Afon Llan oedd y brif ffordd rhwng Penlle'r-gaer a Llangyfelach ond yn ddiweddarach agorwyd ffordd unionach yn uwch i fyny'r esgair—ac erbyn heddiw, wrth gwrs, daeth yr M4 i ddisodli honno. Gyda phob gwelliant mewn trafnidiaeth, felly, aeth Tyle Du yn fwy a mwy diarffordd.

Fel ym mhob pentre arall yn yr hen ddyddiau, y bont oedd man cyfarfod ieuenctid y pentre gyda'r nos—yno deuai'r llanciau i gronni pwll i nofio ynddo ym misoedd poeth yr haf, ac yno hefyd y deuai'r potsiers i lygadu'r afon. Yn gyfleus iawn, roedd y ffordd i mewn i'r Coed o fewn rhyw ganllath ac yn y coed hynny roedd pob math ar ysglyfaeth—cwningod, pysgod, ambell ffesant bid siŵr a llwynogod wrth y dwsin ac roedd bownti o ddwybunt ar y rheiny adeg y rhyfel. O ganlyniad, yr oedd nifer go lew o gymeriadau brith yr ardaloedd cyfagos yn adnabod Coed Penlle'r-gaer yn go dda.

Y ffordd honno i'r allt hefyd yw'r ffordd sy'n arwain, yn y pen draw i Dyle Du. O fewn rhyw dri chan llath i ben y lôn, yn sydyn a diarwybod hollol, gwelir toriad dwfn y rheilffordd ar y chwith a phont yn ei chroesi, ac i'r dde geg twnnel du a'r rheilffordd yn diflannu iddo, fel petai i Annwn ei hun. Rhwng y bont a'r twnnel y mae rhyw fath o arosfan i'r trenau a stepiau yn arwain i lawr at y trac. O ddilyn y lôn, mae gelli o goed bythwyrdd ar y dde—larts a sbriws aeddfed yn amlwg wedi eu plannu pan gymerodd y Comisiwn Coedwigaeth y tir gyntaf. I'r chwith, twf trwchus o wern ac ynn a deri a geir, gydag ambell estron o goeden ddieithr o ddyddiau Syr John Llywelyn gynt yn gwthio'i phen drwy'r eithin a'r helyg a'r drain brodorol. Ymhen rhyw 400 lath daw'r lôn, sut ag ydyw, i ben mewn rhyw fath o groesffordd mewn man cymharol agored. Nid yw mewn gwirionedd ond man cyfarfod dau lwybr digon garw drwy'r drysi a'r prysgwydd—y llwybr i'r chwith yn arwain at bont arall ar draws y rheilffordd ac at fferm Penderi, a'r un i'r dde at Dyle Du i fyny ar y gorwel hanner milltir arall i ffwrdd. Dyma'r peth tebyca a welsoch chi erioed i olygfa o'r Gorllewin Gwyllt—bron nad yw dyn yn disgwyl i ryw ddihiryn â'i ddryll yn ei law neidio o'r cysgodion. O gymeryd ffordd Tyle Du i'r groesffordd hon, mae'r llwybr yn disgyn i bant bach am ryw hanner canllath, a'r pant hwnnw eto'n drwch o dyfiant, cyn codi wedyn i olwg safle'r tŷ ac i fyny tuag ato.

Mannau sinistr o'r fath yw deorfeydd ofergoeliaeth. A faint bynnag y bydd ein hoes oleuedig ni yn wfftio'r fath syniadau a chynnig ei hesboniadau gwyddonol-resymegol ei hun, nid oes amheuaeth nad yw pwerau'r fall fel petaent wedi bod yn brysurach mewn rhai lleoedd na'i gilydd.

Yn niwedd y ganrif ddiwethaf, trigai teulu yn Nhyle Du a'r fam a'i baban yn y tŷ wrth eu hunain rhyw brynhawn pan gododd storm o fellt a tharanau. Pan gyrhaeddodd y tad adref, roedd drws y tŷ'n yfflon a llwybr du mellten wedi'i losgi at y lle

Ardal Tyle Du

tân a tharo'r fam yn gelain. Trwy drugaredd roedd y plentyn bach yn ei grud o fewn llathen iddi yn hollol ddianaf. Y gred oedd mai'r holl goed o gwmpas y lle a dynnodd y fellten.

Yn ystod yr Ail Ryfel Byd, mae'n siŵr i'r un coed dynnu tân o fath arall. Digon tebyg i'r *Luftwaffe* gamgymryd Coed Penlle'r-gaer am ryw darged arall neu efallai gredu bod ffatrïoedd militaraidd wedi'u cuddio o'u mewn. Beth bynnag, ar y 7 Ebrill 1941, gollyngwyd cawodydd o fomiau tân arnynt a bu ond y dim i Dyle Du gael ei losgi i'r llawr. Oni bai am natur llaith y tir a'r ffaith ei bod yn wanwyn cynnar a'r coed yn ir, byddai llawer mwy o ddifrod wedi bod.

Brin bedair blynedd yn ddiweddarach, ar 26 Medi 1945 i fod yn fanwl gywir, aeth William Thomas, llanc deunaw oed ar goll o'i gartref ym Manc y Bryn, Mynydd Bach, Abertawe. Cafwyd ei feic yn ddiweddarach wrth y fynedfa i Goed Penlle'r-gaer—y ffordd a arweiniai i Dyle Du. Lawnsiwyd ymgyrch ar unwaith i geisio dod o hyd iddo.

Yr adeg honno yr oedd gwersyll milwyr yn y 'Tŷ Mawr', fel y gelwid ef yn lleol, ar y stad gyferbyn a'r fynedfa i'r Coed. Bu sgwad ohonynt yn cribo anialwch y coed ond, er cystal ymarfer yn ddiau oedd hynny ar gyfer eu dyletswyddau mewn gelltydd tramor adeg rhyfel, ni ddaethant o hyd i'r llanc nac unrhyw sôn amdano. Yr oedd fel petai'r hen allt wedi ei lyncu.

Pa ryfedd fod cynifer yn mynd ar goll bob blwyddyn tra bo mannau fel Coed Penlle'r-gaer i'w cael? Flynyddoedd yn ddiweddarach, ac ar ddamwain hollol, daethpwyd o hyd i weddillion ei gorff. Roedd wedi gwneud amdano'i hun, a'r hen Goed wedi ildio un, o leiaf, o'u cyfrinachau.

Ymadawodd y teulu olaf â Thyle Du yn gynnar yn 1947 ac ni thrigodd neb yno wedyn, yn rhannol mae'n siŵr gan mor anhygyrch y lle a choed y Comisiwn yn cau o'i gwmpas a'i dagu'n araf, ac, yn rhannol hefyd, mae'n anodd peidio â meddwl, am na fynnai neb bellach oddef byw mewn man mor sinistr.

Safodd yn wag am ryw ddwy flynedd yn graddol fynd â'i ben iddo nes o'r diwedd i'r Comisiwn benderfynu'i ddymchwel. Galwyd ar y *Royal Engineers* i brofi'u metel. Ugain pwys o ffrwydron ac yr oedd y cyfan drosodd mewn eiliad, ac un ergyd yn difa canrif o gyfaneddu. P'un ai a fydd deinameit yn profi'n drech na'r rhaib ar Goed Penlle'r-gaer sy'n fater arall. Ni adawyd cymaint â charreg sylfaen o'r tŷ ac erbyn heddiw mae'r gwern a'r helyg yn tyfu lle chwarddai plant a lle llafuriai eu rhieni. Yn rhyfedd iawn, ac ar waethaf nerth y ffrwydriad, o dan y dail crin a'r rwbel mae llawr teils coch y gegin fach yn dal yn gyfan—y gegin fach honno o'r lle y gwelodd mam ei merch yn diflannu o flaen ei llygaid.

Y fam honno oedd Margaret Drinkwater—mam i bedair o ferched a gwraig Percy Drinkwater. Daethant yno o fferm Penplas, Cadle gerllaw Abertawe, a chyn hynny buont yn ffermio Godre-llain ym Meidrim gerllaw Caerfyrddin. Ynghyd â rhedeg y tyddyn bach, gweithiai Percy gyda'r Comisiwn Coedwigaeth, a'i waith yn gyfleus iawn iddo—o fewn munudau i ddrws ei dŷ. Gŵr cydwybodol a fagai ei blant yn garedig ond yn gadarn ydoedd, ac a gododd i fod yn fforman yn ei waith. Roedd suon go gryf hefyd mai i Dyle Du y deuai llawer o'r trigolion lleol i ladd ambell ddafad a mochyn nad oedd y

Weinyddiaeth Amaeth yn gwybod amdanynt. A hithau'n rhyfel ac yn adeg dogni bwyd, cyfrifai'r awdurdodau hynny'n drosedd ddifrifol, gyda dirwy bosibl hyd at fil o bunnau. Ond yng ngolwg y bobl gyffredin, nid oedd yn bechod anfaddeuol, o bell ffordd, mwy nag oedd yng nghyfnod y sgweier a'i ddeiliaid 'slawer dydd i ddal ambell gwningen neu samwn ar gyfer y ford.

Yn ôl arfer cyffredin tyddynnod o'r fath, y wraig a edrychai ar ôl y ffowls, gan werthu ambell ddwsin o wyau. Deuai rhai o'r plant lleol i'r clos i'w cyrchu yn weddol gyson. Yr oedd yn arfer gan Muriel, y ferch ifanca, fynd â dwsin o wyau yn wythnosol i yrrwr trên arbennig. Âi hi â'i basged i lawr at bont y rheilffordd ger Melin Llan ac aros yno am y trên, gan ddisgyn dros y stepiau i lawr i'r arhosfan o dan y bont i'w rhoi iddo.

Fe'i ganed hi ym Meidrim ar 19 Gorffennaf 1933. Âi i'r ysgol gynradd ym Mhenlle'r-gaer gan gerdded, fel pawb arall yn y cyfnod hwnnw wrth gwrs, yr hanner awr o daith o'i chartref fore a nos. Roedd ynddi elfen gerddorol gref o'r dechrau, a chanddi lais arbennig. Byddai byth a hefyd yn canu neu fwmian rhyw dôn neu'i gilydd. Ei ffrind pennaf oedd June Jenkins o 46, Heol Abertawe, Penlle'r-gaer—roedd y ddwy yr un oedran, ac yr oedd June hefyd yn medru'r piano, a threuliai Muriel gryn dipyn o amser yn nhŷ ei ffrind, hi yn canu a June yn cyfeilio iddi.

Âi'n gyson i Ysgol Sul Eglwys Penlle'r-gaer a phan ddaeth i oed ymunodd â'r Geidiau, ond ar wahân i'r cyfarfodydd hynny a siopa yn y pentre ar y Sadwrn, prin yr âi oddi cartref o gwbl. Er ei bod yn ferch nodedig o hardd ac yn fawr am ei hoed, roedd hefyd yn swil iawn.

Ym Medi 1945 daeth yn bryd iddi fynd i'r ysgol uwchradd a dechreuodd yn Ysgol Sir Tre-gŵyr. Dangosodd ar unwaith ei bod yn ddisgybl disglair ym mhob modd, ymhlith y goreuon yn ei gwersi ac wrth gwrs, gyda'i llais hi, yn aelod o Gôr yr Ysgol bron o'r cychwyn. Yn wir, fel 'yr Eos' y cyfeirid ati'n aml. Canai ar y ffordd i'r ysgol yn y bore a chanai ar y ffordd adref i fyrhau'r daith, a'i llais yn atseinio drwy'r coed ar y ffordd unig i Dyle Du.

Gwawriodd dydd Iau, 27 Mehefin 1946 yn gynnar—nid oedd ond wythnos er troad y rhod a'r dydd ar ei hwyaf. Roedd yn sych ond â golwg lled fygythiol ar y cymylau ar orwel y de-orllewin

Ger y bont yma y gwelwyd Muriel gan y bachgen ysgol Brinley Hoyles

Twnnel Penlle'r-gaer

uwchben Abertawe. Erbyn pum munud i wyth roedd Muriel wedi cael ei brecwast ac yn barod i ddechrau ar ei ffordd i Benlle'r-gaer i ddal y bws i'r ysgol. Yr oedd yn amlwg yn ei hwyliau gorau—rhoddodd *ddau* gusan ar foch ei thad y bore hwnnw—ac i ffwrdd â hi dan ganu, ei bag ysgol yn siglo wrth ei hysgwydd a chadw amser i 'I'll walk beside you', un o'i hoff ganeuon. Ar ei ffordd drwy'r coed pasiodd bump o weithwyr y Comisiwn yn paratoi i ddechrau gwaith y dydd—y giang y byddai ei thad yn ymuno â hi ryw chwarter awr yn ddiweddarach —a'r rheiny'n siŵr o fod yn ddigon balch o glywed 'yr Eos' yn sirioli'u bore.

Erbyn tuag un-ar-ddeg o'r gloch roedd yr awyr yn tywyllu a dechreuodd fwrw glaw. Mae'n siŵr i rai o'r fforestwyr atgoffa'i gilydd am yr hen gred honno bod glaw sy'n dechrau am un-ar-ddeg yn debyg o bara drwy'r dydd ac, ar ben hynny, roedd hwn yn 'law Abertawe'. Ymhen dim yr oedd yn ei harllwys hi, a'r giang i gyd yn chwilio llwyni cysgod orau y medrent. Digon tebyg iddynt hefyd gofio'r ddihareb arall honno sy'n dweud bod 'dau law o dan lwyn'. Nid oedd dim arwydd ei bod yn llacio o gwbl—os dim, gwaethygu a wnâi, a chyn deuddeg o'r gloch bu'n rhaid dod i'r casgliad mai'r peth doethaf fyddai rhoi'r gorau iddi am y dydd. Does yna'r un gwaith nad yw glaw yn ei wneud yn fwy anodd—ond am weithio yn y coed, mae'n anobeithiol.

Trodd pawb am adref, a Percy Drinkwater i gerdded yr hanner milltir, fwy neu lai, yn ôl i Dyle Du i gysgodi. Yr oedd cyfnither i'r merched, Elizabeth Rees, yn byw gyda'r teulu yr adeg honno—merch bymtheg oed yn gweithio mewn siop ddillad yng Ngorseinon—a chan ei bod yn ddydd Iau, ac felly'n ddiwrnod cau'n gynnar yno, cyrhaeddodd hithau adref tua chwarter i un. Gan ei bod mor wlyb, arhosodd hi a'r tad a'r fam yn y tŷ weddill y prynhawn o flaen y tân.

Tua hanner awr wedi pedwar, a hithau'n dal i fwrw, galwodd Brinley Hoyles, bachgen deuddeg oed yn Ysgol Llangyfelach, yn y tŷ i 'mofyn wyau fel y gwnâi bob wythnos. Ar ei ffordd yn ôl, gerllaw pont y rheilffordd, cwrddodd â Muriel yn dod adref o'r ysgol ond ni ddywedodd y ddau fwy na gair neu ddau wrth ei gilydd cyn mynd yn eu blaenau.

Gan mai tua'r amser yma y byddai yn disgwyl Muriel adref

o'r ysgol fel rheol, dechreuodd ei mam hwylio i baratoi te iddi a chadw llygad amdani'n dod i fyny'r ffordd. Roedd ganddi ddull i'r dim o amseru pryd i roi'r tegell i ferwi—pan welai Muriel yn dod i'r golwg heibio i'r coed gerllaw'r groesffordd. Roedd honno'n y golwg yn blaen o ffenest y gegin fach. Yna âi'r ferch o'r golwg yn y pant am dipyn cyn ailymddangos i ddod i fyny at y tŷ. Erbyn iddi gyrraedd byddai'r ford yn barod iddi.

Tua deng munud i bump fe'i gwelodd yn dod i'r golwg wrth y groesffordd ac ychydig wedi pump anfonodd ei thad allan i 'mofyn dŵr o'r ffynnon yn y cae o dan y tŷ. Daeth hwnnw'n ôl ymhen rhyw bum munud ond nid oedd sôn am Muriel yn dod i'r golwg yr eilwaith. Disgwyl tipyn wedyn a'r tegell erbyn hyn yn berwi a'r bara menyn wedi'i dorri'n barod. Ond dim sôn am Muriel.

Eithr prin y byddai angen pryderu mor fuan â hynny. Roedd y peth yn anarferol, ond dyna i gyd. Wedi'r cyfan, roedd Muriel wedi arfer cerdded yn ôl ac ymlaen i'r ysgol ers yn agos i wyth mlynedd. Efallai ei bod wedi aros i siarad â rhywun. Fwy na thebyg bod ei mam yn fwy blin na gofidus.

Ond fel yr âi'r amser ymlaen a'r glaw yn dal i dywallt a dim sôn amdani, dechreuodd anesmwythyd fynd yn bryder, a phryder yn ofid. Ceisiodd ei mam gael gan ei thad fynd allan i chwilio amdani, gan ddweud onid âi ef y byddai'n mynd ei hunan. A pharatoi i wneud hynny yr oedd ef pan ddaeth Ray, chwaer Muriel, adref o'i gwaith yn Nhrebannws a chael yr hanes. Ond nid oedd hi wedi gweld arlliw o Muriel ar ei ffordd o'r pentre.

Yr oedd yn hanner awr wedi chwech pan gychwynnodd Elizabeth a Ray ar eu ffordd i chwilio amdani a holi ym Melin Llan. Gladys Francis oedd yn byw yno ac yr oedd wedi gweld Muriel yn dod oddi ar y bws ysgol tua phum munud ar hugain wedi pedwar a chychwyn i fyny lôn y goedwig dan ganu. Dyna'r unig wybodaeth a gafodd y ddwy. Wrth gwrs, yr oedd ei mam wedi ei gweld ar ôl hynny beth bynnag. Roedd ei thad yntau erbyn hynny'n pryderu ac wedi ceisio dilyn ôl ei thraed o'r man lle gwelodd ei mam hi ddiwethaf gerllaw'r groesffordd, ond yr oedd y glaw wedi gwneud hynny'n anodd. Er hynny, daeth o hyd i un ôl esgid aneglur a phecyn gwag o sigaretau *Sunripe*, a hwnnw heb fod mor wlyb ag y buasai pe bai wedi bod allan yn y glaw drwy'r dydd.

Am ddeng munud wedi wyth, rhoddwyd gwybod i'r Cwnstabl Tom Smith yng Ngorsaf Heddlu Penlle'r-gaer bod Muriel ar goll a rhoi'r peirianwaith i droi i gychwyn ymchwiliad swyddogol. Roedd yn ganol haf a'r dydd yn hir a chafwyd cryn dair awr o olau dydd i chwilio'n ddyfal gan heddlu, cymdogion a theulu, a phryder erbyn hynny yn troi'n banig. Ond, er dal ymlaen tan i'r nos eu dal, ni welwyd dim. Ni fedrai hyd yn oed hen blismyn profiadol, gwargaled lai na theimlo rhyw ias o ysgryd wrth frwydro'u ffordd drwy dywyllwch Coed Penlle'r-gaer a chlywed llais ei thad yn gweiddi 'Muriel, Muriel,' a dim ond ambell dylluan a chyfarth cadno'n ateb a golau'r magïod yn wincio'n ôl arnynt o'r düwch.

Yn ôl yr adroddiadau a welais i, tueddwyd i ganolbwyntio'r chwilio ar y noson gyntaf honno y tu hwnt i Dyle Du—i gyfeiriad fferm Cefn Fforest—ac, ar yr olwg gyntaf, mae hynny'n ymddangos braidd yn rhyfedd. Pam na fyddid wedi manylu ar y man lle gwelodd ei mam Muriel ddiwethaf? A yw'n bosibl ei bod yn fwriad gan rai o'r cymdogion a oedd yn chwilio i gadw'r heddlu draw o ryw fannau arbennig lle'r oedd lladd moch neu ŵyn ar y slei wedi bod? A oedd yno rai pethau amheus yr oedd angen cyfle i'w rhoi o'r golwg? Ond erbyn heddiw mae'n amlwg na wnaeth hynny fawr o wahaniaeth.

Ailgychwynnwyd chwilio gyda'r wawr—ac wrth gwrs yr oedd yn dyddio'n gynnar yr adeg honno o'r flwyddyn. Am yr un rheswm yr oedd y tyfiant trwchus yn ei gwneud hi'n anodd gweld dim yn y llwyni a'r rhedyn tal. Buont wrthi yr ail ddiwrnod wedyn yn cribo pob llathen o'r allt heb gael dim. Yna, am bum munud i un-ar-ddeg, chwythodd y Cwnstabl David George ei chwistl—yr arwydd yr adeg honno i alw'i gydblismyn—yr oedd wedi gweld maneg goch rhyw ddecllath i fewn i'r prysgwydd, tua chanllath o'r groesffordd ar y llwybr a arweiniai i Benderi. Yno gerllaw yr oedd corff truan Muriel. Roedd un olwg arni'n ddigon i ddweud iddi ddioddef ymosodiad rhywiol a'i saethu.

Gorweddai ar ei chefn â'i phen yn gwyro i'r dde, ei braich dde ymhlyg a'i bag ysgol gerllaw. Roedd anafiadau difrifol i gefn ei phen a dau dwll bwled yn ei brest. Nid oedd y prysgwydd

Y fan lle gwelwyd Muriel gan ei mam. Mae Tyle Du i'w weld ar y gorwel

cyfagos wedi cael eu sathru—ffaith a awgrymai nad yn y man hwnnw y bu'r ymosodiad, a'i bod, yn fwy na thebyg, wedi cael ei chludo i'r fan i'w chuddio. Yr oedd yn amlwg wedi ei threisio mewn modd sadistaidd i'r eithaf. Gwisgai ei dillad ysgol—*gym-slip* las, blows wen a thei las, sanau gwynion a sgidiau brown, cardigan las a chôt law o'r un lliw. Am ei phen yr oedd cwfl picsi melyn a menig coch am ei dwylo.

Agorwyd Ystafell Insident yn Neuadd yr Eglwys ym Mhenlle'r-gaer ac am saith o'r gloch y noson honno galwodd Prif Gwnstabl Heddlu Morgannwg am gymorth *Scotland Yard*, gan ei bod yn amlwg erbyn hynny nad ar chwarae bach y deuid o hyd i'r llofrudd hwn.

Roedd amser y farwolaeth yn weddol hawdd i'w benderfynu. Roedd Gladys Fransis Melin Llan wedi gweld Muriel yn mynd heibio am tua phum munud ar hugain wedi pedwar a Brinley

Hoyles wedi'i gweld ychydig cyn chwarter i bump. Rhyw bum munud yn ddiweddarach roedd ei mam wedi'i gweld o ffenest y gegin, ond nid oedd neb i'w weld ar y ffordd i Dyle Du pan ddaeth ei chwaer Ray adref am chwarter i chwech. Gan i'r corff gael ei ddarganfod mor agos at y groesffordd, yr oedd yn weddol sicr mai yn y tri chwarter awr hwnnw y cyflawnwyd yr anfadwaith.

Codwyd pabell i guddio'r corff a'i adael yn y man i ddisgwyl yr arbenigwyr fforensig, a gosodwyd lampau cryfion i oleuo'r fan a chadw unrhyw anifeiliaid gwyllt draw. Am chwarter i chwech fore dydd Sadwrn, wedi gyrru drwy'r nos, yr oedd y Ditectif Brif Arolygydd Chapman a'r Ditectif Sarjant Dawson yn ei archwilio.

Daethant i'r casgliad i Muriel farw tua deng munud i bump, ac iddi gael ei threisio heb fod ymhell o'r fan lle cafwyd ei chorff—yn nes i'r groesffordd yn ôl pob tebyg—ond na ellid bod yn siŵr o hynny gan i'r chwilio y noson cynt ddifa'r holl olion. Yna roedd ei llofrudd wedi ei chario cyn belled ag y gallai i mewn i'r drysi, ei saethu a'i chuddio.

Rhyw un droedfedd ar hugain ymhellach i mewn i'r drain, daethant o hyd i bistol awtomatig .45 Americanaidd nad oedd mewn cyflwr da iawn, a'i beirianwaith wedi cloi. Gerllaw hefyd cafwyd dau gas bwled gwag a thair bwled fyw. Yr oedd yn amlwg wrth yr olion fod un o'r bwledi hyn wedi cloi ym môn y dryll, ac nad oedd y sawl a'i taniodd yn gyfarwydd iawn â'i drafod. Nid oedd amheuaeth, gan gymaint yr olion gwaed arno, nad y dryll hwn a ddefnyddiwyd i niweidio pen Muriel.

Wedi i'r ddau dditectif orffen eu harchwiliad, daeth y patholegydd, y Dr. Arthur Sladden o Abertawe, i gael golwg ar y corff cyn ei symud, a galwyd ar fintai o'r *Royal Engineers* unwaith eto i chwilio erwau diffaith Coed Penlle'r-gaer—y tro hwn yn y gobaith o ddod o hyd i ragor o gliwiau am y llofrudd. Dyma'r ail dro yn unig i *mine detectors* gael eu defnyddio mewn ymchwiliad i lofruddiaeth. Buont wrthi am dair wythnos ond yn hollol ofer.

Dygwyd y corff i Farwdy Ysbyty Gorseinon lle gwnaeth y Dr. Sladden ei ymchwiliad *post mortem* gyda'r Prif Gwnstabl yn bresennol. Cafodd fod olion rhuddo o gwmpas y tyllau bwledi yn y dillad—arwydd sicr fod y pistol wedi ei danio'n agos iawn at y corff. Ni fyddai'r ergydion i'r pen wedi achosi'r farwolaeth ond roedd yn siŵr y byddent wedi gwneud Muriel yn anymwybodol. Cafwyd had gwryw ar y gôt law mewn tri man.

Wedi diosg y dillad cafodd mai achos marwolaeth oedd 'rhwygo'r galon gan un o'r bwledi'. Roedd honno wedi ei thanio drwy asgwrn y frest, drwy'r galon, drwy waelod yr ysgyfaint dde ac allan o'r corff i'r chwith o'r asgwrn cefn. Taniwyd yr ail fwled drwy waelod yr ysgyfaint chwith ac allan ger llafn yr ysgwydd chwith. Roedd gïau'r fraich chwith wedi eu rhwygo fel pe bai wedi cael plwc sydyn. Ynglŷn ag olion y trais, wedi gwneud ymchwiliad manwl o rai o organau'r corff, heb fynd i orfanylu, roedd Dr. Sladden o'r farn mai glaslanc, neu o leiaf rhywun heb fod o lawn dwf, oedd yn gyfrifol.

Ei ddamcaniaeth ef wrth geisio ail-greu'r ymosodiad oedd bod ei llofrudd wedi neidio o'i guddfan o'r tu ôl i Muriel, ei tharo'n anymwybodol â'r ergydion i gefn ei phen, ei threisio ac yna'i chario i'r man lle cafwyd hi a'i saethu. Achoswyd y niwed i ïau ei braich, yn ôl pob tebyg, wrth geisio'i llusgo gerfydd ei llaw—roedd y ffaith bod ei menig o hyd am ei dwylo'n awgrymu nad oedd wedi cael cyfle i'w hamddiffyn ei hun.

Er gwaetha'r ffaith fod yr holl law wedi golchi ymaith lawer o gliwiau, cafwyd toreth o wybodaeth o'r dillad, er na fedrwyd gwneud llawer o hynny. Roedd olion gwaed ar bron bob dilledyn, ond gwaed Muriel oedd y cyfan. Ym mhoced ei *gym-slip* yr oedd ei chadach poced a hwnnw hefyd yn waed drosto, yr hyn a awgrymai i'r llofrudd ei ddefnyddio i sychu rhywbeth gwaedlyd ac yna'i ailosod yn y boced.

Cafwyd llawer o flew gwyn ar y dillad allanol a phrofwyd mai blew ci oeddent, ond ni theimlwyd bod hynny'n llawer o help gan fod cynifer o gŵn defaid du a gwyn yn yr ardal, a llawer ohonynt wedi bod yn cynorthwyo'u perchnogion i chwilio am y corff, a'r corff hwnnw wedi bod allan yn y coed am ddeunaw awr. A ph'un bynnag, roedd ci defaid o'r fath yn Nhyle Du. Yr unig beth na ellid rhoi cyfrif amdano ar y dillad oedd un tusw bychan o wlân gwyrdd, yn cynnwys edefyn o liw fioled yn gymysg ag un o liw gwellt, ac o wead tebyg i'r hyn a geid mewn *sports coat.* Casglwyd na fedrai'r ffibr yma fod wedi dod ar ddillad Muriel oddi wrth neb y byddai'n ymwneud ag ef fel arfer—felly ymddangosai mai o ddillad y llofrudd y daeth.

Yn ddi-ddadl, pe bai manteision fforensig heddiw ar gael ar y pryd gellid bod wedi cyfyngu cryn dipyn ar faes yr ymchwiliad —o leiaf gellid bod wedi dileu o bob drwgdybiaeth rai y bu cred leol yn eu hamau am flynyddoedd wedyn. Erbyn hyn, mae dadansoddiad o had gwryw yn medru bod yn dystiolaeth mor anwadadwy ag olion bysedd.

Fel y gellid disgwyl, canlyniad y cwest oedd 'llofruddiaeth gan berson neu bersonau anhysbys'. Ond pwy, a sut yr oedd dod o hyd iddo? Roedd yn rhesymol dyfalu ei fod naill ai'n rhywun lleol a wyddai ei ffordd o gwmpas llwybrau dyrys Coed Penlle'r-gaer, neu yn rhywun dieithr a ddigwyddai fod yno ar y pryd ac wedi bod yn ddigon ffodus i ffoi heb ei weld. Os dieithryn, pam crwydro'r anialwch hwnnw ar y fath dywydd? A beth oedd hanes y pistol? Yn naturiol ddigon, dechreuwyd gyda'r posibiliadau agosaf.

Os rhywun lleol a fyddai'n adnabod Muriel oedd y llofrudd, byddai'n gwybod hefyd am ei hysfa i ganu, ac felly'n gwybod yn union ym mhle y byddai ar y ffordd tra'n ei gadw ei hun o'r golwg. Roedd y ffaith iddi gael ei tharo o'r tu ôl fel petai'n cadarnhau hynny. Gan ei fod wedi mynd yno â phistol llawn gydag ef, roedd yn rhesymol hefyd dyfalu mai hynny oedd ei fwriad ymlaen llaw. Nid rhyw bwl o wendid a ddaeth drosto ar y funud oedd y peth. Felly yr oedd yn rhywun â rhyw fath o ddig ganddo at Muriel. Ond pwy fyddai'n coleddu syniadau felly at ferch dair ar ddeg oed? Cariad siomedig efallai? Ond yr oedd hi'n eneth swil iawn a dim sôn ei bod hyd yn oed yn barod i siarad â bechgyn. Dim ond rhyw air neu ddau a ddywedodd wrth Brinley Hoyles y noson honno.

Rhywun yn ei hedmygu yn y dirgel, efallai, a'i edmygedd afiach wedi troi'n obsesiwn ynddo? Roedd y ffaith bod ei dillad ysgol yn dal amdani yn awgrymu math arbennig o sadydd. Efallai, hyd yn oed, ei fod yn rhywun a aeth i'w chyfarfod ar ei ffordd drwy'r coed cyn hyn, a chael ei wrthod ganddi, a hithau ag arni ormod o swildod i sôn wrth neb am y peth. Neu, yn wir, iddi fygwth 'dweud' amdano, ac yntau yn ei arswyd yn penderfynu ei thawelu am byth. Ond nid oedd dim awgrym am rywun felly yn y cylchoedd chwaith, na neb wedi clywed yr ergydion.

Bu'r farwolaeth tua deng munud i bump, ac fel arfer byddai gweithwyr y Comisiwn Coedwigaeth wedi bod o gwmpas y lle, ond yr oeddent hwy wedi rhoi'r gorau i'w gwaith am hanner dydd. Os mai rhywun lleol ydoedd, a oedd yn bosibl fod y llofrudd yn gwybod hynny? Ar wahân i ddau na ddaeth i'w gwaith o gwbl y diwrnod hwnnw o achos anhwylder, rhoddodd y pump arall yn y giang gyfrif boddhaol o'u symudiadau. Yr oedd tad Muriel wedi bod yn y tŷ drwy'r prynhawn a phan aeth allan i 'mofyn dŵr ychydig wedi pump, nid oedd sôn am neb o gwmpas y groesffordd ac ni chlywodd ddim a allai fod yn ergydion.

Buasai John Davies, mab Penderi, yn 'nôl y gwartheg i'w godro tuag ugain munud wedi pedwar a'i gi defaid gydag ef. Roedd wedi bod yn y cae yn union yr ochr bellaf i'r rheilffordd ac felly o fewn rhyw bedwar can llath i'r fan lle cafwyd y corff, ond nid oedd yntau chwaith wedi gweld neb. Erbyn y byddai wedi cyrraedd yn ôl i'r clos gyda'r gwartheg, byddai rhyw chwarter awr arall wedi mynd heibio. Erbyn hynny byddai wedi bod yn rhy bell i ffwrdd i glywed unrhyw ergydion.

Ar wahân i'r llofrudd, mae'n rhaid mai Brinley Hoyles neu ei mam oedd yr olaf i weld Muriel yn fyw, a'i amcangyfrif ef o'r amser y gwelodd Muriel i lawr wrth bont y lein oedd chwarter i bump. Felly mae'n rhaid bod y llofrudd yn cuddio rywle ar y ffordd i Dyle Du pan aeth Brinley heibio, cyn y medrai fod wedi cyflawni'i anfadwaith ryw bum munud yn ddiweddarach. Yn yr amser hwnnw byddai'r bachgen yntau wedi mynd yn ddigon pell iddo yntau fethu clywed sŵn y dryll.

Y pistol

Teimlwyd yn siŵr o'r cychwyn, efallai'n ormodol felly, mai'r dryll hwn oedd allwedd yr holl ddirgelwch. Roedd arno olion gwaed, ond gwaed Muriel ydoedd, ac yr oedd wedi ei lanhau o bob olion bysedd—yr esboniad am yr hances waedlyd honno yn y boced, mae'n siŵr. Ond yr oedd arno hefyd rif—1142684—yn hollol blaen. Pe medrid olrhain ei hanes byddai rhan fwyaf yr ymchwil drosodd. Felly galwyd ar Robert Churchill o Lundain i'w archwilio.

Medrai ddweud i sicrwydd ar ôl edrych ar y bwledi a'r ddau gas gwag fod y ddwy fwled wedi eu tanio ohono a bod y bwledi i gyd wedi eu gwneud yn UDA yn 1942 neu 1943. Model Americanaidd oedd y pistol hefyd, a ddefnyddiwyd gan ei milwyr yn y ddau ryfel byd, ond bod ei gyflwr yn awgrymu iddo fod yn segur ers rhai blynyddoedd. Roedd ei garn pren gwreiddiol wedi'i dynnu, (mae'n debyg y byddai'r rheiny'n dueddol o hollti) ac un perspecs wedi ei ddefnyddio yn ei le. Addurnwyd y perspecs drwy lifio'n groes ymgroes arno naill ai â ffeil neu olwyn lifanu i ffurfio sgwariau bychain ynddo. Paentiwyd ei wyneb mewnol â phaent tebyg i 'namel beic ac yr oedd yn amlwg mai ail-law oedd y defnydd, o'r math a ddefnyddid mewn awyrennau—yr oedd dau dwll sbâr wedi'u drilio ynddo o'i swyddogaeth flaenorol.

Byddai'r rhan fwyaf o filwyr Americanaidd yn cario pistol o'r fath adeg y rhyfel ac yr oedd yn arfer poblogaidd gan lawer ohonynt dynnu'r carnau pren i ffwrdd a rhoi rhai perspecs yn eu lle—er mwyn cael rhoi lluniau *pin-ups* o'r tu mewn iddynt. Am sawl blwyddyn ar ddechrau'r rhyfel, bu rhai o'r milwyr hynny'n aros mewn dau wersyll ar bwys Penlle'r-gaer—yn y Tŷ Mawr, gyferbyn â'r fynedfa i'r Coed, ac ym Mhengelli, rhwng Pont-lliw a Phontarddulais. Edrychai'n addawol am olrhain hanes 1142684.

Eithr go llac fu'r rheolaeth ar gario dryll yn yr Unol Daleithau erioed, ac er apelio am gymorth yr FBI ac anfon lluniau o'r pistol a chrynodeb o hanes y llofruddiaeth i dros ugain mil o fannau yn UDA, daeth yn amlwg nad oedd ganddynt yr un syniad sut i olrhain ei hanes. Cafwyd un adroddiad ei fod wedi cael ei ddwyn yn Pittsburg, ac un arall yn dweud ei fod yng ngofal Rhingyll o Fataliwn 456 y *Paratroopers* yn Lloegr adeg y rhyfel. Yr unig wybodaeth y gellid dibynnu arni oedd ei fod wedi ei wneud yn Ystordy Arfau Springfield a'i fod wedi'i allforio. Nid oedd modd dweud i ba wlad, hyd yn oed.

Wrth gwrs, cymerodd yr ymchwilio hwn yn UDA wythnosau, ac yn y cyfamser tybid y byddai'n bosibl dod o hyd i rywun a wyddai rywbeth am y carn perspecs. Ar y pryd hwnnw roedd naddu a thrin perspecs yn weithgarwch digon poblogaidd mewn dosbarthiadau nos ac ati. Yr oedd yn ddigon hawdd dod o hyd iddo a gwnâi addurniadau a theganau digon derbyniol. Felly dosbarthwyd miloedd o bosteri i siopau, ysgolion, tafarnau, neuaddau snwcer a phob man arall lle byddai'r cyhoedd yn crynhoi. Gwnaed ymdrech ymwybodol i gadw'r hanes ar ddalennau blaen y papurau am dair wythnos gyfan, aethpwyd hyd yn oed cyn belled â pharatoi sleidiau arbennig i'w dangos mewn sinemâu yn y cylchoedd cyfagos. Er i lawer o wybodaeth am bistolau tebyg ddod i'r amlwg, ni ddaeth yr allwedd i ddatod clo'r dirgelwch hwn.

Yn ôl eu harfer mewn ymchwiliadau o'r fath, byddai swyddogion yr heddlu'n cyfarfod yn gyson i ddadansoddi'r wybodaeth ddiweddaraf ac i gyfnewid damcaniaethau. Beth oedd ganddynt hyd yn hyn?

Pwyntiai'r ffaith fod y llofrudd wedi cyflawni'r drosedd mewn man mor ddiarffordd ac yna diflannu mor llwyr at y tebygrwydd ei fod yn adnabod yr ardal yn dda. Ond, yr oedd pob potsier yn y fro yn ateb y disgrifiad hwnnw. Dim ond rhywun a wyddai arferion Muriel yn ddigon da a fyddai'n gwybod nad oedd yng ngolwg y tŷ a medru cuddio'i hun mewn man cyfleus i ymosod arni, a'i tharo o'r tu cefn fel na byddai'n ei weld. Ond o ble y byddai hwnnw wedi cael y pistol? Sut na chafwyd unrhyw si o'r 'ffynonellau dibynnol' bod rhywun yn gwybod am rywun oedd yn berchen ar un? Na, mae'n siŵr mai rhywun lleol ydoedd. Onid oedd y ffaith iddo'i saethu, hyd yn oed wedi ei tharo'n anymwybodol, yn awgrymu ei fod yn ofni y gallai hi fod wedi'i adnabod? Wedi'r cyfan, os mai dieithryn ydoedd ac yntau ddim ond wedi digwydd taro ar Muriel y prynhawn hwnnw, a oedd yn rhesymol credu nad oedd ond wedi digwydd bod â phistol llawn gydag ef hefyd?

Ac eto, beth am y pecyn sigaretau gwag hwnnw—y *Sunripe*—os mai'r llofrudd a'i gollyngodd? Dim ond i ddieithriaid y byddai'r siopwyr lleol yn gwerthu'r rheiny. Byddent yn cadw mathau gwell ar gyfer eu cwsmeriaid cyson. A'r ffibr hwnnw a gafwyd ar ddillad Muriel? Nid oedd sôn fod neb lleol â *sports coat* yn ateb y disgrifiad hwnnw. Na, roedd yn fwy na thebyg mai chwilio am ddieithryn yr oeddent.

Fel yr oedd un ddamcaniaeth fel pe bai'n ennill tir deuai rhyw ystyriaeth arall i'w dymchwel, a thrwy'r amser nid oedd wiw llacio dim ar yr holi na diystyru unrhyw bosibilrwydd. Roedd rhywun yn rhywle yn gwybod rhywbeth nad oedd yr heddlu'n ei wybod. Felly penderfynwyd ar egwyddor y 'blanced'—sef holi pob dyn o fewn cylch o bum milltir i Dyle Du. Holwyd pymtheng mil o bobl i gyd gan ofyn yr un cwestiwn i bawb: a oedd wedi gweld, neu glywed am rywun a ddaeth adref ar ddiwrnod y llofruddiaeth yn wlyb neu ag olion gwaed arno? Cafwyd cymorth gweinidogion y capeli, prifathrawon ysgolion, penaethiaid y gweithfeydd glo a'r melinau—ond fawr o wybodaeth. Talwyd sylw arbennig i bob gweithiwr rheilffordd a arferai deithio'r ffordd honno, gan gadw mewn cof mor agos oedd ceg y twnnel i fan y llofruddiaeth, ac arfer Muriel o ddod â'i hwyau wythnosol i lawr at y lein—eto heb ddim llwyddiant.

Gofynnwyd i bron bum mil roi cyfrif manwl ohonynt eu hunain ar y diwrnod hwnnw—rheiny y teimlid bod y siawns lleiaf y medrent fod ar gyfyl y Coed. Y mae'n amhosibl credu, ymhlith y pum mil hwnnw, na chafodd y llofrudd ei holi hefyd—fwy na thebyg ymhlith y rhai cyntaf—felly y gwelais i hi bron yn ddieithriad.

Ond yr oedd yr heddlu dan anfantais drom. Gan fod diwrnod y llofruddiaeth mor aruthrol o wlyb yr oedd pawb bron o dan do, yn eu cartrefi—yn eu gwelyau lawer ohonynt, a neb ond eu gwragedd i gadarnhau eu stori. Nid bod dim o'i le ar hynny wrth gwrs, ond pe byddai rhywun yn cynnig *alibi* ychydig yn sigledig, dyweder, nid gair ei wraig neu ei gariad a fyddai'r diogelaf i'w dderbyn. Yr oedd eto eraill ar eu pennau eu hunain a heb unrhyw fath o gadarnhad. Sut felly yr oedd yr heddlu i wybod beth oedd yn wybodaeth ddilys?

Yn ôl at y pistol y deuent o hyd. Sut y gallai hwnnw fod wedi dod i ddwylo rhywun lleol? Un ffordd bosibl fyddai iddo gael ei adael ar ôl yn un o wersylloedd yr Americanwyr wedi'r rhyfel —nid oedd hynny ond ers llai na blwyddyn—a rhywun yn dod ar ei draws. Ond byddai'n haws gen i gredu mai fel rhodd y daeth—os daeth o gwbl: rhodd yn dâl am dipyn o gig moch Cymru neu samwn efallai. Roedd yr Americanwyr yn nodedig o hael eu rhoddion i'r sawl a wnâi gymwynas â hwy—a heb fod yn holi gormod o gwestiynau. Beth fyddai'n siwtio'n well i botsier neu fwtsiwr-ar-y-slei na'r hen bistol hwnnw fel swfenir?

Nid oedd unrhyw sicrwydd fod hynny wedi digwydd, wrth gwrs, felly roedd yn rhaid gweithredu fel petai'r llofrudd yn ddieithryn. Mae'n ddigon anodd i'r heddlu ddod i wybod cyfrinachau ardal pan fo'r boblogaeth yn weddol sefydlog a phawb yn adnabod ei gilydd, mae'n ganwaith anoddach pan fo nifer o ddieithriaid yn symud i mewn ac allan fel oedd yn digwydd yn ardal Penlle'r-gaer ar y pryd.

I ddechrau roedd dau wersyll carcharorion rhyfel yng Nghastell-nedd a Phenrhyn Gŵyr—y ddau heb fod fawr o bellter i ffwrdd. Yna roedd nifer o weithwyr amaethyddol mewn neuadd breswyl ym Mhenlle'r-gaer ei hunan, a chan nad oedd ond llai na blwyddyn ers y rhyfel roedd llawer o'r lluoedd hynny yn dal heb eu rhyddhau o'u hunedau, a llai o reolaeth drostynt nag a fu. Morwyr lleol yn mynd a dod drwy borthladd Abertawe nad oedd nepell i ffwrdd a glowyr yn symud i'r ardal ac allan ohoni. Bu'n rhaid olrhain pob un ohonynt.

Am y carcharorion rhyfel, roedd rhai ohonynt yn gweithio ar ffermydd ac yn byw yno a'r lleill yn y gwersylloedd. Medrwyd dileu'r olaf o'r ymchwiliad—roedd eu rheolwyr yn cadw cyfrif manwl o'u symudiadau. Ond ni ellid bod lawn mor siŵr am rai o'r lleill. Fel y digwyddodd, roedd Chapman yn weddol fodlon nad oedd gan yr un o'r rhieny ddim i'w wneud â'r drosedd chwaith, ond tra parhâi ambell *alibi* heb ei chadarnhau, ni fedrai fod yn hollol sicr.

Ni chafwyd dim i'w amau yn storïau gweithwyr y neuadd breswyl chwaith—roedd eu rheolwyr yn medru gwirio'u datganiadau hwy. Ond am y glowyr, bu'n dasg dipyn anos. Roedd absenoldeb yn broblem gyffredin yn y pyllau i gyd—gweithwyr yn colli shifft neu ddwy yn awr ac yn y man heb fawr o reswm, neu heb reswm o gwbl. Sut, felly, yr oedd sicrhau dilysrwydd esboniad rhywun y credai ei wraig ei fod yn ei waith, a hwnnw wedi treulio'i ddiwrnod yn rhywle arall? Ni fedrid ond gwneud y gorau o'r gwaethaf. Fel y digwyddai, o fewn ychydig ddyddiau i'r llofruddiaeth gadawodd wyth-ar-hugain o lowyr yr ardal i fynd i weithio i Swydd Gaint, ac aeth yr enwog Fabian o'r *Yard* ei hunan ar eu trywydd hwy. Ni chafodd yntau chwaith unrhyw ben-llinyn.

Y mae yn natur pob ymchwiliad i bethau ddod rywfaint yn haws wrth i 'broses y dilead' fynd yn ei flaen. Ond yn yr achos hwn, os rhywbeth, gwaethygu a wnâi am y rheswm syml na ellid bod yn hollol siŵr o adroddiadau cymaint o bobl. Pwy yn union oedd wedi ei ddileu? Fel enghraifft, y morwr hwnnw o Gasllwchwr y clywyd iddo fethu ymuno â'i long erbyn iddi hwylio. Holwyd yntau, a honnodd iddo drampio'r fro am rai diwrnodau gan gysgu mewn sguboriau ac yn y blaen. Pwy fedrai gadarnhau stori hwnnw? Eithr gan nad oedd unrhyw dystiolaeth i'r gwrthwyneb bu'n rhaid ei derbyn.

Dyna'r enciliwr hwnnw o'r *Royal Engineers* yng Nghaerdydd wedyn. Daeth hwnnw i Gastell-nedd tua deg o'r gloch fore'r llofruddiaeth a dechrau cerdded oddi yno i'w gartref yn Nhreforys. Yn naturiol bu'n trio cadw o'r golwg ac âi drwy'r caeau a'r gelltydd gan gadw'n glir o bobman lle byddai rhywrai'n debyg o'i weld. Cyrhaeddodd adref, meddai ef, yn hwyr y noson honno. Ond nid oedd modd gwybod a oedd hynny'n wir ai peidio.

Dim ond un oedd hwnnw. Mae'n rhaid fod yna ddegau tebyg, yn cicio'u sodlau mewn gwahanol wersylloedd yn disgwyl *de-mob* a heb fod fawr neb yn or-fanwl o'r hyn a wnaent yn y cyfamser, nac yn medru rhoi cyfrif manwl amdanynt.

A charcharorion sifil? Mae'n duedd naturiol anghofio am y rheiny gan gymryd yn ganiataol eu bod hwy'n ddigon saff, ond mae'n holl bwysig sicrhau pryd yn union y dechreuodd eu carchariad, ac am ba droseddau, a phryd y cawsant eu rhyddhau. Felly cribwyd carchardai de Cymru ac ymchwilio i hanes pob un a garcharwyd am droseddau rhywiol, ac ar y pryd yr oedd dros bedwar cant a hanner o'r rheiny. Meddyliwyd ar un adeg bod gwawr y datrys yn torri pan dreiddiwyd i hanes un ohonynt. Gŵr a drigai o fewn pum milltir ar hugain i Benlle'r-gaer wedi'i garcharu am ymosod yn rhywiol ar ferch ifanc ond ychydig ddyddiau wedi llofruddiaeth Muriel. Y si oedd fod ganddo bistol o'r un math yn union ag a ddefnyddiwyd i'w saethu hi, a'i fod wedi bod ym Mhenlle'r-gaer y dydd Iau hwnnw. Aeth Chapman yn bersonol i'r carchar i'w holi ar 6 Awst ond gwadu popeth a wnaeth. Ond dyfalbarhawyd yn yr ymchwilio i'w hanes ac ymhen pythefnos roedd y ditectif yn ôl eilwaith yn ei holi—y tro hwn gyda chryn dipyn o wybodaeth ychwanegol.

Dan bwysau'r ffeithiau hynny, cyfaddefodd fod pistol wedi bod ganddo—iddo fod yn filwr yn y Gatrawd Gymreig ac iddo'i brynu am bunt gan Wyddel yn Iwerddon. Cafodd dair bwled yr un pryd. Ni wyddai'n union pa rif oedd ar y dryll gan ei fod yn anllythrennog. Ar ôl iddo gael ei ryddhau o'r fyddin cadwai'r pistol mewn bocs wedi'i guddio yn y coed y tu cefn i'w gartref.

Roedd wedi codi tuag wyth o'r gloch y dydd Iau hwnnw a mynd allan yn fuan wedi naw. Yr oedd yn ddi-waith ac wedi penderfynu gadael cartref am na fedrai gytuno â'i deulu. Gan nad oedd yn bwriadu dod yn ôl, aeth â'r pistol gydag ef gan ei wthio i fewn i wasband ei drywsus a chau ei siaced drosto. Ni wyddai sawl bwled a oedd ynddo a gobeithiai gael cysgu mewn sguboriau a siediau gwair ar ei ffordd. Cerddodd cyn belled â Phontarddulais a chael lifft mewn lorri hyd Benlle'r-gaer ac yna daliodd fws i Dreforys lle bu'n yfed yn gyson mewn tafarn am rai oriau. Daliodd fws yn ôl i Benlle'r-gaer gan gyrraedd rhwng hanner awr wedi tri a phedwar o'r gloch y prynhawn a dechrau cerdded yn ôl i gyfeiriad Pont-lliw. Roedd yn glawio'n drwm a rhywle rhwng Penlle'r-gaer a Phont-lliw roedd wedi cael pwl o'r bendro a mynd i gae a chysgu yng nghysgod y clawdd. Pan ddihunodd roedd y pistol wedi mynd, a'r peth cyntaf a wyddai ef am y llofruddiaeth oedd clywed y gwragedd yn siarad yn nrysau'r tai wrth fynd heibio fore trannoeth.

Stori go simsan yn ôl unrhyw safonau, ond un o leiaf a awgrymai ei fod ef yn y cyffiniau ar yr adeg dan sylw a bod ganddo bistol tebyg i'r un y buwyd yn holi yn ei gylch. Mae'n rhaid bod nithio manwl iawn wedi bod ar bob agwedd o'i ddatganiad—llawer ohono nad oes gyfeiriad ato yn yr adroddiadau swyddogol o'r achos, mae'n siŵr. Gair cyfrinachol gyda photsier fan hyn, neu ryw fân-droseddwr arall fan draw efallai —pobl na fynnent, ac na theimlid bod pwrpas mewn gorfodi iddynt, ddweud eu dweud yn gyhoeddus.

P'un bynnag, digon i'w dweud i'r Ditectif Brif Arolygydd Chapman, un o dditectifs mwyaf profiadol a hirben y wlad, am wahanol resymau, ddod i'r casgliad y gallai'n weddol ddiogel ddileu'r gŵr hwnnw o'i ymchwiliadau. Ond beth oedd wedi dod o'r dryll? Ai hwnnw oedd arf y llofruddiaeth? Onid oedd yn ymestyn cyd-ddigwyddiad yn rhy bell i gredu y gallai fod dau bistol yr un fath yn union yng nghyffiniau lle mor anhygyrch â Choed Penlle'r-gaer ar yr un pryd?

Felly dyna drywydd arall, ac efallai'r un mwyaf addawol o'r cwbl, yn mynd i golli yn niwl a glaw y diwrnod trychinebus hwnnw ar lannau'r Afon Llan.

Prin y gellid cyfri neb a gyflawnodd weithred mor sadistaidd â'r un ar Muriel yn ei iawn bwyll. Ond er holi ym mhob ysbyty meddwl yn y cylch a thalu sylw manwl i'r rhai a fuasai allan ar y diwrnod hwnnw, ni fedrwyd cysylltu'r un o'r rheiny chwaith â'r drosedd mewn unrhyw fodd. Dim llwyddiant o gwbl.

Fel erioed, wrth gwrs, cafwyd y galwadau twyll—rhai ohonynt, mae lle i ofni, yn dwyll bwriadol, wedi'u gwneud o ryw fath o sbeit gyda'r bwriad o ddrysu gwaith yr awdurdodau gymaint â phosibl. Eraill, er efallai wedi'u gwneud gyda'r bwriadau gorau, yn hollol gyfeiliornus. Ond yr oedd yn rhaid trafod pob un gyda'r un difrifoldeb â phetai'n golygu restio rhywun yfory nesaf. Honnai un wraig ei bod yn adnabod y llofrudd, a mynnai fod Chapman yn ei restio ar unwaith. Dyn siwrans—a'i hunig reswm dros ei enwi ef oedd ei fod yn cymryd diwrnod o'i waith bob dydd Iau! Cariad un arall yn ysgrifennu ati wedi iddynt gweryla yn bygwth mynd at yr heddlu i gyfaddef i lofruddiaeth—byddai hynny'n well ganddo na lladd ei hun, meddai ef. A chan mai llofruddiaeth Muriel oedd yr unig un ym meddwl y cyhoedd ar y pryd rhoddodd hi wybod i'r heddlu. Afraid dweud na ddaeth dim o'r peth. Dim ond rhagor o amser ac adnoddau wedi eu gwastraffu i ddim pwrpas. Ond yr oedd yn rhaid trio.

Cadwyd mewn cof pob trosedd arall debyg mewn gwahanol rannau o'r wlad, ac yn para heb eu datrys. Bum mlynedd ynghynt roedd merch fach dair a hanner oed—Ginstina Macari—wedi'i chipio gerllaw ei chartref yn Abertawe. Daethpwyd o hyd i'w chorff drannoeth ar dir Fferm Penplas, Cadle—yr union fferm lle bu'r Drinkwaters yn byw cyn dod i Dyle Du. Roedd hithau wedi'i thagu a dioddef ymosodiad rhywiol. Cyhuddwyd gŵr o'r enw Thomas Williams o Nicholl Street,

Abertawe, o'r drosedd, ond ym Mrawdlys Caerfyrddin ym mis Tachwedd y flwyddyn honno gollyngwyd yr achos yn ei erbyn o ddiffyg tystiolaeth, a daeth yn weddol amlwg erbyn heddiw nad oedd ganddo ddim i'w wneud â'r drosedd honno. Eto i gyd, roedd cryn debygrwydd rhwng y ddwy lofruddiaeth—y corff hwnnw hefyd wedi ei guddio mewn llwyni ac arno'r un arwyddion trais, ac yr oedd y ddau le'n ddigon agos i'w gilydd. Holwyd Williams yn arbennig o fanwl ynglŷn â llofruddiaeth Penlle'r-gaer ond daeth yn amlwg yn weddol fuan ei fod yn hollol glir.

Ystyriwyd hefyd lofruddiaeth Joyce Cox yn Yr Eglwys Newydd, Caerdydd, ym Medi 1939. Cafwyd ei chorff hithau mewn prysgwydd gerllaw'r rheilffordd, ond ni chyhuddwyd neb o'r drosedd.

O fewn ychydig ddyddiau i'r wyth glöwr ar hugain hynny ymadael am eu gwaith newydd yng Nghaint, bu llofruddiaeth yno hefyd. Merch un-ar-ddeg oed o Dartford. Bu chwilio am honno drwy'r nos hefyd a chafwyd ei chorff hithau fore trannoeth yn y danadl a'r drysi mewn coedwig gerllaw Brands Hatch, o fewn tri chan llath i'w chartref. Roedd hithau hefyd wedi dioddef ymosodiad rhywiol. Ond medrodd y Ditectif Brif Arolygydd Fabian fod yn hollol dawel ei feddwl nad oedd gan yr un o'r wyth-ar-hugain ddim cysylltiad â dirgelwch Tyle Du nac â llofruddiaeth y ferch o Dartford.

Ddiwedd yr haf hwnnw, symudodd teulu Muriel i ffwrdd o'r hen le i ffermio yn Salem, Llandeilo. A phwy all eu beio? Roedd y rhaib ar Goed Penlle'r-gaer wedi profi'n drech na hwy. Erbyn heddiw, y llwynogod a'r tylluanod ac ysbrydion y fall piau'r lle unwaith eto.

Er nad oedd yr ymchwiliadau wedi llwyr ddod i ben, nid oeddynt i'w gweld yn symud ymlaen chwaith. Nid oedd dim argoel am drywydd newydd ac yr oedd yr hen rai'n ymddangos mor ddryslyd ag erioed. Dro ar ôl tro ar ôl tro, cribwyd drwy'r hyn a oedd yn wybyddus rhag ofn bod rhyw gliw bach diniwed yr olwg y gellid o bosibl ei ddehongli mewn ffordd arall. Dyfalu, damcaniaethu, a cheisio canfod â'r dychymyg yr hyn na welai'r llygad o gnawd. Ond nid yw'r dychymyg chwaith yn bodoli mewn faciwm. Dim ond yng ngoleuni'r hyn a ŵyr y gall yntau weithredu.

Muriel Drinkwater

Olion Tyle Du

Mae rhwystredigaeth Chapman yn amlwg yn ei adroddiad olaf i *Scotland Yard.* Nid yw'n ganmoliaethus iawn, a dweud y lleiaf, o'r boblogaeth leol. Y maent, meddai ef, fel un llwyth ac arnynt ofn cynhenid dwyn unrhyw warth ar eu cylch eu hunain a'u cydnabod. Er bod yn ddigon parod i rannu unrhyw wybodaeth am rywun o'r tu allan, digon cyndyn ydynt i fradychu cyfrinach deuluol. Yn wir, mae'n mynd cyn belled â'u cyhuddo o 'fethu yn eu dyletswydd fel dinasyddion da' a bod rhywrai yn gwarchod a chuddio'r llofrudd. Er i mi'n hawdd fedru cydymdeimlo, a gresynu hefyd, ag ef yn ei fethiant, mae'n rhaid i mi ddweud mai fel arall y cefais i hwynt erioed. Byddwn yn barod i dderbyn efallai nad oedd yn teimlo ei fod wedi ennill eu hymddiriedaeth lwyr, ond hwyrach bod hynny i'w briodoli'n gymaint i'w ddieithrwch ef ei hun ag i unrhyw duedd ynddynt hwy i fethu gwahaniaethu rhwng trosedd ddifrifol a mân gamweddau'r fro.

Mae'n anodd peidio â chytuno ag ef, serch hynny, ei bod yn ymddangos mai rhywun o fewn y gymuned leol oedd y llofrudd. Prin y gellir derbyn ei fod yn rhywun o bell wedi cyrraedd a diflannu heb i neb weld dim. Yn ôl addefiad Chapman ei hun, byddai'r brodorion yn ddigon parod i rannu'r wybodaeth honno ag ef. Byddai'n haws gen i gredu ei fod yn byw mor agos i fan y drosedd ag iddo fedru'i chyflawni a dianc, efallai drwy'r twnnel tywyll hwnnw, a bod adref ac wedi ei lanhau ei hun heb i neb ei weld a byw wedyn gyda'i gyfrinach.

A'r pistol? Eto fyth—y pistol. Rhyfedd nad oes yn y ffeil fwy o sôn am ymchwilio i stori'r cyn-filwr hwnnw a honnai i rywun ei ddwyn oddi arno tra cysgai yn y clawdd. Os oedd Chapman yn derbyn ei stori ac nad ef oedd y llofrudd, byddai gan y gwir lofrudd hanner awr ar y mwyaf i ddigwydd dod ar ei draws, dwyn ei ddryll oddi arno a mynd yn ôl i'r coed a saethu Muriel. Annhebyg, os nad amhosibl. Ond os nad oedd yn ei chredu, yna beth oedd y 'wybodaeth ychwanegol' honno y daeth Chapman o hyd iddi ac a barodd i'r sowldiwr newid ei stori gyntaf a chyfaddef iddo fod ym Mhenlle'r-gaer a'i fod yn berchen ar ddryll?

Prin y bydd neb yn gwybod bellach. Bu farw'r rhan fwyaf o'r tystion a'r Ditectif Brif Arolygydd Chapman hefyd. Yn eironig ddigon, ymhen wythnosau i'w farw ef gwnaeth ei fab amdano'i hun wedi iddo ladd ei wraig.

Claddwyd gweddillion Muriel ddydd Mawrth, 2 Gorffennaf ym mynwent Eglwys Dewi Sant Penlle'r-gaer, ac ni welwyd erioed dorf gymaint yn y fynwent honno. Roedd plant ei dosbarth yn Ysgol Tre-gŵyr yno i gyd i dalu'r deyrnged olaf i'r 'Eos', a'r holl ysgol wedi cyfrannu tuag at gael torch o flodau. Casglwyd llawer mwy na digon a chyflwynwyd y gweddill i Ysbyty Gorseinon er cof amdani. Rhoddodd y Geidiau fâs ar ei bedd, ond nid yw ei henw arni ac nid oes garreg ar ei bedd. Mae'r ffeil yn dal ar agor a'r beddrod wedi'i gau.

Hen Hosan

'Am 3.15 pm heddiw, dydd Sul, 19 Chwefror 1967, daethpwyd o hyd i gorff Mary Jane Williams, hen ferch 80 mlwydd oed yn ei chartref yn 16, Stryd Fawr, Llanelli. Mae'r amgylchiadau yn codi amheuon ei bod wedi ei llofruddio. Gwnaed cais am gymorth *Scotland Yard* a bydd ei swyddogion yn cyrraedd Llanelli heno. Bwriedir cynnal archwiliad *post mortem* yfory.'

Felly y rhyddhawyd i'r wasg y datganiad cyntaf o Swyddfa'r Heddlu am 6.10 pm y diwrnod hwnnw. Ond yn y teirawr hynny roedd llawer wedi ei wneud cyn mentro torri'r newydd ac, fel erioed, un o'r pethau pwysicaf i gyd fu penderfynu pa bryd i'w dorri a'r union eiriau i'w defnyddio. Ar y naill law roedd yn rhaid rhoi digon o wybodaeth i gyffroi diddordeb gohebwyr i sicrhau cylchrediad ac felly gefnogaeth, ac efallai gymorth, y cyhoedd; ac ar y llaw arall roedd yn rhaid ymatal rhag datgelu unrhyw fanylion y gallai rhywun eu defnyddio i gymhlethu ymchwiliadau pellach.

Pa bryd bynnag y cyflawnir trosedd ddifrifol, yn enwedig llofruddiaeth, fe fydd rhywrai yn barod i 'gyfaddef' iddi a hwythau'n hollol ddiniwed. Fe wn ei bod yn anodd i rywun normal amgyffred y fath beth efallai, ond yn anffodus nid ydym bawb yn normal bob amser. Mae gwasgfeydd ac afiechydon meddwl neu iselder ysbryd yn poeni llawer ohonom sy'n ein harwain i ymddwyn mewn modd na fyddwn yn ei ddeall hyd yn oed ein hunain weithiau.

Mae digon yn gweld bywyd mor dywyll nes cyflawni hunanladdiad, eraill yn mynd ar goll o'u cynefin ac yn diflannu am byth, ac eto eraill am resymau digon tebyg yn cyfaddef i droseddau na fu ganddynt ddim i'w wneud â hwy yn y gobaith o gael 'dianc' i garchar. Y ffordd orau o osgoi'r cymhlethdodau y mae trueiniaid o'r fath yn eu hachosi i ymchwiliadau'r heddlu yw cadw cymaint ag y bo modd o fanylion cyfrinachol yr amgylchiadau oddi wrthynt. Nid yn unig y mae cymhlethdodau o'r fath yn ymestyn yr amser a'r gost o ddwyn yr ymchwiliadau i ben, ond medrant yn hawdd beryglu bywyd arall. Mae pob llofrudd a laddodd unwaith gymaint â hynny'n debycach o ladd yr eilwaith.

Mae Stryd Fawr Llanelli yn un o'r strydoedd sy'n arwain at yr Orsaf Reilffordd heibio i Westy'r Great Western—stryd o dai ynghlwm wrth ei gilydd, heb lôn gefn i'r rhai ar yr ochr sydd nesaf at y rheilffordd o Lundain i Abergwaun. Nid oes chwaith fynediad ar ochr yr un o'r tai at y cefn—i fynd i'r ardd gefn mae'n rhaid mynd i mewn drwy ddrws y ffrynt ac ar hyd y cyntedd neu drwy'r gegin i ddrws y cefn. Ym mhen pellaf gardd Rhif 16 y mae wal, a thu hwnt i honno oleddf serth i lawr at y rheiliau.

Yn y tŷ hwn y trigodd Mary Jane Williams bron ar hyd ei hoes. Fe'i ganed yn Heol Copperworks ar 29 Rhagfyr 1886, ond symudodd y teulu i fyw i'r Stryd Fawr pan oedd hi'n ifanc iawn, ac er 1937, pan fu farw'i thad, bu'n byw wrth ei hun yn Rhif 16. Roedd yn ddynes eiddil yr olwg, yn fychan iawn—4′ 10″ o daldra—ac yn un o bedwar o blant. Collodd un brawd, Benjamin, yn y Rhyfel Mawr a bu farw un arall, Eziah, yn Hydref 1965. Daliai'r brawd arall, William, i fyw yn Llanelli—yn Stepney

Stryd Fawr, Llanelli: rhif 16 yw'r tŷ ar y dde

Place—a thua dau o'r gloch y prynhawn Sul hwnnw galwodd dau o gymdogion Miss Williams, Rachel ac Edward Gillman, gydag ef i ddweud eu bod yn bryderus ynghylch ei chwaer.

Roeddent yn byw y drws nesaf iddi ac arferai Mrs Gillman rannu cinio dydd Sul â hi yn gyson. Tua hanner awr wedi deuddeg y prynhawn hwnnw yr oedd wedi galw arni dros wal yr ardd, yn ôl ei harfer. Ni chafodd ateb ond sylwodd fod drws y cefn ar gau—peth anarferol iawn yn ystod y dydd achos byddai'n arfer cadw'r drws hwnnw'n gilagored i helpu'r tân i dynnu. Cadwai'r drws rhag agor led y pen drwy glymu'r glicied wrth rhyw dair modfedd o gortyn. Galwodd Mrs Gillman arni'r eilwaith ond heb gael unrhyw ateb wedyn ac am chwarter wedi un penderfynodd fynd i ddweud wrth William. Roedd perthynas arall yn digwydd bod yn y tŷ pan gyrhaeddodd hi a'i gŵr—Gwilym Williams o Felin-foel a oedd yn briod ag wyres Eziah, ac ef a aeth i Rif 16 a chael yr hen wraig yn farw ar lawr y gegin. Roedd drws y cefn ar gau ond heb ei gloi a chloc y gegin wedi sefyll ar dri munud i bump.

Golwg digon brysiog a gafodd Gwilym arni a chymerodd yn ganiataol ei bod wedi cael trawiad o ryw fath—wedi'r cyfan yr oedd yn bedwar ugain oed—ac anfonodd am y meddyg ar unwaith. Ni freuddwydiodd am alw'r polîs. Ond pan gyrhaeddodd Dr. John Stewart ychydig cyn tri o'r gloch, gwelodd yn syth nad marwolaeth naturiol mohoni, a galwodd yr heddlu. Erbyn pum munud wedi tri yr oedd y Cwnstabl Robert Jenkins 318 a Rhingyll Arwyn Thomas 126 wedi cyrraedd ac erbyn hanner awr wedi tri roedd ymchwiliad ar waith yn nwylo galluog y Ditectif Arolygydd Ken Watkins, pennaeth y CID yn Llanelli.

Hyd yn oed yn yr amser byr hwnnw llwyddwyd i gael darlun lled fanwl o fywyd yr hen wraig. Yn wir, yr oedd ei harferion mor ddigyfnewid y medrech osod eich cloc wrthynt. Yr un drefn yn union bob dydd, a hynny dros gyfnod o ddeng mlynedd ar hugain. Dipyn bach yn egsentrig efallai, cadwai ei hun iddi'i hun, a'r unig un a gâi fynediad i'r tŷ ar wahân i Mrs Gillman oedd ei chymdoges o'r ochr arall—Mrs Ashton.

Codai'n y bore rhwng deg a hanner awr wedi deg, cynnau'r tân a berwi'r tegell i wneud te—nid oedd trydan yno. Yna byddai'n gwagsymera o flaen y tân drwy'r dydd os na fyddai'n digwydd bod yn ddiwrnod mynd i'r siop—dydd Mercher a dydd

Sadwrn. Ar yr union ddyddiau hynny, ac o fewn pum munud i'r un amser bob tro, âi i siop Sarah Jane yn Heol Lakefield—rhyw hanner canllath o ffordd. Buasai yno ar ei hamser arferol—rhwng pum munud i ddau a dau o'r gloch—y prynhawn cynt a phrynu ei neges arferol—menyn, tatws, sebon, bisgedi Osbourne, caws, pys a thorth o fara, a'r olaf i'w gweld yn fyw oedd y siopwraig.

Ni hoffai laeth, felly ni alwai'r dyn llaeth yno, ni phrynai bapur dyddiol chwaith—câi fenthyg un Mrs Gillman. Popeth yr oedd ei angen arni, âi i'w 'mofyn rhag i neb dieithr orfod galw'n y tŷ, ar wahân i ddau beth—paraffîn a glo. Deuai'r gwerthwr â'r olew iddi fel y byddai'n ei archebu a bu'n gwsmer i'r un dyn glo er 1936. Cadwai danllwyth o dân bob amser a phan fyddai angen archebu rhagor o lo, ysgrifennai at Daniel Phillips, Doc Newydd, a chyflenwai hwnnw ei hanghenion dunnell ar y tro a hynny dair neu bedair gwaith y flwyddyn.

Dibynnai am olau ar lamp olew a gedwid bob amser ar silff y ffenest—tan wyth o'r gloch union. Yr amser hwnnw byddai'n ei llenwi ag olew, trimio'r pabwyr a'i chynnau. Am chwech o'r gloch i'r funud byddai wedi berwi'r tegell i lenwi ei dwy botel dŵr poeth alwminiwm a'u gosod i gynhesu'r gwely, ac o hynny tan ddefod cynnau'r lamp byddai'n mwynhau eistedd yng ngolau'r tân yn y lled-dywyllwch. Rhwng wyth a naw byddai'n darllen ei hunig lyfr—Y Beibl—ac am naw union berwai'r tegell drachefn a mynd ati i ail-lenwi'r ddwy botel alwminiwm. Wedi cynhesu'r gwely'n drwyadl, âi i'r gwely am un-ar-ddeg o'r gloch.

Gydol ei hoes fe'i bendithiwyd ag iechyd da—dwywaith yn unig y bu at y meddyg, yn 1949 ac yn 1961, a hynny am fod ei golygon yn gwaethygu. Ond ers rhai blynyddoedd fe'i blinid gan faricos fêns, ac i liniaru tipyn ar y boen rowliai ei hosanau at ei thraed—weithiau un goes ac weithiau'r llall.

Afraid dweud ei bod yn wraig ddarbodus, gynnil—mên hyd yn oed—a phrin y gwyddai neb ei sefyllfa ariannol achos prin y cyffyrddai'r byd mawr oddi allan â'i byd bach diniwed hi. Talai'r rhent yn rheolaidd i Stad y Strade—9/6c yr wythnos—mewn symiau o £12. Ond ar wahân i hynny a'i deunydd tanwydd a'r hyn a wariai yn y siop, cynilai bob ceiniog. Eithr nid mewn banc, ofnai pe rhoddai ei harian yno y deuai'r awdurdodau i wybod ac efallai gwtogi ei phensiwn a'i nawdd cymdeithasol.

Cadwai ei chyfan yn y tŷ—nid bod neb yn gwybod yn union faint oedd ganddi—ond yr oedd lle i gredu bod ganddi o leiaf £700 ryw bum mlynedd ynghynt. Medrai Arthur Thomas, Rheolwr Banc y Midland yn Llanelli, ddweud ei bod, am unwaith, wedi bod yno ar 13 Mawrth 1962, ond nid i roi ei harian yn ddiogel, eithr i newid hen bapurau punnoedd am rai newydd.

Yn 1960 roedd Banc Lloegr wedi galw'r hen bapurau i mewn a dechrau cylchdroi rhai newydd yn eu lle, yn dwyn llun pen y Frenhines a llofnod ffacsimili L. K. O'Brien—prif ariannwr Banc Lloegr ar y pryd—a chyhoeddi na fyddai'r hen rai yn arian derbynadwy wedi dyddiad arbennig. Cymharol ychydig oedd wedi eu cynhyrchu yn 1962, ond yn ôl ei brawd yr oedd Miss Williams wedi newid 'tua £700' cyn i'r hen rai fynd yn ddiwerth.

Y gorchwyl cyntaf oedd gwarchod man y drosedd. Eisoes yr oedd gormod o bobl wedi bod yn y tŷ ac, o bosibl, wedi amharu ar rai cliwiau, yn enwedig olion bysedd. Peth cymharol hawdd yw dod o hyd i'r rheiny—y drafferth yw penderfynu i bwy y maent yn perthyn. Yr unig ffordd yw'r dull trafferthus a maith o'u cymryd i gyd a dileu o'r ymchwiliad bawb y mae eglurhad boddhaol dros fodolaeth ôl ei fysedd ym man y drosedd. Y tro hwn, nid oedd y troseddwr wedi gadael cymaint ag un ôl bys. Ar wahân i rai Miss Williams ei hun, dim ond un y daethpwyd o hyd iddo—ac un Gwilym oedd hwnnw.

Gorweddai'r corff ar ei gefn a'r pen yn rhannol dan y bwrdd wedi'i wisgo—heblaw am sanau ac esgidiau. Roedd pâr o esgidiau menyw ger y drws a dwy ardas ar y llawr, un o dan y droed chwith a'r llall rhyw droedfedd a hanner i ffwrdd. Wedi'u clymu'n dynn am y gwddf a thros y geg roedd dwy hosan menyw, ac yng ngrât y gegin olion papur wedi bod yn llosgi. Ar fwrdd crwn gorweddai desg sgrifennu fechan ar ei hochr a'i chaead ar agor, ac ar fwrdd yn ymyl y gwely yn stafell ganol y llofft gwelwyd argraff plaen yn y llwch o'r un mesur yn union â'r ddesg sgrifennu, a awgrymai'n gryf fod y ddesg honno wedi cael ei symud o'r llofft i'r llawr. Ar yr un bwrdd â'r ddesg sgrifennu roedd bocs cardbord bychan, o'r math a'r maint a ddefnyddiai banciau i gynnwys £500 mewn papurau punnoedd, wedi'i dorri ar agor a chyda pheth o gŵyr coch y sêl arno o hyd.

Ymddangosai fel pe bai rhywun wedi bod yn sbrwlian drwy'r gwely yn y stafell ganol ar y llofft—roedd y fatras yn amlwg wedi ei hanhrefnu i chwilio odani, ac yn y gwely roedd dwy botel alwminiwm yn llawn dŵr oer. Ar silff y ffenest yn y gegin roedd lamp olew yn hanner llawn a'r pabwyr wedi ei droi i lawr ac mewn gwahanol ddrorau yn y tŷ daethpwyd o hyd i gyfanswm o £315.9s.6c.

Yn wyneb yr hyn a wyddid eisoes o hanes yr hen wraig, yr oedd yn amlwg mai lladrad oedd y bwriad, ac iddo ddigwydd y noson cynt. Roedd y tân heb ei gynnau, Mrs Gillman wedi methu cael ateb a'r corff yn oer. Rywbryd rhwng chwech o'r

Mae'r lamp olew i'w gweld ar silff y ffenestr

Matras y gwely wedi ei throi'n ôl

gloch ac wyth—roedd y poteli dŵr poeth wedi eu gosod yn y gwely a'r lamp ar y silff heb ei llenwi na'i chynnau.

Eithr y mae'n rhaid profi'r hyn a honnir. Mae'n rhaid 'profi' llofruddiaeth, er enghraifft. Hynny yw, mae'n ofynnol cael prawf pendant mai'r un corff a gafwyd ym man y drosedd â'r un a archwilir gan y patholegydd. Y sawl sy'n gyfrifol am gyflwyno'r dystiolaeth honno yw'r *Scene of Crime Officer.* Yn yr achos hwn, y Ditectif Sarjant John Elwyn Timothy Davies—neu Jet i bawb yn Llanelli, am resymau amlwg—oedd y swyddog dan sylw, un o'r rhai mwyaf profiadol yn yr adran olion bysedd. Y ffordd ddiogelaf o gyflwyno tystiolaeth o'r fath yw drwy ffotograffau. Felly'n gynnar fore Llun roedd Jet wrthi â'i gamera a'i gyfarpar yn nodi popeth o bwys yn Rhif 16. Cymerodd olion bysedd y corff a thynnu lluniau ohono o sawl ongl.

Pan ddaeth yn amser ymchwiliad y patholegydd cyflwynodd ganlyniadau'i waith.

> '. . . am 12.50 pm yr un diwrnod, euthum gyda'r corff i'r Marwdy yn Ysbyty Gyffredinol Llanelli ac yr oeddwn yn bresennol yn yr archwiliad *post mortem* ar yr un corff am ddau o'r gloch pan dynnais ragor o luniau. . . Oddi ar hynny rwyf wedi datblygu'r lluniau a'u prosesu, a dangosaf yn awr luniau o'r un fath yn union o'r negyddion sydd heb eu hailgyffwrdd.'

Y patholegydd oedd Dr. Charles Freezer M.B., F.C., Path. a thystiwyd i adnabyddiaeth o'r corff gan William Williams. Wedi disgrifio'r corff yn fras a chyn mynd ati i ddadansoddi achos marwolaeth, rhoddodd amlinelliad o olwg allanol y clwyfau.

> 'Roedd y corff wedi'i wisgo mewn dillad glân, dillad bob dydd gyda ffedog a brodwaith arni. Cafwyd hosan dros y geg ac wedi ei chlymu y tu ôl i'r gwddf â chwlwm dwbl, a hosan arall am y gwddf eto wedi ei chlymu o'r tu ôl â thri chwlwm. Wrth ddatod yr hosan o gylch y gwddf gwelais rych ddofn yn y cnawd wedi'i wneud gan y rhwymyn yn ogystal â chleisiau a staen o waed ar yr wyneb. Roedd amryw o gleisiau ar ochr chwith y gwddf a'r gwefusau a'r tu fewn i'r geg ddiddannedd. Roedd y llygaid ac amrannau'r llygaid yn ddu gan gleisiau ac asgwrn yr ên uchaf ar yr ochr chwith wedi ei dorri. Ar y fraich dde roedd cleisiau difrifol yn estyn o'r benelin i fysedd y llaw. Pwysai'r corff 5 stôn ac yr oedd *rigor mortis* wedi mynd ond y pydredd heb ddechrau.'

O ganlyniad i archwiliad mewnol medrodd ddweud,

> 'Roedd y corff yn holliach, heb arwydd unrhyw glefyd a'r galon a'r gwythiennau mewn cyflwr da, ond gwelais gleisiau dwfn yn y chwarren thiroid a'r larincs. Roedd y chweched, seithfed, wythfed a'r nawfed asen ar yr ochr chwith wedi'u torri. Cynhwysai'r stumog fwyd a gymerwyd ryw ddwyawr cyn y farwolaeth. . . Achos marwolaeth—sioc yn dilyn anafiadau difrifol ac amrywiol, a'r mwyaf difrifol yn ddiamau oedd tynhau'r rhwymyn am y gwddf.'

Ychwanegodd rai pwyntiau yn deillio o'r casgliadau. Sef, yn ei farn ef bod asgwrn y foch wedi'i dorri'n gynnar yn yr ymosodiad; y gallai'r cleisiau ar y fraich dde fod yn ganlyniad naill ai cael ei defnyddio fel tarian i amddiffyn neu gael ei throi fel dull o arteithio; torrwyd yr ais yn ddiweddarach yn yr ymosodiad, roedd tipyn llai o waed wedi llifo am fod y cylchrediad ar ddarfod; bu farw'r dioddefydd yn union wrth dynhau'r rhwymyn am y gwddf; pwyntiai'r cyfnewidiadau *post mortem* at farwolaeth tua saith o'r gloch y noson cynt yn dilyn pryd o fwyd tua phump, ac ni fu unrhyw ymyrraeth rywiol.

Cymerodd Dr. Freezer samplau o waed o'r corff, samplau o wallt, blew'r arffed, a chynnwys y stumog yn ôl yr arfer i'w harchwilio ymhellach gan Brian Morgan o'r Labordy Fforensig, a chafodd hwnnw mai grŵp gwaed Miss Williams oedd A,N (HP1-1).

Erbyn bore dydd Llun roedd tîm o dditectifs Heddlu Sir Gaerfyrddin a'r Troseddlu Rhanbarthol wedi eu galw ynghyd. Daethai'r Ditectif Uwch Arolygydd Maurice Walters—Cymro o Bontypridd—a'r Ditectif Sarjant Gerald Walker o *Scotland Yard* i arwain yr ymchwiliad. Roeddwn i yn Dditectif Sarjant yn Rhydaman ar y pryd ac wrth fy modd yn cael gwahoddiad i ymuno â'r tîm. Nid pob heddwas fyddai'n cytuno â mi, o bosibl, ond yn fy nhyb i nid oes dim tebyg i'r *Yard*, a phrin bod angen ychwanegu i mi neidio at gynnig y Prif Arolygydd Fred Jones, pennaeth y CID yng Nghaerfyrddin.

Yn fras, fel pregeth Methodist, daw pob ymchwiliad i lofruddiaeth o dan dri phen—man y drosedd, yr archwiliad *post mortem* a gwaith ditectif. Man y drosedd yw'r unig fan lle gellid bod yn sicr bod ryw gyswllt wedi bod rhwng y llofrudd a'r marw. Mae'n dilyn felly mai yno y bydd wedi gadel ei ôl—os o gwbl. Olion bysedd, olion traed, gwallt y pen, ffibrau o ddillad, gwaed, crafiadau o groen ac yn y blaen. Yr archwiliad *post mortem* fydd yn cynnig y dystiolaeth derfynol ar union achos marwolaeth, yr union amser a'r math o arf a ddefnyddiwyd. Am y trydydd, nid mater o weithredu ar y pryd ydyw yn gymaint â chlytio at ei gilydd suon a hanesion a gasglwyd dros amser o blith cymeriadau brith yr ardal. Bydd pob ditectif gwerth ei halen â'i fys ar byls ei fro ei hun, yn gwybod pwy yw cyfeillion pwy—a'u perthnasau hefyd, pwy yw'r mân droseddwyr—a'r rhai mwy na fyddant o bosibl wedi gwneud yr un camgymeriad hwnnw a fydd yn galluogi'r gyfraith i roi bys arnynt. Bydd gofyn iddo droi mewn sawl math o gylch, o'r gwesty moethus i'r tafarn smwglin, o'r eglwys i'r clwb nos, o feinciau'r cyngor i'r ciw dôl.

Un o'r goreuon erioed i gerdded strydoedd Llanelli yn y gwaith hwnnw oedd Alan Nurton. Roedd ganddo lu o hysbysyddion ym mhob cylch. Mwy na hynny, gwyddai'n union sut i drafod pob un. Bygwth un, seboni'r llall ac efallai melysu tipyn bach, bach ar boced y trydydd. Tua chwarter i wyth y nos Lun honno roedd yn holi yn Heol Stesion pan ddigwyddodd daro ar un o'i hysbysyddion gorau, ac ar unwaith wrth gwrs troes y siarad at lofruddiaeth Mary Jane. Wedi ysbaid o sgwrsio yn y cysgodion, casglodd oddi wrth yr aderyn brith hwnnw fod ganddo gyfaill a honnai iddo gael cynnig cymryd rhan mewn 'job' gyda gŵr ifanc o'r enw Brian Wright. Wrth gwrs, ni fynnai am y byd ddatgelu enw'r 'cyfaill', gan wybod ar yr un pryd bod Nurton yn gwybod pwy oedd ei gyfeillion bron cystal ag y gwnâi ef ei hun. Ond yr oedd y rheiny, ys dywed y gair, yn lleng. Sut yr oedd taro ar yr un iawn?

Fynychaf, pan fo llofruddiaeth wedi digwydd, bydd y mân-droseddwyr lleol yn ymddwyn mewn ffordd sy'n ymddangos

Y Ditectif Alan Nurton

yn rhyfedd i chwi a mi, ond sy'n ddigon rhesymol o edrych ar y peth o'u safbwynt hwy. Nid oes neb ohonynt am gael ei adnabod yn ei gylch ei hun fel rhywun sy'n hel clecs i'r heddlu ac eto y mae rhyw fath o gôd ymddygiad rhyngddynt â'i gilydd. Cyfrifir ei bod, wel, bron yn dderbyniol i gynorthwyo'r awdurdodau ar rai adegau. A hynny am ddau reswm.

I ddechrau, pan fo llofrudd wedi lladd unwaith yn rhydd yn y cyffiniau, pwy a ŵyr na all ladd yr eilwaith? A phwy ŵyr pwy fydd ei darged nesaf? Un ohonynt hwy eu hunain efallai—wedi'r cyfan, mae'r sawl sydd ar ffiniau cymdeithas mewn tipyn bach mwy o beryg na'r gweddill.

Yn ail, hyd nes deuir o hyd i'r llofrudd bydd yr holl ardal yn frith o blismyn, a hynny'n golygu nad yw'n ddiogel iddynt hwy ennill eu bara beunosol, fel petai. Mae'n ffaith hysbys fod nifer y mân droseddau mewn ardal yn cwympo'n sylweddol tra bo ymchwiliad i lofruddiaeth ar droed. Pwy fyddai'n mentro allan i gyflawni rhyw ladrad dwy a dimai neu'n symud nwyddau amheus o fan i fan neu'n dod â'r ysbail i'r tŷ heb fedru gwybod pa funud y byddai'r glas yn disgyn? Gorau i gyd ganddynt hwy po gyntaf y deuai'r chwilio i ben ac y dychwelai rhywfaint o normalrwydd i'r cysgodion.

Nid yw'n beth anarferol chwaith i droseddwyr, o'u hewyllys eu hunain ar adegau o'r fath, gyfaddef i ryw droseddau llai a gyflawnwyd yr un pryd â'r llofruddiaeth er mwyn cael *alibi* eu hunain. Gwell cael eich dirwyo am ddwyn y geiniog na'ch amau o ladd ei pherchen.

Cymerodd awr arall o fargeinio yn y llwydolau i Nurton gael addewid am enw cyfaill ei hysbysydd, ond ni byddai hynny tan drannoeth, wedi i'r ddau gael cyfle i drafod pethau. Dychwelodd yntau â'r neges nad oedd hwnnw'n barod ar un cyfri i gynorthwyo'r heddlu a dyna ben arni. Ond lle'r oedd gobaith am gael gafael yn un edefyn o'r dirgelwch, nid oedd Ken Watkins am ildio. Pwysodd Nurton ac yntau'n drwm ar yr hysbysydd gan ei atgoffa nad rhyw drosedd bitw oedd yn y fantol ond llofruddiaeth hen wraig ddiniwed, a'r posibilrwydd o ddwyn cyhuddiad o wrthod datgelu gwybodaeth ac yn y blaen. O'r diwedd trawyd bargen. Byddai Ken Watkins yn sgrifennu llythrennau blaen enw'r 'cyfaill' ar ddarn o bapur (roedd ganddo syniad go lew pwy ydoedd, beth bynnag—eisiau cadarnhad oedd arno) a'i ddangos i'r hysbysydd ac ni byddai angen i hwnnw ond dweud 'ie' neu 'nage'. Torrodd y ditectif y llythrennau BRP ar gefn amlen a'i dangos i'r llall. Nodiodd yntau'i ben, a'i gydwybod yn dawel ei fod ar y naill law wedi gwneud ei ddyletswydd fel dinesydd ac ar y llaw arall heb ddweud gair i fradychu'i gyfaill.

BRP oedd Benjamin Rees Powell, gŵr y bûm i a llawer plismon arall yn croesi cleddyfau ag ef fwy nag unwaith. Yr oeddem yn hen wrthwynebwyr. Fore trannoeth yr oedd yn y Swyddfa yn arllwys ei gwd wrth Ken Watkins, a hyd yn oed yn barod i wneud datganiad ysgrifenedig.

Roedd wedi dod i 'nabod Brian Wright, meddai ef, yn 1966 ond nid ystyriai ef yn droseddwr clyfar iawn—rhyw ramantydd o ddyn na ellid llwyr ddibynnu arno. Ond daeth yn gyfarwydd ag ef drwy gyd-yfed yn nhafarnau'r dref ac ar nos Wener, 17 Chwefror, yr oedd y ddau yng Ngwesty'r Orsaf yn Llanelli yng nghwmni gŵr o'r enw Dan Williams. Roedd Wright eisoes wedi gofyn i Williams a oedd ganddo ddiddordeb mewn dod gydag ef ar *job*, ond ataliodd Williams ef rhag dweud dim rhagor—nid oedd am glywed gair arall am y peth gan iddo benderfynu 'mynd yn strêt' a rhoi'r gorau i bob troseddu.

Yna gofynnodd yr un peth iddo ef (Powell) gan ymhelaethu tipyn ar ei gynlluniau. Aeth y ddau i'r cefn o glyw'r lleill a holodd Wright a oedd ganddo ddiddordeb mewn dod gydag ef ar 'job cerdded i mewn'—hynny'n golygu nad oedd yn rhaid torri i mewn. Gwyddai am dŷ a hen wraig tua phedwar ugain oed yn byw yno a chanddi tua phum can punt—roedd wedi gweld yr arian â'i lygaid ei hun wrth iddi dalu ei fòs. Ond gwrthod y gwahoddiad a wnaeth Powell, yn enwedig wedi i Wright ddweud, 'Tro di 'i braich hi ac mi chwiliaf innau'r tŷ . . . Yr argraff a gefais oedd ei fod yn bwriadu gwneud y job y noson honno'. Mae'n debyg i fân-droseddwr arall, Henry Davies, gael yr un cynnig ond gwrthod a wnaeth yntau hefyd.

Roedd Maurice Walters o'r *Yard* hefyd yn y cyfweliad—erbyn hynny wedi dod o hyd i dipyn o hanes Brian Wright. Y wybodaeth fwyaf diddorol o'r cyfan oedd enw cyflogwr Wright ar y pryd, neb llai na Daniel Phillips, Doc Newydd—dyn glo Miss Williams.

Wedi cael cadarnhad BRP o rai ffeithiau eraill, ni buwyd fawr o dro cyn mynd i holi'r dyn glo a chael ar ddeall mai ei fab-yng-nghyfraith, Hugh Banfield, a yrrai'r lorri lo a'i fod wedi mynd â thunnell i Rif 16, Stryd Fawr naill ai ar y 10fed, 11eg neu'r 12fed o Ionawr, ac mai ei gynorthwywr oedd Brian Wright.

> 'Atebwyd y drws gan Miss Williams. Cariais i a Brian ugain sachaid o lo drwy'r pasej, y stafell ganol a'r gegin i'r tŷ glo yn y cefn. Tra oeddem wrthi, gwelwn Miss Williams yn sefyll ar bwys y ford yn y gegin. Roedd bocs carbord ar y ford yn mesur tua 9″ × 4″ × 4″, a'i glawr ar agor a bron yn llawn papurau punt. Tynnodd hi rhyw drwch modfedd o'r papurau ohono a'u cyfri tra oedd Brian a minnau'n mynd yn ôl a blaen o'r lorri i'r tŷ. Wedi gorffen, dywedais wrthi mai £12.16s.8c oedd pris y glo. Didolodd hithau'r papurau glân oddi wrth y rhai budr a rhoddodd dri-ar-ddeg o'r rhai budron i mi, a rhoddais innau'r newid iddi.
>
> Wedi i ni fynd yn ôl i'r lorri, gofynnodd Brian i mi, "Faint wyt ti'n ei feddwl oedd yna?" "Unrhyw beth rhwng £400 a £500," atebais, ond mynnodd yntau, "Rhwng £300 a £400". Yna aethom ymlaen â'r rownd lo. Yr wythnos wedyn, pan oedd gyda mi ar y lorri, dywedodd, "Wyt ti'n cofio'r fenyw sy'n byw yn Stryd Fawr—yr un â'r holl arian yna? Gwelais hi ar yr hewl a dweud helô wrthi ac adnabu fi a dweud helô yn ôl". Ni fu rhagor o sôn am y peth . . .'

Ymddangosai felly fod Miss Williams yn adnabod Wright, os oedd yr hyn a honnai Banfield iddo ei ddweud yn wir. Aeth hwnnw ymlaen i ddweud ei fod yn Nhafarn y Goeden Afalau yn Llanelli tua hanner awr wedi dau brynhawn Sadwrn, 18 Chwefror pan ddaeth Brian Wright i mewn. Soniodd rywbeth am gweryla â'i wraig ond ni thalodd Banfield lawer o sylw. Yna am chwarter wedi naw yr un noson, cwrddodd â Wright wedyn—yn y Farrier's Arms, Cwm-bach. Buont yn yfed yno tan ychydig wedi hanner awr wedi deg a rhoddodd Hugh reid i Wright yn ôl i'r dre a'i adael y tu allan i Neuadd Ddawnsio'r Glen. Wrth gloi'i ddatganiad dywedodd Banfield,

> 'Ni ddaeth Brian i'r gwaith ddydd Llun, 20 Chwefror. Euthum i holi amdano ond nid oedd neb wedi ei weld . . .'

Holwyd ef am ymddangosiad a gwisg Brian Wright y noson honno, ond yn nodweddiadol hollol o wryw, nid oedd wedi cymryd fawr o sylw. Ond, gyda chraffter ei rhyw, yr oedd Julie ei wraig wedi nodi'r cyfan. Gwisgai siwt lwyd olau meddai hi, gyda chôt las tywyll a thei o'r un lliw a chrys gwyn, ond bod hwnnw braidd yn fudr. Roedd coler ei grys ar agor a'i dei yn hongian yn llac. Gwelodd hefyd fod cyffion ei grys wedi eu torchi o dan lewys ei siaced gan i datŵ ar ei fraich ddal ei sylw, 'Roedd coler ei grys yn fudr iawn—llinellau budron arno fel pe bai heb ei smwddio'n raenus, a'r goler yn troi i fyny fel pe bai'n rhy fach iddo'. Ond y nodwedd amlycaf ar y goler oedd dau smotyn brown tywyll—tywyllach na'r gweddill.

Galwyd y tîm at ei gilydd i benderfynu ar y camau nesaf gan yr ymddangosai mai ynghylch y Brian Wright hwn yr oedd yr amheuaeth gryfaf. Nid oedd sôn amdano o gwmpas y dref nac yn ei dafarnau arferol ond yr oedd pob gewyn ar waith yn crynhoi cymaint ag a ellid o'i hanes. Roedd wedi ymddangos o flaen amryw lysoedd ar hyd a lled y wlad, am fwrgleriaeth, dwyn ac am nifer o droseddau modurol a'i fanylion ar glawr yn Swyddfa'r Cofnodion Troseddol—Brian David Wright, ganwyd Llanelli 1 Medi 1943.

Yn bythefnos oed, cymerwyd ef i'w fagu gan ei fam-gu, Lena Wright, a heb fod yn hir iawn wedyn priododd ei fam â negro o Ddwyrain Affrica a mynd i fyw i 34, Wheler Street, Llundain E.1. lle bu farw yn 1965. Magwyd Wright yn Stryd Florence, Doc Newydd, ond wedi claddu'i dad-cu symudodd Lena i fyw i Heol Newydd, Dafen, eithr yr oedd Brian yn y carchar ar y pryd a phan ddaeth allan aeth i fyw gyda merch o'r enw Anne Jones mewn carafán ar faes carafannau yn Stryd Marsh. Yna ym mis Medi 1966, daeth ei fam-gu hefyd i fyw mewn carafán ar yr un maes. Edrychai ar Anne fel gwraig iddo gan mai ef oedd tad ei phlentyn ieuengaf, ond stormus iawn oedd y berthynas, ac yn aml gadawai ef y nyth wedi cweryl a mynd at ei fam-gu neu berthnasau eraill.

Fel llawer o'i debyg roedd wedi ei gofrestru ei hun ymhlith y di-waith, ac ar yr un pryd yn 'hoblan'—hynny yw yn gweithio ar y slei. Derbyniai nawdd cymdeithasol o £3.19s.0d. yr wythnos a £1.10s.0d. y dydd ar y rownd lo a siwtiai'r swydd honno ef i'r dim achos nid oedd yn or-ofalus am ei lendid ei hun, a dweud y lleiaf. Yr unig bryd y byddai'n ymolchi fyddai i fynd i gasglu'r dôl—rhag ofn i rywun gredu ei fod mewn gwaith.

Tan y deuid o hyd iddo i'w holi'n bersonol, byddai'n rhaid

ceisio ail-greu ei symudiadau y nos Sadwrn honno. Ers 11 Chwefror yr oedd wedi cweryla unwaith yn rhagor ag Anne ac wedi symud at ei fam-gu, ac ar fore'r dydd Sadwrn roedd wedi casglu'i siwt o'r golchdy yn Lakefield—siwt a anfonasai yno i'w glanhau a'i hadnewyddu. Talodd â phapur chweugain a chael dau swllt o newid. Dychwelodd i garafán ei fam-gu tan tuag un o'r gloch pan aeth allan eto, a rhywbryd rhwng tri a phedwar aeth i garafán Anne. Er nad oedd hi am ei weld, gadawodd ef i mewn i weld y babi. Arhosodd rhyw ddeng munud. Tua chwech o'r gloch gwelwyd ef gan Cerdin Harries yn Nhafarn y Cricedwyr ond byr iawn fu'r sgwrs rhyngddynt. Tybiodd BRP a Dan Williams iddynt ei weld yn cerdded heibio i'r Stesion tua hanner awr wedi wyth, ond ni fedrent fod yn siŵr. Serch hynny, yr oedd digon wedi ei weld yn y Great Western am naw. Nid yw 16, Stryd Fawr ond prin hanner milltir i ffwrdd a'r cwestiwn oedd ymhle y buasai rhwng chwech a naw o'r gloch.

O'r Great Western aeth i dafarn Y Cambrian, yn Stryd y Farchnad, yng nghanol y dref. Yno cwrddodd â'i fodryb, Lena Chambers, a'i brawd-yng-nghyfraith, Frederick Bowsher, a sgwrsio â hwy am ychydig. Yna i'r Farrier's Arms ac oddi yno i Neuadd Ddawns y Glen. Daeth y dawnsio i ben ddeng munud i hanner nos ac aeth i'r stafell fwyta ar y llawr uwch am bryd o fwyd. Yno cyfarfu â dwy ferch leol, Mavis Price o Rodfa'r Rhaff a Lynda Jones o Deras Nelson, a chynnig talu am eu pryd hwy, gan ei fod yn adnabod Lynda, ond gwrthod ei gynnig a wnaethant hwy er iddo geisio'n daer. Broliai fod ganddo'r modd i dalu gan dynnu rholyn trwchus o bapurau punnoedd o'i boced, ond cynghorodd Lynda ef i'w cadw—y byddai eu hangen arno rywbryd arall. Eithr honnai ef fod ganddo lawer rhagor, a'i fod yn ennill ugain punt yr wythnos yn cloddio gorsaf dan-ddaearol newydd yn Llundain. Ar bythefnos o wyliau yr oedd, meddai ef, ac yn bwriadu dychwelyd ar y trên cynnar fore drannoeth. Rhoddodd ar ddeall iddynt ei fod yn aros gyda ffrind iddo gerllaw'r Stesion ac ymddiheurodd am gyflwr ei grys gan esbonio iddo'i drochi pan aeth i Ddafen yn gynharach i fwydo gafr cyfaill iddo. Gobeithiai cael cwrdd â'r merched eto pan ddeuai ar ei wyliau nesaf ym mis Gorffennaf. Rhamantydd yn wir!

Erbyn iddo gyrraedd carafán ei fam-gu roedd hi'n hwyr iawn —neu yn gynnar yn y bore yn hytrach—ac er ei bod rhwng cwsg ac effro, clywodd hi ef yn dod i mewn a dweud, 'Fi sy 'ma, Mam', ond ni wyddai hi faint oedd hi o'r gloch.

Yn wyneb y dystiolaeth a oedd eisoes yn wybyddus, penderfynodd Maurice Walters wneud cais i Ynadon Llanelli am warantau i chwilio'r tai lle buasai Wright yn debyg o fod, neu wedi bod, yn aros yn ddiweddar, a'r un amlycaf wrth gwrs oedd carafán ei fam-gu yn Stryd Marsh. Penodwyd y Ditectif Gwnstabl Gethin Morgan a minnau i fynd yno.

Er ei bod yn anodd i leygwr amgyffred hynny, efallai, yn gyffredinol nid oedd gan yr heddlu yn y cyfnod hwnnw hawl gyfreithiol i chwilio unrhyw adeilad am *dystiolaeth*. Medrent chwilio am eiddo wedi ei ddwyn ac yn y blaen—roedd yr hawliau hynny ganddynt yn Neddf Dwyn 1916—ond nid oedd y fath beth â chael gwarant i chwilio, dyweder, am arf wedi ei ddefnyddio mewn llofruddiaeth, am gyllell neu ddryll, er enghraifft. Bu'r cyhoedd yn gyffredinol o dan y camargraff fod gan yr heddlu hawl i gymryd meddiant o *dystiolaeth*, ond nid felly. Pe bai'r dystiolaeth honno yn rhywbeth wedi'i ddwyn, byddai'n fater arall, wrth gwrs. Ond hyd yn oed pe bai corff a lofruddiwyd wedi ei guddio mewn tŷ arbennig, nid oedd y fath beth â hawl gyfreithiol o dan unrhyw ddeddf i fynd i mewn a hawlio'r corff hwnnw. Bu'n rhaid aros tan i Ddeddf Heddlu a Thystiolaeth Droseddol 1984 ddod i rym. Yn honno, rhoddwyd yr hawl i'r heddlu gael gwarant i chwilio am *ddefnydd* a fyddai'n *debygol* o fod yn dystiolaeth berthnasol. Nid oes dim dwywaith amdani, yr oeddent yn gweithredu, chwedl Wil Bryan, '*under great disadvantages*'.

Ar ba sail felly y gwnaeth Maurice Walters ei gais i'r ynadon am y gwarantau? Ni fyddid wedi eu caniatáu iddo i chwilio am ddillad gwaedlyd, er enghraifft. Yr oedd pob tebygrwydd fod arian wedi eu dwyn, ond sut y medrid dweud 'dyma'r arian a ddygwyd o 16, Stryd Fawr'? Sut yr oedd eu hadnabod, hyd yn oed pe deuid o hyd iddynt? Yn bwysicach na hynny, sut yr oedd darbwyllo'r ynadon bod modd eu hadnabod?

Ond yr oedd yr hen wraig wedi newid ei hen bunnoedd am rai newydd ac fe fyddai Banc y Midland wedi rhwymo'r arian mewn symiau o ganpunt â rhwymyn papur gyda stamp y Banc ac enw'r ariannwr arno. Lle byddai swm o bum cant yn cael ei drafod, byddai hwnnw mewn bocs carbord arbennig, wedi ei selio â chŵyr coch, eto gyda stamp y Banc ac enw'r ariannwr arno. Ac ar y tir hwnnw y cafwyd y gwarantau—i chwilio am eiddo wedi'i ddwyn.

Yng nghyfarfod boreol y tîm fore dydd Iau, cyflwynodd Maurice Walters Brian Morgan, gwyddonydd y labordy i ni. Roedd wedi bod yn bresennol yn y *post mortem* ac wedi dadansoddi'r gwaed a materion technegol felly, ond nid fel arbenigwr yn ei faes y gwnaeth ei argraff ddyfnaf arnom, eithr fel sylwedydd craff â llygad yn ei ben. Yn wir, daethom i edrych arno fel ditectif ychwanegol. Yn ôl pob tebyg, meddai ef, byddai peth o waed yr hen wraig ar ddillad y llofrudd a'r mannau mwyaf tebygol fyddai cyffion llewys ei gôt, ei siaced a'i grys. Ond os câi ef fod mor hyf ag awgrymu, y man tebycaf o'r cwbl fyddai cyffion llewys y crys. Mae llewys siaced neu gôt yn llaesach na llewys crys wedi'i fotymu, ac mewn ymrafael byddai llewys siaced neu got yn debyg o ymestyn i fyny'r breichiau gan ddinoethi llewys y crys. Llygad ei le.

Erbyn deng munud i ddeg yr un bore roedd Gethin Morgan a minnau wrth ddrws carafán Rhif 6, Stryd Marsh gyda gwarant i chwilio'r lle. Wedi esbonio pethau i Lena Wright, archwiliwyd y fen yn drwyadl, ond ni chafwyd dim arian yno. Nid oedd dim sôn am ei hŵyr, wrth gwrs, ond tra oeddem yno aeth Mrs Wright i'r wardrob a thynnu allan ŵn neu ddau a oedd yn hongian yno—mwy na thebyg i'n hargyhoeddi ni ein dau nad oedd yn trio'i guddio yn unman. O dan un ohonynt medrwn weld crys gwyn cotwm, ac o edrych arno'n fanylach methodd fy nghalon guriad neu ddau. Yno ar gynffon un llawes yr oedd olion na fedrent fod yn ddim ond olion gwaed, yn yr union fan y dywedodd Brian Morgan.

Gwahoddwyd Mrs Wright i roi hanes y crys i ni, ac wrth gwrs byddai ganddi bob hawl i beidio â dweud dim. Ond cynigiodd y wybodaeth fod gan ei hŵyr dri chrys, dau wyn ac un â streipen ynddo. Un cotwm oedd un o'r rhai gwynion a hwnnw yr oedd Brian yn ei wisgo ddydd Sadwrn, 18 Chwefror. Nid oedd unrhyw amheuaeth am hynny yn ei meddwl, yr oedd wedi ei olchi ar y dydd Iau cynt ond wedi methu ei roi allan i sychu'r diwrnod hwnnw gan ei bod yn bwrw glaw. Roedd yn ddiwrnod sychu drannoeth a sychodd yn berffaith. Gwisgodd Brian ef am ddau ddiwrnod wedyn—y Gwener a'r Sadwrn. Am hanner awr wedi saith fore Sul, aeth allan o'r garafán gan ddweud wrth ei fam-gu ei fod yn mynd i weld ffrind. Roedd ganddo ges briff ond ni wyddai hi beth oedd yn hwnnw, ond wedi iddo fynd sylwodd ei fod wedi gadael y crys ar y gwely, a chan ei fod yn fudr penderfynodd ei olchi'n hwyrach yn yr wythnos pan fyddai rhagor o olch ganddi.

Yn hytrach na'i adael o gwmpas i wneud y lle'n anniben—byddai'r Arolygydd Iechyd yn galw'n weddol aml—fe'i dododd ar hongiwr côt ac un o'i gynau drosto a'i roddi yn y wardrob, nid er mwyn ei guddio ond am mai dyna'r lle mwyaf cyfleus. Gwelai fod y cyffion a'r coler yn fudr ond ni wyddai p'un ai gwaed ai baw oedd ar y llawes chwith, ac yr oedd yn hollol siŵr mai felly'n union yr oedd y crys pan adawyd ef ar y gwely. Nid oedd wedi cyffwrdd ag ef wedi iddi ei roi yn y wardrob.

Gwyddai'r ddau ohonom yn iawn beth oedd gennym o flaen ein llygaid—y darn tystiolaeth pwysicaf yn yr achos i gyd o bosibl. Ond nid oedd gennym unrhyw hawl gyfreithiol arno. Eithr y mae sawl sgil i gael Wil i'w wely, a thrwy eirio'r peth yn ofalus—a thrwy hynawsedd Mrs Wright, mae'n rhaid cyfaddef—cawsom ganddi roi'r crys i ni 'os bydd o unrhyw help i chi'.

Gwyddem ein bod wedi gwneud cryn strôc, ac yr oeddem fel ci â dwy gynffon—neu'n gywirach efallai, dau gi ag un gynffon rhyngom—yn dwyn y trysor yn ôl i Maurice Walters. Gŵr o ychydig eiriau ydoedd ef ond yn gwybod i'r blewyn sut i gael y gorau o'i dîm. Bwriodd un olwg ar y crys ac yng ngŵydd pawb meddai wrthyf, '*A great find, Skipper*'—yr enw a roir ar sarjant yn *Scotland Yard.* O edrych yn ôl, hwyrach fy mod braidd yn blentynnaidd, ond ar y pryd, a minnau ond prin wedi dechrau arni, yr oeddwn ar gefn fy ngheffyl am ddiwrnodau. Pe bai unrhyw angen tystiolaeth ysgrifenedig i'm hatgoffa o orfoledd y munudau hynny, wele gofnod y 'llyfr bach'.

> 'Am 1.30 pm yr un diwrnod euthum â'r crys hwn i'r Labordy Fforensig yng Nghaerdydd a'i roi'n bersonol i Brian Morgan.'

Yr oedd gennym erbyn hyn 87 o *exhibits* wedi eu hanfon i'r Labordy, digon i brofi'r achos o flaen unrhyw reithgor a barnwr

(68) On 23rd February, a series of visits were made during the early morning to various addresses, including the caravans occupied by Ann Jones, Wright's former cohabitee, and Wright's grandmother, Mrs. Lena Wright. Wright was not traced but a vital piece of evidence was discovered in the caravan of Mrs.

Statements 100–104 Wright, by Detective Sergeant ROY DAVIES. This is a shirt which Mrs. Wright identified as that being worn by her grandson at 1.p.m. on 18th February, and which he left at the caravan on the morning of Sunday, 19th February, 1967.

(69) This shirt has also been identified by Mrs. JULIE

Statements 105–106 CHRISTINE BANFIELD, the wife of Hugh Banfield, who states she is "almost 100% certain" it is the shirt worn by Wright when she saw him in the Farriers Arms Public House on the late evening of 18th February, 1967.

Rhan o adroddiad Maurice Walters

yn y wlad. Popeth ond y troseddwr. Roedd ef wedi diflannu—ond i ble? Roedd pob heddlu wedi ei gylchlythyru â'i ddisgrifiad a'i lun, a'r holl ymholiadau arferol mewn golchdai a glanhawyr dillad drwy Lanelli a de Cymru wedi'u gwneud a dim sôn amdano yn unman. Yn y cyfamser hefyd roedd dadansoddiad Brian Morgan o'r staeniau ar y crys wedi'i gwblhau:

> 'Crys—Ex 57—mewn cyflwr budr â staen mawr o waed ar gyffion y llawes chwith. Grŵp A,N(HP 1-1) yw hwn, yr un grŵp â'r ymadawedig.'

Ychydig eiriau, ond hoelen arall yn arch y llofrudd gan mai ond 7% o'r boblogaeth sydd â'r grŵp gwaed hwnnw.

Yna, ar ddamwain, digwyddodd un o fân ladron y dref a fu yng ngharchar Abertawe ar yr un pryd â Wright sôn wrth Alan Nurton (eto fyth) fod merch o Lundain wedi bod yn llythyru â Wright yn y carchar. A thrwy ddirgel ffyrdd, na ellir eu datgelu hyd yn oed heddiw, chwarter canrif yn ddiweddarach, daethpwyd i wybod mai Claudette Durham o Highams Park E.4 oedd hi. Felly aeth y Ditectif Arolygydd John Burke o *Scotland Yard* yno ar 23 Chwefror a chlywed bod Wright wedi ffonio Miss Durham yn gynharach yr union ddiwrnod hwnnw ac y disgwyliai iddo ei ffonio'r eilwaith yn nes ymlaen. Perswadiwyd hi i gydweithredu ac arhosodd Burke yn y tŷ gyda dau swyddog arall. Canodd y ffôn am 6.35 pm. Brian Wright oedd yno ac yn ôl cyfarwyddiadau'r heddlu perswadiodd y ferch ef i alw. Dyfeisiwyd stori bert iawn bod ei rhieni allan am y nos, ei chariad yn gweithio yn Southend a hithau heb fod yn teimlo fel mynd allan ei hun gan ei bod newydd gael bath ac yn ei gŵn nos! Cyn pen tri chwarter awr roedd ef wrth y drws yn curo. Agorwyd iddo a cherddodd yntau'n syth i'r trap. Cyfaddefodd pwy ydoedd ond ni chafwyd un gair arall ohono—hawl a oedd ganddo wrth gwrs. Gwrthodai ddweud ymhle'r oedd yn lletya, hyd yn oed.

Aethpwyd ag ef i Orsaf Heddlu Cannon Row ac ymhlith cynnwys ei bocedi cafwyd tocyn *left luggage* rhif BE 5247 o Orsaf Reilffordd Liverpool Street, dwy dderbynneb oddi wrth Westai MacDonald a Devon, Sgwâr Argyle, a cherdyn Gwesty Carlisle, Kings Cross. Mater bach wedyn fyddai dod o hyd i'w westy ac addefodd mai yn y MacDonald and Devon, stafell 17 yr arhosai.

Cyndyn iawn oedd i roi unrhyw wybodaeth. Roedd yn rhaid gwasgu'r cyfan ohono fel clapio dŵr o ymenyn—bob yn ddiferyn. Ond o dipyn i beth cafwyd ar ddeall fod ganddo tua phedwar can punt mewn ces dillad o dan y gwely yn stafell ei westy ac erbyn ugain munud i ddeg roedd Burke a'i ddau gyd-swyddog, Potter a Thomas, yno'n chwilio. Gwelsant ei fod wedi arwyddo'r llyfr cofrestru fel A. J. Phillips, 158 Wheeler Street, London E.1.

Mae un peth bob amser yn fy synnu pan fydd pobl yn defnyddio enwau ffug—ni fyddant nemor byth yn dibynnu'n llwyr ar eu dychymyg, bydd yr enw ffug fynychaf yn dal rhyw berthynas â'r gwir. Dyna i chi Brian Wright yn defnyddio cyfenw ei gyflogwr—Phillips y Glo. A'r cyfeiriad wedyn—Wheeler Street. Onid i Wheler Street yr aeth ei fam i fyw? Ac yntau wedi camsillafu'r enw. Mae'n talu i dditectif aros ychydig uwchben enwau o'r fath—mae rhyw gliw ynddynt yn amlach na pheidio.

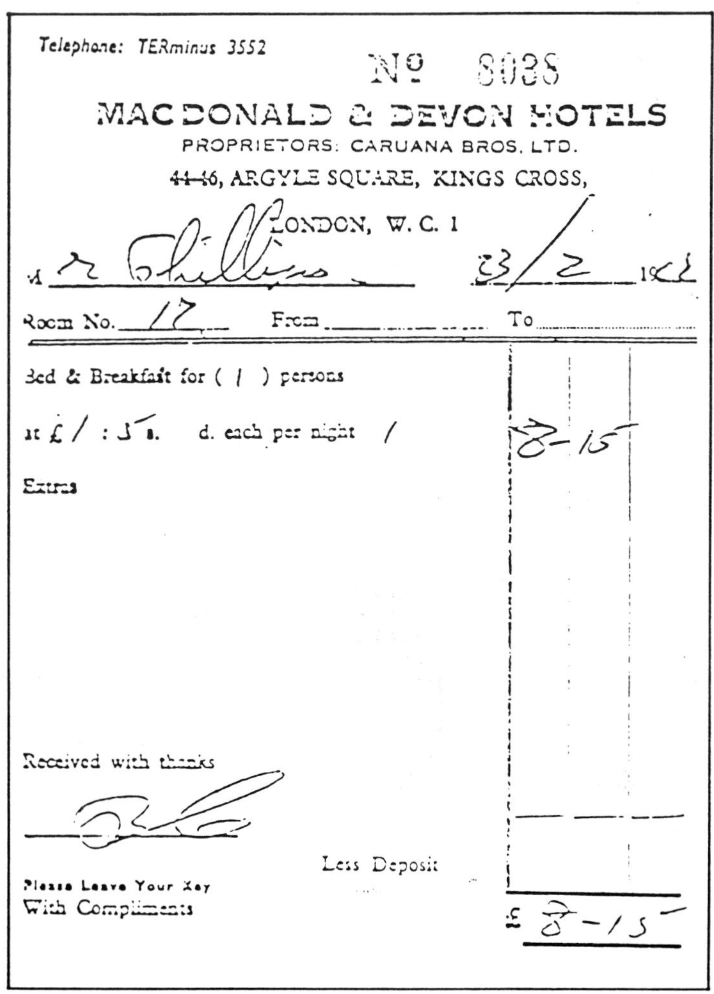
Telephone: TERminus 3552

№ 8038

MACDONALD & DEVON HOTELS

PROPRIETORS: CARUANA BROS. LTD.

44-46, ARGYLE SQUARE, KINGS CROSS,

LONDON, W.C. 1

Mr Phillips 23/2 1962

Room No. 12 From .... To ....

Bed & Breakfast for (1) persons

at £1 : 5 s. d. each per night 1 ... 8-15

Extras

Received with thanks

Less Deposit

Please Leave Your Key

With Compliments

£ 8-15

Derbynneb Gwesty McDonald a Devon, yn enw 'Phillips'

Cafwyd y bag dillad glas o dan y gwely yn union fel y dywedodd Wright, ac aethpwyd ag ef yn ôl i Cannon Row i'w agor yn ei ŵydd. Trodd y 'tua phedwar cant' i fod yn bedwar cant ar ei ben, wedi eu rhwymo mewn bwndeli o gant a phob un o'r pedwar rhwymyn yn dwyn stamp Banc y Midland, Llanelli, a'r dyddiad yn hollol eglur—13 Mawrth 1962. Roedd pob nodyn ohonynt yn dwyn llun pen y Frenhines a llofnod L. K. O'Brien. Ni allai fod amheuaeth nad arian wedi ei ddwyn o Rif 16, Stryd Fawr, Llanelli oedd y cyfan. Cafwyd £408 arall mewn papurau punnoedd, ac o'r rheiny roedd 191 yn dwyn llofnod L. K. O'Brien. Roedd yno hefyd dri phapur pumpunt a 62 o bapurau chweugain.

Roedd Wright yn amlwg wedi gwario cryn dipyn o'r arian rhwng noson y llofruddiaeth a'r dydd Iau pan restiwyd ef. Prynasai wats Regency mewn siop yn Heol Caledonian; modrwy aur 18 carat yn Bravingtons, Kings Cross; *cuff-links* gwerth £10.10s.0c. mewn siop emau yn Heol Caledonian a modrwy

Tystiolaeth o'r arian a wariwyd gan Brian Wright

REGENCY
INTERNATIONAL

CERTIFICATE OF GUARANTEE

VALID 12 MONTHS FROM: 19-2-64

REGENCY WATCH MODEL NO. ......

THE REGENCY WATCH is manufactured by the finest craftsmen in the industry. The highest quality materials are used in making the Regency watch and the utmo... in the precision of ... watch left the fact... perfect order, but ... this watch during ... guarantee due to f... free of charge if re... jeweller.

This Guarantee do... accident or through ... replacement of watch ...

Mark II mens wear

GER 7670

3 Soho Street, London, W.1

22nd Feb 1961

Jacket J.T. 6-16-6

Bravingtons LTD

WHOLESALE DIAMOND MERCHANTS ● JEWELLERS AND WATCH IMPORTERS

ALSO AT
75 · FLEET STREET · E·C·4
TELEPHONE FLEET STREET 3476
WHITEHALL, TRAFALGAR SQUARE · S·W·1
TELEPHONE: WHITEHALL 2830
22 · ORCHARD STREET · W·1
TELEPHONE WELBECK 7870

KINGS CROSS · LONDON · N·1
TELEPHONES: TERMINUS 3131 (4 LINES)
TELEGRAMS: BRAVINGTONS, KINGS CROSS

NAME 2/2/ 1962

ADDRESS ......

Gents 18ct Signet Ring £19 10 0

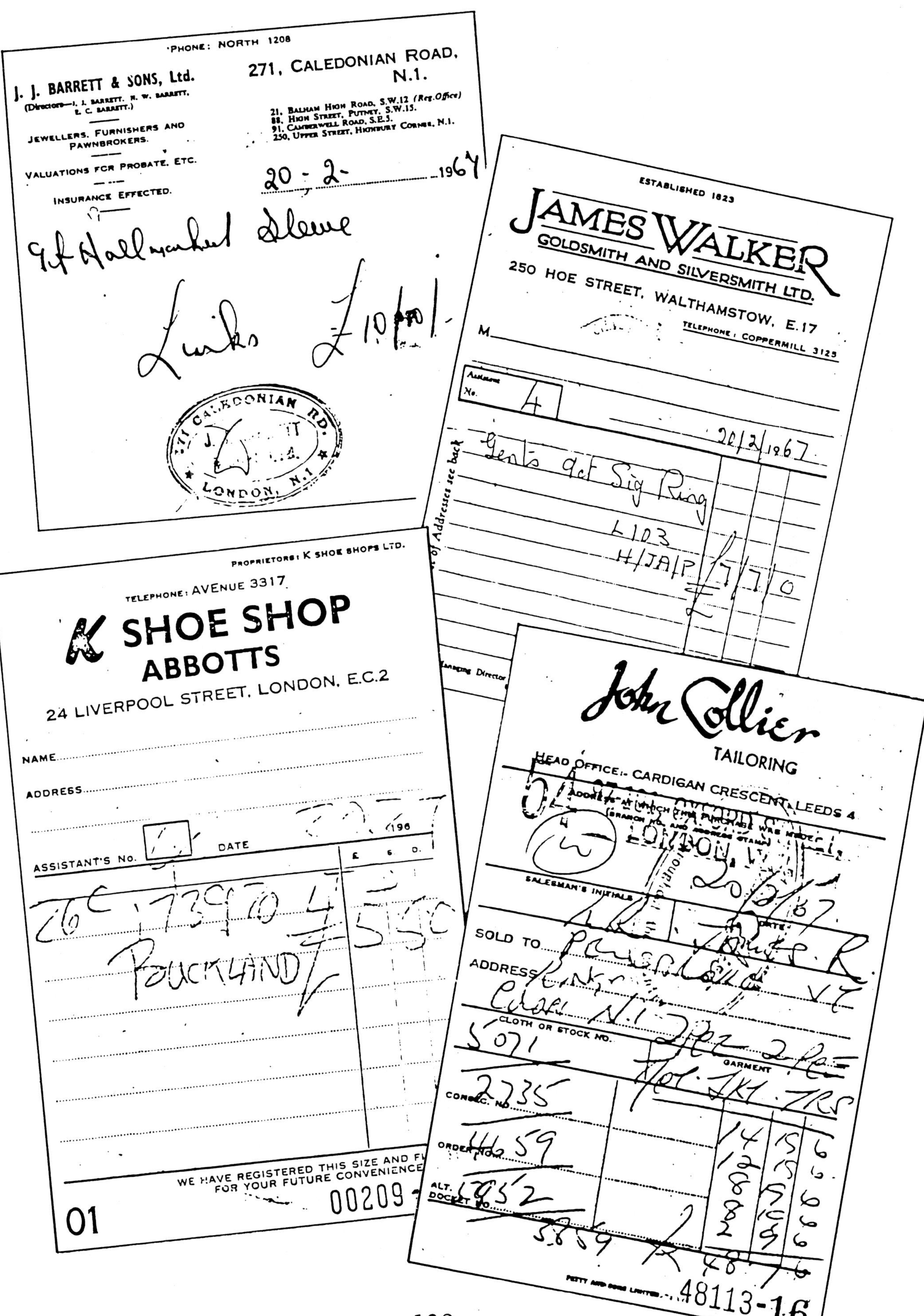

'PHONE: NORTH 1208

J. J. BARRETT & SONS, Ltd.

(Directors—J. J. BARRETT. H. W. BARRETT. E. C. BARRETT.)

271, CALEDONIAN ROAD, N.1.

JEWELLERS. FURNISHERS AND PAWNBROKERS.

VALUATIONS FOR PROBATE, ETC.

INSURANCE EFFECTED.

21, BALHAM HIGH ROAD, S.W.12 (Reg. Office)
88, HIGH STREET, PUTNEY, S.W.15.
91, CAMBERWELL ROAD, S.E.5.
250, UPPER STREET, HIGHBURY CORNER, N.1.

20 - 2 - 1967

9ct Hallmarked Sleeve

Links £10

271 CALEDONIAN RD. LONDON, N.1

ESTABLISHED 1823

JAMES WALKER

GOLDSMITH AND SILVERSMITH LTD.

250 HOE STREET, WALTHAMSTOW, E.17

TELEPHONE: COPPERMILL 3125

M

Assistant No. 4

20/2/1967

Gents 9ct Sig Ring

L103

H/JAP £7.7.0

of Addresses see back

Managing Director

PROPRIETORS: K SHOE SHOPS LTD.

TELEPHONE: AVENUE 3317

K SHOE SHOP

ABBOTTS

24 LIVERPOOL STREET, LONDON, E.C.2

NAME

ADDRESS

ASSISTANT'S No. DATE 196

	£	s.	d.
POUCKLAND			

WE HAVE REGISTERED THIS SIZE AND FI... FOR YOUR FUTURE CONVENIENCE

01 00209

John Collier

TAILORING

HEAD OFFICE:- CARDIGAN CRESCENT, LEEDS 4

ADDRESS AT WHICH THE PURCHASE WAS MADE: (BRANCH NO. AND ADDRESS STAMP)

LONDON

SALESMAN'S INITIALS

DATE 20/2/67

SOLD TO

ADDRESS

CLOTH OR STOCK NO. 5071

GARMENT

CONSEC. NO. 2735

ORDER NO. 4659

ALT. DOCKET NO.

PETTY AND SONS LIMITED 48113-16

arall yn siop James Walker yn Walthamstow. Prynodd werth £48.7s.6c. o ddillad yn John Collier, Stryd Oxford; siaced werth £6.16s.6c. yn Soho; siaced arall werth £9 yn Islington a phâr o esgidiau yn Liverpool Street. Nid oedd sôn am y siwt lwyd olau a wisgai y nos Sadwrn cynt ond ni fu bechgyn yr *Yard* fawr o dro cyn dod o hyd iddi.

Yn y cas dillad cafwyd dau docyn glanhau o Perkins Dry Cleaners, 56 Brick Lane, ond gan fod y lle ar gau dros nos bu'n rhaid i Potter oedi mynd yno tan drannoeth. Eithr hwyr neu beidio, am 11.20 pm yr oedd yng Ngorsaf Reilffordd Liverpool Street a'r tocyn *left luggage* gydag ef. Cyfeiriwyd ef i giosg neilltuol lle daeth o hyd i ges briff Wright, ac ynddo roedd pymtheg o fagiau ceiniogau gwag, yn amlwg wedi dod o ryw fanc neu'i gilydd. Cyfaddefodd Wright iddo alw mewn banc yn Llundain i gael y bagiau gwag er mwyn newid tua £33 o arian mân i bapurau punnoedd, ond pan aeth yn ei ôl roedd y banc ar gau. Felly aeth â'r arian yn rhydd i Swyddfa Bost Walthamstow ar y dydd Llun.

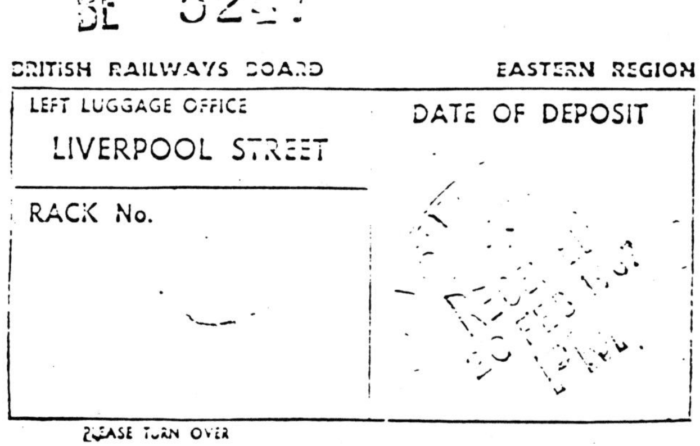

Y tocyn *left luggage*

Yn fuan wedi hanner dydd trannoeth cafwyd siwt lwyd olau a chôt law las o Perkins Dry Cleaners yn gyfnewid am y tocynnau 014227 a 014228, a phrin bod angen dweud eu bod yn nwylo Brian Morgan yn y Labordy cyn amser te. Erbyn 25 Chwefror roedd wedi cwblhau ei ymchwiliad ohonynt.

> 'Siwt—71. Derbyniwyd mewn bag plastig glanhäwr dillad. Roedd arni label yn dwyn y rhif 014227 . . . roedd staeniau gwaed ar y ddwy lawes—ar y cyffion, a dangosodd y staen ar yr un dde adwaith i waed grŵp A,N. Yr un grŵp gwaed â'r ymadawedig . . .

bu adwaith hefyd i waed ar goesau'r trywsus ar y tu blaen, ac o fewn y boced chwith. Roedd y siwt wedi ei glanhau ar ôl i'r gwaed ddod arni.

Côt law—72. Derbyniwyd mewn bag plastig glanhäwr dillad gyda label â'r rhif 014228 arni. . . roedd peth ôl gwaed ar ochr chwith y gôt o'r tu blaen, ond nid oedd yn ddigon i'w grwpio. Hefyd adwaith bositif o waed ar leinin y ddwy lawes. . . wedi ei glanhau ar ôl i'r gwaed ddod arni.'

CUSTOMER'S COPY DOR 014227

56 BRICK LANE
LONDON, E.1
Telephone: SHOreditch 4872

Perkins 2 hour drycleaning

M. ... DATE ...
ADDRESS ...

13 | 6

PLEASE NOTE CONDITIONS OF ACCEPTANCE BY WHICH CUSTOMER IS BOUND ON ACCEPTANCE OF THIS TICKET

1. All garments are accepted for cleaning and/or dyeing at Owner's Risk.
2. No liability is accepted for loss of or delay or damage to goods however arising.
3. In case of loss of or damage or delay to goods while in the hands of ourselves or sub-contractors, for which we may accept liability, compensation shall be limited to ten times the cleaning charge, or five times the dyeing charge, but shall not exceed £5 in respect of the goods comprised in any one order, unless at the time of depositing the goods with the firm the value of the goods is declared in writing.

PARAGON REGISTER—LAMSON PARAGON

CUSTOMER'S COPY DOR 014228

56 BRICK LANE
LONDON, E.1
Telephone: SHOreditch 4872

Perkins 2 hour drycleaning

M. ... DATE ...
ADDRESS ...

13 | 6

PLEASE NOTE CONDITIONS OF ACCEPTANCE BY WHICH CUSTOMER IS BOUND ON ACCEPTANCE OF THIS TICKET

1. All garments are accepted for cleaning and/or dyeing at Owner's Risk.
2. No liability is accepted for loss of or delay or damage to goods however arising.
3. In case of loss of or damage or delay to goods while in the hands of ourselves or sub-contractors, for which we may accept liability, compensation shall be limited to ten times the cleaning charge, or five times the dyeing charge, but shall not exceed £5 in respect of the goods comprised in any one order, unless at the time of depositing the goods with the firm the value of the goods is declared in writing.

PARAGON REGISTER—LAMSON PARAGON

Tocynnau'r glanhäwr dillad

Roedd tystiolaeth dadansoddiad y gwaed ar y dillad mor ddigamsyniol ag y gallai dim fod, ond eto roedd cysgod un amheuaeth bychan yng nghefn meddwl pob un ohonom. Arhosai siawns fechan—saith ym mhob cant i fod yn fanwl gywir—ond siawns serch hynny, y gallai'r gwaed ar ei ddillad fod yn waed Wright ei hun. Neu o leiaf fod ei waed ef o'r un grŵp â gwaed yr hen wraig. Ond nid oedd gennym sampl o'i waed ef i'w gymharu—na'r hawl gyfreithiol i'w fynnu. Yr oedd gan Wright bob hawl i'w wrthod i ni. Eithr cytuno a wnaeth gan gau, i bob pwrpas, ei ddrws ymwared olaf, achos yn adroddiad olaf Brian Morgan tawelwyd pob amheuaeth,

'Sampl. Grŵp gwaed—85 a labelwyd 'Wright' yw grŵp A,MN (HP 2-1). Gwelir ei fod yn wahanol i grŵp gwaed Mary Jane Williams.'

Prin ei bod yn anodd deall pam na chyfrifid Wright yn lleidr cyfrwys iawn. Gadawai ei ôl ym mhob man yr âi ac ni chynigai geisio cuddio'r dystiolaeth. Y crys, y siwt, y gôt, rhwymynnau'r arian papur—medrai'n hawdd fod wedi cael gwared o'r cyfan o fewn oriau i'r drosedd a'n gadael ni heb fawr ddim i weithio arno. Ond yr oedd yn well ganddo wario ac, uwchlaw popeth, siarad. Does ryfedd yn y byd i hen lags gwargaled Llanelli gadw draw; gwyddent o'r gorau y byddai ei geg fawr yn siŵr o'i fradychu.

Ymhlith y pethau eraill a gafwyd yn ei bocedi pan restiwyd ef yr oedd un peth bach di-nod a ddangosai ei ddiffyg cyfrwyster i'r dim. Fe'i disgrifiwyd ar restr ei eiddo fel 'cortyn du a darn o fetel ym mhob pen'. Di-nod a diwerth hefyd. Ond mynnodd ei ddwyn ynghyd â'r arian o dŷ'r hen wraig. Byddai'n well o lawer iddo fod wedi'i adael ar ôl, achos y darn cortyn di-nod hwnnw oedd cadwyn wats ei thad ac adnabu ei brawd ef ar unwaith. Mae'n rhyfedd meddwl hyd yn oed petaem wedi methu profi i'r arian gael eu dwyn o'r tŷ, mae'n ddigon posibl y byddai'r darn bach hwnnw wedi bod yn ddigon o fagl iddo.

Am chwarter wedi un-ar-ddeg fore dydd Gwener, 24 Chwefror —brin wythnos wedi'r llofruddiaeth—roedd Maurice Walters, Fred Jones a Ken Watkins yn Cannon Row i gyrchu Wright yn ôl i Lanelli i'w holi. Ond yr oedd y carcharor eisoes wedi dweud wrth Ken Watkins ei fod am gyfaddef. Wedi iddo gael ei rybuddio nad oedd yn rhaid iddo ddweud dim oni ddymunai wneud hynny, aeth ati i wneud datganiad. Cyfaddefodd mai ef a lofruddiodd yr hen wraig, a chynnig yn esgus ei fod wedi cweryla â'i 'wraig', Anne Jones, a thybiai y medrent gymodi pe bai ganddo arian. Ond gwyddem, yn wyneb rhai ffeithiau profedig, fod rhannau o'i ddatganiad un ai'n anghywir neu'n gelwydd.

Aeth i gefn y tŷ ar y nos Sadwrn wedi iddi dywyllu, meddai ef:

> 'Pan gyrhaeddais y tŷ gwelwn yr hen wraig yn eistedd mewn cadair wrth y tân. Nid oedd golau arall yn y tŷ ond gwelwn hi yng ngolau'r tân. Yna ceisiais weithio pethau yn fy meddwl ac aros iddi fynd i'r gwely, ond daeth allan a cherdded ar hyd llwybr yr ardd i'r toiled. . . a thybiais y medrwn fynd i'r tŷ'n hawdd heb gael fy ngweld. . . Es i mewn ac i'r llofft. . . a chael y bocs mawr ar y bwrdd ar bwys y gwely. . . cefais arian hefyd yn nrôr y

> ford... tynnais ddillad y gwely'n ôl ac edrych o dan y fatras... Es â'r bocs i lawr stâr, cefais *screwdriver* yno a'i agor, roedd arian yno a phapurau punnoedd a rhoddais y cwbl mewn bag a mynd am y drws... daeth yr hen wraig i mewn a sgrechiodd pan welodd fi. Ceisiais ei tharo'n anymwybodol drwy ei bwrw â'r bag arian. Ond gwnaeth hynny iddi sgrechian yn waeth a theflais y bag ar y llawr. Cydiais ynddi a rhoi fy llaw dros ei cheg. Dywedais wrthi am fod yn dawel ond dal i sgrechian ac ymladd a wnâi... gwelais fod un hosan iddi bron â dod i lawr... tynnais hi ymaith a chlymu ei dwylo... yna tynnais yr hosan arall i'w defnyddio fel *gag* ond methais... yna cofiais y gellid gwneud rhywun yn anymwybodol drwy ei dagu. Dyna a wnes i. Tynnais yr hen hosan oddi ar ei cheg a'i thynnu o amgylch ei gwddf... tynnais nes iddi dawelu... nid wyf yn cofio'r cyfan, ond rwy'n cofio trio ei chadw'n dawel. Llaciais yr hosan ond ar unwaith traflyncodd unwaith neu ddwy a dechrau sgrechian wedyn. Yna rhoddais fy llaw am ei gwddf gan wasgu ei chorn gwddf ag un llaw a chlymu'r hosan â'r llall. Yna rhedais o'r tŷ. Es â'r bag arian i garafán mam-gu a'i guddio yn fy ngwely... Es i Lundain drannoeth, roedd gennyf £30 fy hunan ond hi oedd piau'r gweddill... nid oeddwn yn bwriadu ei niweidio... roedd mwgwd am fy wyneb—hen hosan sidan... rwy'n flin ofnadwy... roeddwn mewn panig.'

Cyfaddefiad digon cywir yn ei hanfod, mae'n siŵr, ac yn dangos gwybodaeth o ryw fanion bach na fyddai neb ond y llofrudd yn eu gwybod. Megis y sôn am olau'r tân a'r hosan wedi cael ei throi i lawr. Ond yr oedd rhai manylion eraill yn amlwg yn gelwydd, a hynny o bosibl er mwyn ceisio lliniaru peth ar ei drosedd. Ni fyddai Miss Williams, er enghraifft, byth yn defnyddio'r toiled yn yr ardd wedi nos—pot siambr fyddai ganddi'n ddieithriad—hyd yn oed a bwrw ei fod ef wedi mynd i gefn y tŷ i ddechrau. Nid oedd mynediad yno. Roedd yn fwy tebyg ei fod wedi ei thwyllo mewn rhyw ffordd i agor y drws iddo ac ymosod arni ar unwaith, efallai gan droi ei braich dde y tu ôl i'w chefn i'w gorfodi i ddweud ymhle y cadwai ei harian —i'r casgliad hwnnw y pwyntiai'r cleisiau arni.

Honnodd iddo daro'r hen wraig drwy swingio'r bag arian. Os oedd £35 mewn arian gleision ynddo fe fyddai'n pwyso'n agos i naw pwys, ond asgwrn ei gên a gafodd ei dorri, nid ei chern ac ochr ei phen—ffaith a awgrymai'n gryf mai defnyddio'i ddwrn i'w tharo a wnaeth mewn gwirionedd.

Hwyrach na fydd neb fyth mwyach yn gwybod yn union beth a ddigwyddodd nac yn union faint o arian a ddygwyd. Cafwyd £845 ym meddiant Wright ac yntau wedi gwario o leiaf £96.16s.0c. A derbyn fod £30 yn eiddo iddo ef fel yr honnai, dyna o leiaf £911.16s.0c. wedi ei ddwyn. A phan chwiliwyd y tŷ daethpwyd o hyd i £315.9s.6c. yn nrôr y seld, mewn cist, mewn tuniau coco, bocsus carbord a chydau papur mewn gwahanol fannau. Felly roedd gan yr hen wraig o leiaf £1,227.5s.6c. o gwmpas y tŷ—digon beth bynnag i un gŵr lofruddio er ei fwyn.

Ond beth bynnag oedd yr union fanylion ynglŷn â'r ymosodiad, yr oedd hen ddigon o dystiolaeth i anfon Wright i sefyll ei brawf am lofruddiaeth. Ymddangosodd o flaen Dr. Harry Llewelyn yn Llys Ynadon Llanelli ar 25 Chwefror; cadwyd ef yn y ddalfa a chaniatawyd cymorth cyfreithiol iddo. Yn unol â'r gyfraith, rhoddwyd cyfle i'w gyfreithiwr—Mr Leslie Rees o gwmni Brinley Morris Rees ac Evans, Llanelli—logi patholegydd ar ran yr amddiffyniad i gynnal ail archwiliad ar y corff, ond ni ddewiswyd manteisio ar y cyfle hwnnw.

Agorwyd y cwest ar 24 Chwefror a'i ohirio tan 10 Mawrth. Rhyddhawyd y corff i'w gladdu ar 1 Mawrth ac fe'i claddwyd ym Mynwent y Bocs ar 7 Mawrth.

Safodd Wright ei brawf ym Mrawdlys Morgannwg yng Nghaerdydd ar 31 Mai 1967. Yn un o'r achosion byrraf yn holl hanes llofruddiaethau, llediodd yn euog. Rhoddwyd y cyfle iddo siarad cyn ei ddedfrydu ond gwrthododd. Pedair munud yn unig a barodd yr achos a dedfrydwyd ef i garchar am oes.

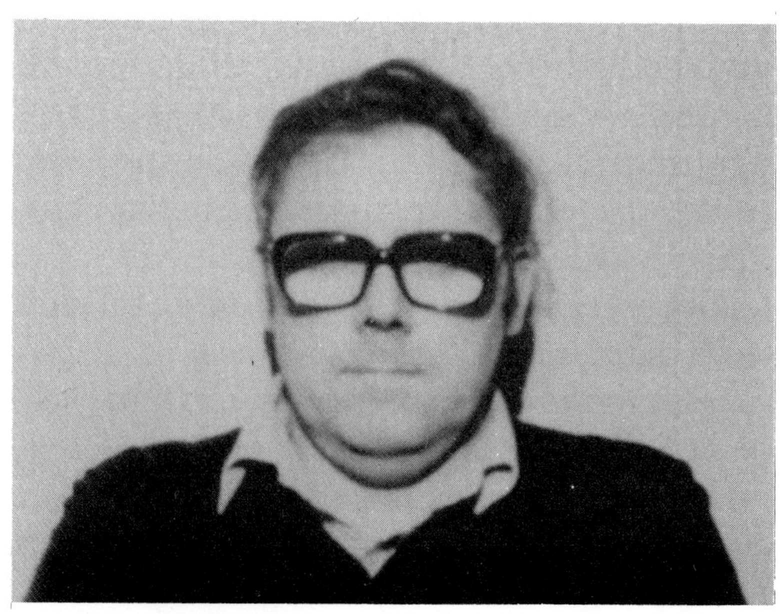

Brian Wright

Cwlwm Rhedeg

Mae dienyddio, drwy ryw ddull neu'i gilydd, wedi bod yn fodd gan gymdeithas i gosbi'r sawl a droseddai yn erbyn ei rheolau er cyn cof. Fel yng nghyfraith Moses, 'Os marwolaeth fydd; rhodder einioes am einioes'. Ond mae'r troseddau y bernid eu bod yn haeddu'r gosb eithaf wedi amrywio o oes i oes, ac nid am ddwyn bywyd arall yn unig y'i cyfrifid yn gyfiawn i ddwyn bywyd rhywun oddi arno. Yn nechrau'r ddeunawfed ganrif yr oedd dros ddau gant o droseddau y gellid eu cosbi â'r gosb eithaf. Yn ôl ein safonau ni heddiw roedd rhai ohonynt yn anghredadwy o bitw. Cyfathrachu â sipsiwn, er enghraifft, neu gwympo coeden neu ddifwyno Pont Westminster.

Yn y gorffennol, fe'i cyfrifid yn gyfiawn fod y modd y cyflawnid y dienyddiad i fod mor greulon ag y gallai dyfais dyn ei lunio. Fel pe na bai'r farwolaeth ei hunan yn gosb ddigonol, cynllunid pob math o artaith i'r troseddwr cyn ei farw, gan ymestyn ei ddioddefaint hyd yr eithaf. Mae hanes y Croeshoelio yn enghraifft amlwg, ac yn yr un cyfnod roedd llabyddio yn ddull cyffredin, lle'r ymestynnid y farwolaeth dros ddiwrnod a mwy weithiau.

Arfer y Groegiaid a'r Rhufeiniaid oedd torri'r pen i ffwrdd, yn wir cyfrifent y dull hwnnw o farw yn anrhydeddus—ond bod y Rhufeiniaid yn ei chyfri'n fwy anrhydeddus i rywun golli ei ben i'r cleddyf yn hytrach nag i'r fwyell. Ond hyd yn oed wedyn byddent yn fflangellu'r carcharor cyn ei roi i farwolaeth. Felly y bu farw Cicero, o dan law milwr cyffredin. Yn amlach na pheidio, cyd-garcharor â'r condemniedig a ddewisid i'w ddienyddio.

Dywedir mai Wiliam y Concwerwr a ddaeth â'r arfer o dorri pen i ffwrdd i Brydain, a'r cyntaf i farw yn y dull newydd oedd Waltheof, Iarll Northumberland yn 1076, a'r olaf oedd Simon, yr Arglwydd Lovat, yn 1747. Eithr fel rheol neilltuid dienyddio drwy dorri'r pen i aelodau o'r dosbarthiadau uwch—er nad oeddent hwythau chwaith yn rhydd o'r poenydio a'r arteithio.

Cyfrifid teyrnfradwriaeth yn drosedd arbennig o ffiaidd ac nid oedd pall ar ddyfeisgarwch yr awdurdodau i ddarganfod dulliau digon erchyll i ateb y fath ymddygiad. Yn achos Walcot, dedfrydwyd iddo 'gael ei grogi gerfydd ei wddf a'i ollwng i'r llawr yn fyw a'i rannau preifat eu torri i ffwrdd a'i berfedd o fewn ei fol eu tynnu allan a'u llosgi tra fo byw a'i ben ei dorri ymaith a'i gorff ei rannu yn bedwar darn i'w gosod ym mha le bynnag y gwêl Ei Fawrhydi y Brenin yn dda'. Dywedir i Thomas Harrison, y teyrnlofrudd, wedi iddo gael ei ddiberfeddu, godi ac estyn bonclust i'w ddienyddwr!

Yn ystod teyrnasiad Edward II, cyflwynodd Pedwerydd Iarll Ferrers betisiwn iddo gael torri'i ben i ffwrdd ond fe'i gwrthodwyd a chafodd ei grogi, ac yn achos Thomas o Lancaster fe'i dedfrydwyd i gael ei grogi a'i ddiberfeddu a thorri'i ben i ffwrdd. Cafodd bardwn o'r ddau gyntaf!

Ond diau y cyfrifid hynny, hyd yn oed, gam neu ddau yn fwy gwareiddiedig na thagu'r condemniedig yn araf bach, neu ei glymu wrth y stanc a chynnau tân oddi tano a'i losgi'n fyw neu ei dynnu gymal wrth gymal â cheffylau neu ar yr olwyn.

Câi gwragedd cyffredin o droseddwyr eu trin mewn dull ychydig yn dirionach—caent hwy eu tagu yn gyntaf cyn eu llosgi. Cafodd y Fonesig Jane Grey ac Anne Boleyn o leiaf y consesiwn o gael eu dienyddio yn Nhŵr Llundain yn hytrach nag yn gyhoeddus, ond barnwyd bod angen dod â chleddyfwr arbennig draw o Ffrainc i dorri pen Anne.

Erbyn i Harri'r Wythfed ddod i'r orsedd roedd tua dwy fil y flwyddyn yn dioddef y gosb eithaf, a thros ddau gant a hanner o droseddau y gellid dienyddio am eu cyflawni. Dwyn eiddo gwerth coron, torri i mewn i dŷ, dwyn dafad neu geffyl neu herwhela—y rhan fwyaf o lawer yn droseddau yn erbyn eiddo neu awdurdod. Hyd 1837, bernid ei bod yn gyfiawn i bostmon a ladratai'r pecynnau yn ei ofal gael ei grogi.

Erbyn 1908 disgynnodd y nifer a gâi eu dienyddio'n flynyddol i lai na phymtheg, a hynny am ddau reswm. Yn y lle cyntaf, o flwyddyn i flwyddyn cyfyngwyd ar nifer y troseddau y gellid dienyddio am eu cyflawni. Yn 1832, diddymwyd dwyn ceffyl oddi ar y rhestr, yn 1833 torri i mewn i dŷ ac felly yn y blaen. Y rheswm arall wrth gwrs oedd alltudiaeth. Roedd hynny'n ateb dau ddiben—yr oedd yn fodd o gosbi ac ar yr un pryd yn coloneiddio tiriogaeth yr oedd Prydain yn ei hawlio fel yr eiddo ei hun. Mae'n wir yr alltudid gwŷr a gwragedd am gyfnodau meithion am droseddau yr edrychir arnynt fel rhai digon pitw erbyn heddiw—mae hanes am wraig oedrannus o Aberteifi yn cael ei halltudio am saith mlynedd am ddwyn crys, er enghraifft, ond at ei gilydd gellid dweud bod y gyfraith yn gwareiddio'n araf bach. Erbyn 1861, nid oedd ond pedair neu bum trosedd yn denu'r gosb eithaf. Eto i gyd, yr oedd yn 1908 cyn i'r arfer barbaraidd o grogi troseddwyr o blant dan un-ar-bymtheg oed ddod i ben.

Fel arfer cynhelid y crogi'n gyhoeddus ac yr oedd i hynny hefyd fwy nag un diben. Credid ei fod yn fodd i atal troseddwyr eraill a hefyd yr oedd yn unol ag un o ganonau pwysica'r gyfraith—sef nid yn unig ei bod yn rhaid i gyfiawnder gael ei weithredu ond iddo hefyd gael ei weld yn cael ei weithredu. Wrth gwrs, yr oedd yn ddiwrnod o ŵyl i'r cyhoedd, a thyrrai'r torfeydd o bell ac agos, yn enwedig os byddai'r drosedd wedi bod yn un arbennig o waedlyd, a'r crogwr yn arwr y dydd.

Yn fynych hefyd gadewid y corff i hongian yn y *gibbet irons* mewn man cyhoeddus hyd nes bod y cnawd yn pydru ymaith neu adar ysglyfaethus yn ei fwyta nes nad oedd ond y sgerbwd yn aros. Hynny eto fel rhybudd i ddarpar ladron a llofruddwyr. Ys gwn i ai o'r arfer hwnnw y daeth yr ymadrodd rhyfedd 'jibidêrs' am rywbeth sydd wedi braenu'n yfflon? Mae Burns yn sôn am '*gibbet airns*' yn 'Tam o'Shanter' onid yw? Cam bach iawn sydd o'r ymadrodd hwnnw i'n hymadrodd ni.

Fynychaf cludid y condemniedig at y crocbren mewn cert a gosod y rhaff am ei wddf a'i thynhau ychydig, yna gyrrid y cert ymlaen gan ei adael i hongian a thagu. Fel arfer gallai rhwng pum a deng munud fynd heibio cyn y byddai'n gorffen gwingo, a hynny oedd y sioe yr oedd y dorf wedi dod i'w gweld. Nid yn anaml y byddai'r rhai yng nghefn y dyrfa yn gweiddi ar y rhai o'u blaenau i dynnu'u hetiau—nid yn gymaint o barch at y marw ag iddynt hwy gael gwell golwg arno! Weithiau, hyd yn oed, gelwid am *three cheers* i'r crogwr am ei waith da.

Byddai'n ddiwrnod o uchel hwyl a rhialtwch a hanner y dyrfa'n feddw fawr—a'r crogwr yntau yn amlach na pheidio. Cyrhaeddodd un crogwr Henffordd yn 1738 i grogi dau lofrudd gyda'i gilydd. Y noson honno tyngai iddo grogi tri! Ond weithiau byddai trafferthion. Mae'n debyg bod gan John Tawell a grogwyd yn Aylesbury yn 1845 wddf anarferol o gryf, a bu'n gwingo a dirdynnu am amser a'i freichiau a'i goesau'n codi a gostwng nes i rai ddechrau ofni na fedrid ei grogi o gwbl. A phan grogwyd Mrs Mannings a hithau mewn gŵn satin du ar gyfer yr achlysur, aeth gynau duon o'r fath allan o'r ffasiwn am flynyddoedd.

Ond fel y deuai papurau newyddion yn fwy cyffredin, a'u gohebwyr yn cofnodi'n fanwl bob dim o ddiddordeb ynglŷn â'r dienyddio, mwy na thebyg i'r awdurdodau ddod i deimlo nad oedd yn angenrheidiol i'r cyhoedd fod yn dystion i weinyddiad cyfiawnder. Y crogi cyhoeddus olaf ym Mhrydain oedd dienyddiad Michael Barrett yn 1868 wedi iddo ei gael yn euog o achosi ffrwydriad i helpu carcharorion i ddianc. O hynny hyd 1934, pan grogwyd Fred Parker ac Alan Probert yn Wandsworth, yn y carchardai y byddai'r dienyddio, ond caniateid i'r wasg fod yn bresennol.

Eithr yn 1934, fel pe bai cymdeithas yn cywilyddio rhywfaint am ei barbareiddiwch, gwaharddwyd hyd yn oed y wasg rhag bod yn dystion i'r dienyddio, a chynhelid pob crogi yng nghyfrinachedd gymharol y carchardai. Yr oedd y rhod yn araf droi i gyfeiriad rhyw fath o drugaredd.

Ond hanfod pob rhod, yn hwyr neu hwyrach yw troi'r cylch llawn, ac ym mis Ebrill 1992, ganrif a chwarter wedi diddymu dienyddio cyhoeddus, gwelwyd rhoi Robert Harris i farwolaeth mewn siambr nwy yng ngharchar San Quentin.

Mae'n wir ei fod, yn ôl tystiolaeth ei brawf, yn llofrudd anghyffredin o ffiaidd—roedd wedi saethu dau lanc ifanc yn farw er mwyn cael eu car i ysbeilio banc. Saethu'r ddau yn gelain oer heb droi blewyn, ac yn ddigon calon galed i ddweud wrth un ohonynt wrth i hwnnw ymbil am drugaredd, 'Cau dy geg a bydd farw fel dyn.' Nid yn unig hynny ond roedd yn ddigon ciaidd i fwyta'r *hamburgers* yr oedd y ddau wedi'u prynu ychydig funudau cyn hynny, fel pe na bai'r cyfan ond chwarae.

Mae'n wir hefyd ei fod, yn ôl cyfraith Talaith California, yn haeddu'r gosb eithaf. Ond nid oedd amgylchiadau ei ddienyddio yn ddim llai na gwarth ar unrhyw gymdeithas a honnai'i galw'i hunan yn wâr. Yn wir, ni ellid llai na chredu bod y cloc wedi'i droi yn ôl ganrif a chwarter. I ddechrau roedd y ddedfryd ei hunan wedi'i gohirio dair neu bedair o weithiau. A phan welwyd yn dda i'w gweinyddu o'r diwedd roedd hanner cant o dystion yn bresennol. Deunaw o newyddiadurwyr, deg aelod o deuluoedd y ddau lanc a ffrindiau Harris, naw tyst swyddogol, y Siryf a deuddeg dinesydd a ddewiswyd o gofrestr yr etholwyr. Fel pe na bai hynny'n ddigon, gwnaed fidio o'r holl beth ar yr esgus bod ei hangen ar Farnwyr y Dalaith i astudio'r dull hwn o ddienyddio. Cymerodd un munud ar ddeg i'r condemniedig farw ac wrth gwrs gwelwyd y fidio honno ar deledu mewn llawer gwlad. Prin y gallai dim fod yn fwy cyhoeddus. A ydym eto ar y ffordd yn ôl i'r hen ddulliau barbaraidd y ganrif o'r blaen?

Y siambr nwy yng Ngharchar San Quentin, California

Am ryw reswm, o Swyddi Efrog a Chaerhirfryn y deuai mwyafrif llethol y dienyddwyr. Rhai ohonynt heb gyrraedd oedran doethineb ac yn ceisio am y swydd fel rhyw fath o her, ond yn fuan iawn yn cael eu trechu gan arswydedd y peth. Eraill yn para yn y gwaith am flynyddoedd, ond y rhan fwyaf yn y diwedd yn gwallgofi.

Bu John Ellis wrthi am dros ugain mlynedd ar ddechrau'r ganrif hon. Ef a grogodd Dr. Crippen a Roger Casement, ond wedi iddo roi'r gorau iddi aeth i yfed yn drwm a cheisiodd ei saethu ei hun ond methodd. Yn fuan wedyn torrodd ei wddf o glust i glust a gwaedodd i farwolaeth.

Gorffwyllodd James Berry yn llwyr wedi crogi tri yr un bore yn Iwerddon. Roedd wedi crogi 131 arall yn ystod ei yrfa ond yr oedd yntau erbyn hynny wedi cyrraedd 'pen ei dennyn' a bu'n rhaid ei ddiswyddo. Ond daeth o dan ddylanwad emynau Sankey a Moody a phrofi diwygiad 1904 a dechrau ymgyrchu yn erbyn dienyddio. Pan fu farw yn 1913, disgrifiwyd ef fel efengylwr ar y dystysgrif.

Y cyntaf i ddangos agwedd broffesiynol at y gwaith erchyll oedd William Marwood. Ei fwriad ef o'r cychwyn oedd peri i farwolaeth y troseddwr fod mor fuan ac mor ddiboen ag oedd bosibl. P'un ai a oedd ganddo wybodaeth feddygol ai peidio ni wyddom, ond rhesymodd y buasai plwc sydyn ar y rhaff yn fwy tebyg o achosi marwolaeth sydyn na'r tagu araf a ddigwyddai cynt. Ef a ddyfeisiodd y 'cwymp'. Drwy arbrofi, gwelodd hefyd fod gwahanol effaith wrth roi'r cwlwm o dan y glust chwith rhagor yr un dde. Oherwydd gwead naturiol y rhaff, pan ddeuai'r plwc arni tueddai i droi chwarter cylch gyda'r haul gan adael y cwlwm yn union o dan yr ên a thaflu'r pen tuag yn ôl a datgymalu'r asgwrn cefn rhwng yr ail a'r trydydd fertebra. O'i osod o dan y dde ysgydwai'r plwc y pen tuag ymlaen a'r canlyniad fyddai tagu. Roedd i'r dull cyntaf hefyd y fantais y byddai gwythïen y gwddf yn cael ei thorri a hynny ynddo'i hun yn achosi marwolaeth bron ar unwaith.

Cafodd dderbyniad tywysogaidd yng Nghymru ar un achlysur pan ddaeth i grogi Joseph Garcia—Sbaenwr a gafwyd yn euog o lofruddiaeth anarferol o fileinig. Roedd wedi lladd teulu cyfan —rhieni a thri o blant yn Llangybi ger Brynbuga—a'r wlad i gyd yn berwi o ddicter. Wedi i Marwood wneud ei waith, hebryngodd y dorf ef o'r carchar i ddal ei drên gan gymeradwyo a chanu 'For he's a Jolly Good Fellow'. Bu'n rhaid iddo yntau ymateb a mynegodd ei bleser o gael bod yno a datgan y gobaith y câi ddod eto'n fuan!

Ond hyd yn oed wedi iddo ef osod sylfeini'r grefft, bu llawer tro trwstan ac efallai mai'r rhyfeddaf o'r rheiny oedd yr un a ddigwyddodd i James Berry. Roedd wedi cael ei alw i Garchar Exeter lle'r oedd gŵr o'r enw John Lee yn disgwyl ei ddiwedd am lofruddio gwraig yn Nyfnaint. Cyrhaeddodd Berry'n fore ac arwain y carcharor i gartws y carchar lle'r oedd carcharorion eraill wedi codi crocbren. Gwisgodd Berry'r cwcwll am ben Lee a'i sefyll ar ddrws y trap gyda chaplan y carchar o'i flaen yn traddodi'r weddi olaf. Rhoddwyd y rhaff am ei wddf a thynnwyd y lifar. Ond ni ddigwyddodd dim. Roedd y trap yn gwrthod agor. Erbyn hynny roedd Lee yn crynu fel deilen a phawb arall heb fod fawr gwell mae'n siŵr. Yn ei nerfusrwydd, rhoddodd Berry ei droed ar y trap a gwasgu arno i geisio'i ryddhau. Doedd dim yn tycio. Mentrodd ymhellach a rhoi ei holl bwysau arno. Dim byd wedyn. Ysgwyd y lifar a honno'n llithro'n ôl yn hollol normal. Ond y trap yn dal ar gau. Bu'n rhaid dychwelyd y carcharor i'w gell tra ceisiai Berry weld beth oedd yn bod.

Gosododd sachau o dywod o tua'r un pwysau â Lee ar y drws a thrio wedyn. Safodd pawb yn ôl ac agorodd y trap yn berffaith. Felly dyma gyrchu'r truan yr eilwaith a mynd drwy'r un paratoadau wedyn—y cwcwll am ei ben, y rhaff am ei wddf, swyddog o bob ochr iddo yn ei gynnal a'r caplan o'i flaen yn darllen. Tynnwyd y lifar—a dim byd eto! Erbyn hynny roedd y crogwr yn gandryll. Yn ei wylltineb, camodd i ben y trap gyda Lee a dechrau neidio i fyny ac i lawr arno i geisio'i ryddhau gan weiddi ar y ddau swyddog i wneud yr un fath. Ond yn llwyr ofer. Ni syflai ddim. Bu'n rhaid dychwelyd Lee am yr eilwaith, gan hanner ei gario gan mor llipa ydoedd.

Archwiliwyd yr holl offer am yr eildro, os rhywbeth yn fanylach na chynt, ond ni fedrwyd gweld bod dim o'i le. Roedd y lifar yn tynnu'n ôl yn rhwydd a'r cydau swnd yn cwympo drwy'r trap ar amrantiad. Am y trydydd tro dyma gyrchu Lee i'r crocbren ac yntau erbyn hynny fawr gwell na chorff yn barod. Rywfodd fe'i cafwyd i sefyll i wisgo'r cwcwll a derbyn y rhaff. Pawb bron yn rhy grynedig i symud a'r cwcwll am ben y carcharor yn codi a gostwng dan rym ei anadlu trwm. Safai'r caplan o'i flaen yn unol â'r gyfraith ond â'i lais bron yn annealladwy wrth ddarllen, a'r ddau swyddog carchar o bob ochr iddo mor welw braidd na thybid mai hwy oedd yn mynd i'w crogi.

Safai Berry o'r naill ochr yn ceisio'i feddiannu'i hun orau y medrai a'i ddwylo'n chwys a'i goesau'n crynu. O'r diwedd, camodd ymlaen yn benderfynol gan roi plwc mor galed i'r lifar nes ei phlygu. Ond ni syflodd drws y trap y fodfedd leiaf. Oni bai am y rhaff a'r ddau yn cynnal ei freichiau byddai Lee wedi llewygu yn y fan a'r lle, beth bynnag am Berry.

Aethpwyd â'r carcharor yn ôl i'w gell unwaith yn rhagor a chysylltodd rheolwr y carchar â'r Ysgrifennydd Cartref gan ofni ymyrraeth rhyw bwerau uwch hyd yn oed na hwnnw mae'n siŵr. Newidiodd yntau'r ddedfryd ar Lee ar unwaith i un o garchar am oes, tra daliai'r crogwr i chwilio am esboniad mwy daearol am gyndynrwydd y trap. Erbyn i'r neges gyrraedd y condemniedig yr oedd yn bwyta brecwast braf o facwn ac wy gan ddiolch i'r drefn fod ganddo wddf i wneud hynny. Ond druan ag ef, ni chafodd fawr o gydymdeimlad—brecwast ar gyfer ei grogwr ydoedd!

O ganlyniad, tyfodd yn gred boblogaidd fod unrhyw un y methir deirgwaith ei grogi i ennill ei bardwn, ond nid oes unrhyw sail gyfreithiol iddi. Am ryw reswm hefyd, y goel gyffredin yw mai cwcwll du a ddefnyddid—gan berthynas y lliw du â marwolaeth o bosibl—eithr un gwyn a ddefnyddid yn ddieithriad.

Er gwaetha'r nifer o eneidiau a anfonodd i fyd arall, daliai James Berry i chwilio am esboniad yn y byd hwn. Wedi'r cyfan, roedd ei enw da fel dienyddiwr yn y fantol, a'i anffaeledigrwydd yng ngolwg cyfraith gwlad. Ymhen hir a hwyr fe'i cafodd. Sylweddolodd, bob tro yr oedd y trap wedi methu agor, fod y caplan wedi bod yn sefyll yn union o flaen y carcharor ac o fewn rhyw ddwy droedfedd iddo. A phob tro yr oeddent wedi profi'r trap â'r sachau swnd a'r trap wedi agor yn iawn, nad oedd y caplan yno.

O edrych yn fanylach ar y styllen y safai'r caplan arni, gwelodd fod ynddi fwa tuag i fyny a'r bwa hwnnw'n union o dan bwysau'r clerigwr—yn unioni ac yn ymestyn rhyw hanner modfedd fach, ond digon serch hynny i'w gwasgu'n dynn o dan ymyl drws y trap a'i atal rhag agor. Felly er nad oedd achubiaeth Lee i'w briodoli'n gyfan gwbl efallai i'r Bod Mawr, yr oedd ganddo bob achos i ddiolch i'w was. Ugain mlynedd yn ddiweddarach yn 1905, bron yn union wedi i Berry gael ei dröedigaeth, rhyddhawyd Lee o garchar ac aeth i UDA a dyna'r sôn olaf sydd amdano.

Ond blwyddyn wael i Berry fu 1885 mae'n rhaid. Dri mis wedi'r profiad gyda Lee aeth i Gaerwrangon i grogi Moses Shrimpton, gŵr oedrannus a'i gyhyrau wedi gwanhau. Rhoddodd Berry gwymp o naw troedfedd iddo, ond pan aeth y dienyddiwr i lawr i'r pwll i archwilio canlyniadau'i waith roedd y pen wedi'i dorri'n glir i ffwrdd.

Yna ym mis Tachwedd yr un flwyddyn aeth i Norwich i grogi ffermwr a lofruddiodd ei wraig. Gŵr trwm o gorff—15 stôn—ac yntau hefyd ymhell o fod yn gyhyrog. Gan gofio'i brofiad ychydig fisoedd ynghynt, gostyngodd y gwymp i 5 troedfedd a naw ond nid aeth y ffermwr i'w aped yn dawel. Fel llawer un arall, ymladdodd i'r eithaf am ei fywyd, gan ysgwyd ei geidwaid fel teganau yn ei fraw bob modfedd o'r daith o'i gell i ddrws y trap, ac yna llewygodd. Bu'n rhaid ei ddal ar ei draed tra bu Berry'n ei baratoi. Tynnwyd y lifar a diflannodd y corff i'r pwll, ond pan ddaeth y plwc ar y rhaff chwipiodd yn ôl drwy'r agoriad—yn wag. Edrychodd y crogwr i lawr i'r pwll a gweld y cwcwll yn goch o waed, y pen o hyd ynddo a'r corff yn dal i wingo gerllaw. Pa ryfedd iddo orffwyllo?

Ond o leiaf bu ei brysurdeb yn fodd i estyn einioes Edward Pritchard o dri diwrnod. Roedd hwnnw i fod i gael ei grogi yng Ngharchar Caerloyw ar ddydd Llun, 13 Chwefror 1887 ond yr oedd Berry yn crogi un arall yng Nghaerlŷr y diwrnod hwnnw, un ym Manceinion ddydd Mercher a'r trydydd yn Durham ddydd Gwener. Ond gan nad arferai weithio dros y Sul bodlonodd grogi Pritchard ar y dydd Iau.

Nid ef oedd yr unig grogwr i gael profiadau tebyg. Aeth un arall rywbryd i gell y condemniedig a'i gael mewn cyflwr ofnadwy, yn chwys drosto a'i galon yn curo gymaint fel y gellid ei chlywed o'r drws. Rhywfodd medrwyd clymu ei ddwylo o'r tu ôl iddo a'i lusgo i'r crocbren, ac erbyn hynny yr oedd yn waeth fyth. Ei ddillad a'r cwcwll a'r rhaff yn rhedeg o chwys ac yntau a'i holl gorff mor llithrig â llysywen. At hynny, mae'n rhaid nad oedd y rhaff wedi ei gosod yn iawn, achos pan dynnwyd y lifar wrth iddo gwympo llithrodd y rhaff a'r cwcwll oddi arno a disgynnodd yntau ar ei draed i'r pwll islaw. Â'i ddwylo ynghlwm o'r tu ôl iddo, rhedodd fel gwallgofddyn i chwilio ffordd ymwared, yn syth i gyfeiriad yr hyn a dybiai ef oedd yn ddrws yn y gornel. Nid drws ydoedd ond clawr ei arch ef ei hun ar ei thalcen yn ei ddisgwyl. Nid oedd lwc James Lee gydag ef fodd bynnag, a gwnaed y gwaith yn iawn ar yr ail gynnig.

Fel pe na bai erchyllterau o'r fath yn ddigon, yr oedd hyd yn oed crogi 'normal' yn arswydus. Byddai ymysgaroedd gŵr a grogid yn ymwacáu ar eiliad y plwc, ond byddai perfedd gwraig yn dod allan o'i chorff. Ond rhywfodd, er gwaethaf hyn i gyd, ni bu erioed brinder crogwyr. Yn wir, pan ddaeth y swydd yn wag yn 1904, cynigiodd dros bedwar cant amdani, ac yn eu plith, credwch neu beidio, un o'm hynafiaid i.

Roedd hwn yn ŵr unplyg, yn grefyddwr a gyfrifid yn biler cymdeithas, a gŵr a ystyriai lythyren y ddeddf i fod bron yn sanctaidd. Ond mae'n amlwg bod ei chwiorydd o duedd dynerach achos llwyddodd y ddwy i'w droi o'i fwriad. Yr oedd ei frawd yn gymeriad dipyn mwy ysgafala ac yn ei gymell i fynd yn ei flaen: 'Jobyn saff, 'achan, jobyn am oes.'

Roedd yn beth cyffredin i'r crogwyr geisio lleddfu tipyn ar eu cydwybod drwy ofyn maddeuant eu carcharorion. Fe'i caent hefyd, a chyfaddefiadau. Yn wir, âi rhai cyn belled â bygwth troseddwr â marwolaeth mor boenus ag y medrent ei gwneud oni byddai'r truan yn cyfaddef ei drosedd yn erbyn cymdeithas ac yn addo maddeuant iddynt hwy. Nid heb rheswm y dywedid am y troseddwr mwyaf wynebgaled y gallai geisio twyllo'r barnwr a'r heddlu ond na fyddai byth yn dweud celwydd wrth ei grogwr. Wedi'r cyfan, dim ond hwnnw a safai rhyngddo â dydd y farn. Yn y munudau olaf dirdynnol hynny rhwng cael ei arwain o'r gell a'i osod o dan y rhaff, cafwyd goleuni ar sawl dirgelwch y methodd y Llys eu datrys. Ond rywfodd mae'n anodd credu y byddai unrhyw ddihiryn yn tynnu llawer o gysur o eiriau James Berry pan fyddai hwnnw'n ceisio ei ddarbwyllo na châi ddim poen o gwbl.

Wrth reswm, yr oedd cynodiadau crefyddol cryf ynghlwm

wrth y fath ddefod dyngedfennol. Er enghraifft, ni fyddid byth yn crogi neb â'i wyneb tua'r dwyrain—yn ôl rhai am mai i'r cyfeiriad hwnnw yr wynebai Crist ar y Groes. Ond wedyn, onid i'r cyfeiriad hwnnw yr wynebai'r ddau leidr hefyd? Eithr mae'n dra thebyg mai'r milwyr Rhufeinig yn rhannu dillad y Gwaredwr rhyngddynt oedd cynsail yr arfer o roi dillad y sawl a grogid i'r crogwr. Mae'n siŵr i rai ohonynt wneud ceiniog fach iawn ohoni yn gwerthu'r rheiny wedyn fel cofroddion—ac yn enwedig y rhaff. Fel erioed, byddai llawer yn barod i dalu pris uchel iawn am ddarn o raff a ddefnyddiwyd i grogi rhyw ddihiryn enwog.

Yn 1888 cyhoeddwyd adroddiad pwyllgor a gadeiriwyd gan Yr Arglwydd Aberdâr i drafod holl agweddau crogi fel cosb gyfreithiol. Teimlid ei bod yn rhaid gosod canllawiau pendant a rheolau cyson i bob dienyddiwr drwy'r deyrnas. Cafwyd barn arbenigwyr fforensig a meddygon o bob math a ddaeth i'r casgliad mai dau brif achos marwolaeth drwy grogi oedd: tagu, pe na byddai hyd y cwymp yn ddigon, neu dorri neu ddatgymalu'r fertibra cerfignol, neu dorri madruddyn yr asgwrn cefn.

Roedd y cyntaf yn amlwg yn groes i'r egwyddor y dylai pob dienyddio fod mor ddisyfyd ac mor ddiboen ag oedd yn bosibl, ond yr oedd i'r ail y peryg o dynnu'r pen i ffwrdd. O'r ddau, daethpwyd i'r casgliad bod yr ail yn fwy cydnaws ag egwyddorion dyneiddiaeth a phenderfynwyd adolygu tablau'r cwymp a rhai ystyriaethau technegol eraill. Argymhellwyd mai'r cwymp delfrydol oedd un a fyddai'n cynhyrchu ergyd o 1260 *foot/pounds.* Drwy rannu'r ffigwr hwnnw â phwysau'r troseddwr mewn pwysi medrid penderfynu union hyd y cwymp.

$$\frac{1260\ \textit{foot/pounds}}{\text{pwysau'r carcharor (mewn pwysi)}} = \text{Hyd y cwymp (mewn troedfeddi)}$$

Er enghraifft, y cwymp i rywun a bwysai naw stôn fyddai deg troedfedd ac i un o bymtheg stôn chwe throedfedd. Dylid cymryd i ystyriaeth gyflwr y gwddf hefyd.

Roedd rhaff newydd i gael ei defnyddio bob tro, ac i gael ei llosgi'n union ar ôl hynny, gan y bernid ei bod yn anfoesol i ddienyddwyr elwa ar eu swydd drwy borthi gwanc y cyhoedd am y macabr. Diddymwyd hefyd hawl y dienyddiwr ar ddillad y troseddwr.

Argymhellwyd safoni adeiladwaith celloedd y condemniedig drwy'r holl garcharau gan sicrhau bod y crocbren yn union ar eu pwys. Roedd y gell ei hunan i fod o faintioli arbennig ac iddi ddau ddrws: un ar gyfer trafnidiaeth arferol, a'r llall wedi'i guddio â chwpwrdd dur ac yn arwain yn syth i'r crocbren. Gwelais gynllun manwl a baratowyd yn 1928 ar gyfer crocbren a dwy gell o'r fath y bwriadwyd eu codi yng Ngharchar Abertawe —*Execution Suite* oedd yr enw swyddogol arno—gyda holl fanylion defnyddiau a mesuriadau wedi eu nodi mor gyflawn a phetaent ar gyfer codi plas. Mae'r Swyddfa Gartref yn gwrthod ei ryddhau am gan mlynedd.

O ganlyniad i argymhellion pwyllgor Yr Arglwydd Aberdâr, o dipyn i beth cysonwyd y modd y trinid y condemniedig cyn ei grogi. Yn union wedi ei ddedfrydu i farwolaeth eid ag ef o'r Llys i'r carchar y daeth ohono a'i roi yng nghell y condemniedig a dau swyddog carchar, o garcharau eraill fel rheol, i'w warchod nos a dydd. Caniateid llyfrau a phapurau dyddiol iddo a chyfleusterau chwarae cardiau, gwyddbwyll a drafftiau ac anogid ei warchodwyr i chwarae gydag ef, a châi gyfleusterau arbennig i anfon a derbyn llythyron.

Darperid ei fwyd iddo o gegin y carchar—yr hyn a elwid yn *hospital diet*—a chaniateid iddo beint o gwrw neu stowt y dydd pe dymunai, a deg o sigaretau neu hanner owns o dybaco pib oni bai bod rhesymau meddygol yn gwahardd hynny. Câi ysmygu yn ei gell ac ymarfer naill ai yno neu yn ei iard.

Roedd yn ofynnol i reolwr a meddyg swyddogol y carchar ymweld ag ef ddwywaith y dydd, ac yr oedd rhyddid gan y caplan neu weinidog yr efengyl i'w weld unrhyw bryd. Câi dderbyn perthnasau, ffrindiau neu ei gyfreithiwr drwy ganiatâd y Pwyllgor Ymweld, ac yn aml iawn ef fyddai'n cysuro'i berthnasau—nid fel arall.

Yr Uchel Siryf fyddai'n gyfrifol am y dienyddio ac ef fyddai'n apwyntio'r crogwr. Rheolwr y carchar a benodai'r cynorthwywyr. Cyrhaeddai'r rheiny erbyn pedwar o'r gloch y prynhawn

Hen grocbren o'r ganrif ddiwethaf

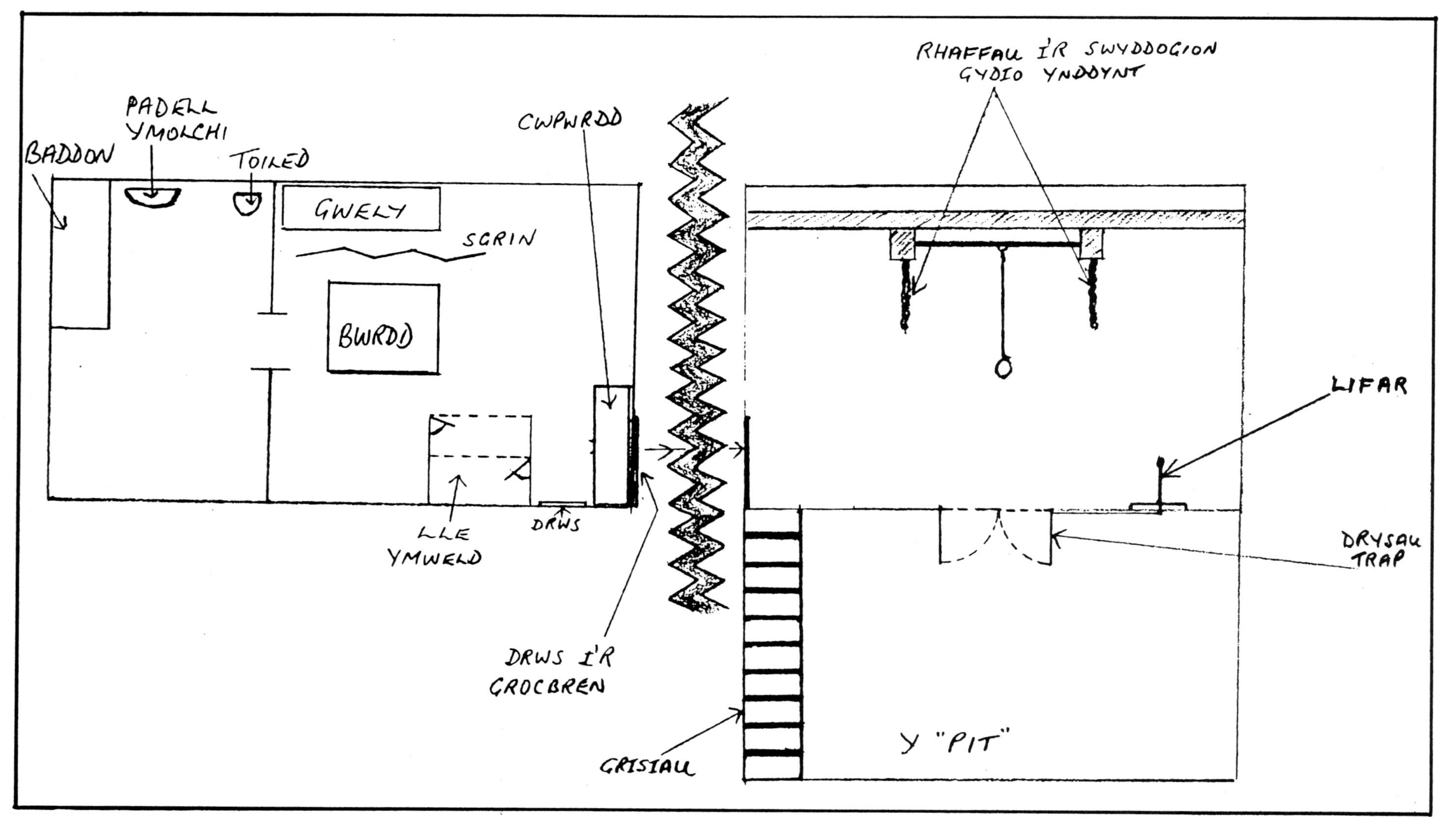

Cynllun o'r gell gondemniedig a'r crocbren

cyn y crogi a gwaherddid hwynt rhag gadael y carchar wedyn hyd nes y byddai'r ddedfryd wedi ei chyflawni. Yna trafodai'r dienyddiwr a'r rheolwr nodweddion corfforol y carcharor—ei fesurau a'i bwysau, a chael golwg arno drwy dwll ysbïo, fel arfer tra byddai'n chwarae cardiau neu wyddbwyll gyda'i warchodwyr. Y gwddf fyddai canolbwynt y sylw, er mwyn penderfynu a oedd angen ei ystyried wrth fesur hyd y cwymp.

Y gorchwyl nesaf fyddai archwilio'r cyfarpar crogi a phrofi ac ymestyn y rhaff. Rhoddid cydau o dywod o'r un pwysau â'r carcharor wrthi a chynnal rhagbrawf, gan adael y pwysau i hongian wrthi dros nos er mwyn estyn y rhaff i'w llawn hyd a chael gwared o unrhyw elfen elastig ynddi, a hysbysid y rheolwr o hyd y cwymp.

Disgwylid i'r rheolwr ymweld â'r carcharor cyn noswylio y noson cyn y dienyddiad i roi cyfle iddo wneud unrhyw gyfaddefiadau y dymunai eu gwneud, neu wneud rhyw sylwadau eraill. Câi hefyd gyfle i ddewis unrhywbeth mwy arbennig nag arfer, o fewn rheswm, ar gyfer ei frecwast olaf! Mae sôn i un carcharor fynd cyn belled â gofyn am deisen ei ben blwydd a oedd i fod yr wythnos wedyn. Cafodd y deisen!

Fore'r dienyddio, treuliai'r caplan yr awr olaf gyda'r carcharor ac arhosai gydag ef hyd y diwedd. Hanner awr cyn y dienyddio cyrhaeddai'r Uchel Siryf i 'hawlio'r corff' ac ychydig funudau cyn yr amser apwyntiedig âi i siambr y dienyddio yng nghwmni rheolwr a meddyg y carchar.

Erbyn hynny byddai'r crogwr a'i gynorthwywyr ynghyd â Swyddog Uwch yn aros y tu allan i ddrws y gell, y crogwr a chanddo gwcwll gwyn ym mhoced ei frest a strap ledr yn ei law chwith. Ar arwydd yr Uchel Siryf aent i mewn a'r carcharor yn naturiol yn troi i'w hwynebu a'r crogwr yn estyn ei law dde iddo. Byddai'r troseddwr yn ddieithriad yn ymateb drwy estyn ei law dde ei hun ac mewn amrantiad byddai'r strap am ei arddwrn ac yntau wedi ei droi a'i ddwy law wedi eu clymu o'r tu ôl iddo. Anaml iawn y byddai carcharor yn ymladd—yr oedd y rhan fwyaf fel petaent wedi paratoi eu hunain yn feddyliol yn ystod eu dyddiau olaf i farw gydag urddas. Yr un eiliad, symudid y cwpwrdd dur hwnnw â'i gefn ar y wal—hwnnw y byddai'r cardiau a'r bwrdd gwyddbwyll yn cael eu cadw ynddo. Y tu cefn iddo byddai'r ail ddrws i'r gell na fyddai'r carcharor yn gwybod amdano ac yn union y tu allan iddo y crocbren. Dau neu dri cham a byddai'n sefyll ar y trap a'i goesau erbyn hynny wedi ei strapio hefyd. Byddai swyddog o boptu iddo'n sefyll ar ddwy styllen yn dal ei freichiau ar yr un pryd a gafael mewn rhaff uwch eu pennau i atal iddynt gwympo gyda'r condemniedig. Tra byddai'r cynorthwywr yn strapio'r coesau, byddai'r crogwr wedi chwipio'r cwcwll o'i boced a'i wisgo am y pen, y rhaff wedi ei gosod yn ei lle a'r cwlwm rhedeg wedi ei dynhau. Ef fyddai'r olaf i edrych i lygaid y troseddwr. Eiliad arall a byddai'r crogwr yn tynnu'r pin diogelwch a rhoi plwc i'r lifar, rhyw un eiliad ar bymtheg yn unig o'r adeg yr agorodd drws y gell. Yna sŵn annisgrifiadwy gwacter yn galw ar wacter wrth i'r corff gwympo i'r ceudod islaw ac i anadl einioes gael ei blycio ohono, a'r distawrwydd hollol a dim ond igian y rhaff i'w dorri.

Ond prin y ceid unrhyw swyddog carchar i geisio rhoi mewn geiriau y fath erchyllter—y maent wedi eu hymrwymo o dan y Ddeddf Cyfrinachau Swyddogol. Yn rhyfedd iawn, nid yw Uchel Siryfion o dan yr un gwaharddiad.

Yn union wedyn âi'r crogwr a'r meddyg i lawr i'r pwll a datod crys y marw er mwyn i'r meddyg ei archwilio i gadarnhau marwolaeth. Yn yr hen ddyddiau arferid gadael y corff i hongian am awr ond yn y blynyddoedd olaf fe'i tynnid i lawr yn union wedi'r archwiliad meddygol. Defnyddid rhaff arall o'r un trawst â'r grograff a'i chlymu o dan geseiliau'r corff i'w godi'n ôl nes byddai'r ysgwyddau rhyw droedfedd yn uwch na'r trap. Yno byddai'r crogwr yn ei dderbyn i ddiosg y cwcwll oddi arno ac i ddatod y rhaff, a'r pryd hwnnw, wrth weld y pen yn siglo'n ôl a blaen yn llac, y gwelai lwyddiant ei waith.

Yna gollyngid y corff yn ôl i'r pwll a'i roi mewn arch cyn cynnal cwest arno a'i gladdu ym mynwent y carchar, yn ystod yr awr ginio fynychaf.

Ar un adeg, bu'n arferiad i awdurdodau'r carchar godi baner ddu, yn mesur wyth troedfedd wrth bedair, o'r to i arwyddo bod y dienyddio wedi ei gyflawni ond rhoddwyd y gorau i'r arfer hwnnw yn 1901 ar ôl crogi Herbert Bennett yn Norwich. Wrth geisio codi'r faner torrodd y polyn. Wedi hynny arferid canu cnul ar gloch y carchar i gyhoeddi'r dienyddio. Ond dilewyd yr arfer hwnnw hefyd yn 1910 pan grogwyd Dr. Crippen. Yr oedd tri arall i'w crogi'n union ar ei ôl yn yr un man ac, o drugaredd â'u teimladau hwy, ni chanwyd y gloch i ddynodi marw Crippen. Nid yw'n anodd dychmygu cyflwr yr olaf petai wedi gorfod gwrando canu cnul tri o'i flaen ac yntau'n disgwyl ei dro ei hun. O hynny hyd 1957, arferid rhoi bwletin ar ddrws y carchar, ond byddai hynny'n denu'r tyrfaoedd chwilfrydig i'w ddarllen, a pheidiwyd â'r arfer hwnnw hefyd. Roedd y rhod wedi troi cylch llawn. Lle gynt y credid ei bod yn rhaid i'r cyhoedd fod yn llygad-dystion i weinyddiad cyfiawnder, bellach fe'i bernid yn ddoethach na chaent weld unrhyw arwydd o hynny.

O 1905 hyd 1956 bu tri aelod o'r un teulu o Bradford yn ddienyddwyr. Henry Pierrepoint, ei frawd Thomas a'i fab Albert. Bu'r olaf wrthi am un mlynedd ar bymtheg—o fis Mai 1940 hyd Chwefror 1956. Yn ystod ei yrfa crogodd dros 400 o droseddwyr gan gynnwys rhai o ddienyddwyr Nuremberg ac ar un achlysur gorach. Crogodd 17 yr un diwrnod ddau dro ac unwaith, mewn pedair awr ar hugain, dienyddiodd 27. Ef oedd Prif Ddienyddiwr Prydain—y cyntaf i hawlio'r teitl hwnnw—a phan roddodd ef y gorau iddi dilynwyd ef gan Harry Allen a 'Jock' Stuart a fu wrthi hyd nes y crogwyd y ddau olaf yn 1964.

Mae'n rhaid mai Stuart oedd y crogwr mwyaf di-sôn amdano a fu erioed. Ni lwyddais i ddod o hyd i gofnod o'i enw cyntaf, hyd yn oed. Bu farw yn 1991, a Harry Allen ac Albert Pierrepoint o fewn mis i'w gilydd yn haf 1992—y naill yn 81 a'r llall yn 87.

Pierrepoint wrth gwrs oedd y dienyddwr pan grogwyd Ruth Ellis, ac er iddo honni mai'r ffî isel—pymtheg gini—oedd y rheswm iddo ymddiswyddo saith mis yn ddiweddarach, taerai Edith Muldoon a oedd yn ffrind agos i'r teulu fod gan gydwybod gryn dipyn i'w wneud â'r peth. Arferai ymweld yn gyson â merch Ruth Ellis am flynyddoedd wedi hynny.

O ddechrau'r ganrif hon hyd hynny, crogwyd bron saith gant a hanner ym Mhrydain—un y mis fwy neu lai—ond neb yn 1956. Yn y flwyddyn honno cyflwynodd Sydney Silverman fesur i'r Senedd i ddiddymu crogi ac ataliwyd dienyddio tra adolygid y gyfraith. O ganlyniad, ym Mawrth y flwyddyn wedyn daeth yr *Homicide Act* i rym pan gyfyngwyd llofruddiaethau dienyddio i bump a gynhwysai lofruddio drwy saethu neu achosi ffrwydriad a llofruddio wrth ladrata a llofruddio plisman yng ngweinyddiad ei ddyletswydd neu i osgoi restio cyfreithiol.

Yn 1960 crogwyd saith, a phedwar y flwyddyn ganlynol. Ond yr oedd barn y cyhoedd yn cryfhau fwyfwy o hyd yn erbyn dienyddio o gwbl ac yn 1965 pasiwyd deddf yn diddymu crogi am lofruddiaeth. Eithr y mae rhai troseddau o hyd sy'n denu'r gosb eithaf, megis teyrnfradwriaeth a môr-ladrad gyda ffyrnigrwydd. Felly, er i'r awdurdodau ddatgymalu'r lleill i gyd, mae un crocbren yn aros yng Ngharchar Wandsworth. Mae'n dilyn gan hynny fod rhywun yn rhywle i ymgymryd â swydd y crogwr. Ond mae'r Swyddfa Gartref yn gwrthod datgelu'i enw yntau, chwaith.

Y wraig olaf i'w chrogi ym Mhrydain oedd Ruth Ellis yng Ngorffennaf 1955 am saethu David Blakely, ond nid hi oedd yr olaf i'w dedfrydu i farwolaeth. Yn 1958 cafwyd Mary Wilson yn euog o lofruddio dau ŵr iddi drwy wenwyno ond newidiwyd y gosb arni hi i un o garchar am oes—yn ôl pob tebyg oherwydd ei hoedran, yr oedd yn 66.

Yr olaf i'w ddedfrydu i farwolaeth yn Ynysoedd Prydain oedd Anthony Teare ar Ynys Manaw yn 1992—ni fabwysiadwyd y *Murder (Abolition of Death Penalty) Act* 1965 ar yr ynys honno nac yn Ynysoedd y Culfor. Felly mewn egwyddor mae dienyddio yn bod yn Ynysoedd Prydain o hyd. Ond gan i'r Frenhines, ar gyfarwyddyd yr Ysgrifennydd Cartref, newid y ddedfryd ar Teare i un o garchar am oes, fel y gwnaeth mewn achos arall o lofruddiaeth ym Manaw ddeng mlynedd ynghynt, mewn egwyddor yn unig y mae'r gosb yn bod bellach.

I bob golwg, felly, mae dienyddio wedi dod i ben. Ond tybed? Mae hen gred yn dweud mai'r unig beth sy'n sicr o ddilyn unrhyw ddiddymu fydd ei ailgychwyn yn hwyr neu hwyrach. Diddymwyd dienyddio mewn pedair talaith ar hugain yn America hefyd ond ar hyn o bryd yn y gweddill mae dros ddwy fil a hanner o droseddwyr condemniedig yn aros eu tynged. Mae Charles Manson wedi ei ddedfrydu er 1969 a'i farwolaeth wedi ei gohirio wyth o weithiau'n barod. Mae'r farn gyhoeddus (a chymhlethdodau'r gyfraith) wedi ei arbed hyd yn hyn. Ond pwy a ŵyr na newidia honno?

Y ddau olaf i'w crogi ym Mhrydain oedd Gwynne Owen Evans a Peter Anthony Allen ar 13 Awst 1964—y naill yng

Printed by authority of the Registrar General.
Argraffwyd dan awdurdod y Cofrestrydd Cyffredinol.

D. Cert.
S.R.

CERTIFIED COPY of an ENTRY OF DEATH
COPI DILYS O GOFNOD MARWOLAETH

Pursuant to the Births and Deaths Registration Act 1953

HC 092895

Registration District / Dosbarth Cofrestru: Swansea

19 58. DEATH in the Sub-district of / MARWOLAETH yn Is-ddosbarth: Swansea Central in the / yn County Borough of Swansea.

Columns:— / Colofnau:—	1	2	3	4	5	6	7	8	9
No. / Rhif	When and where died / Pryd a lle y bu farw	Name and surname / Enw a chyfenw	Sex / Rhyw	Age / Oed	Occupation / Gwaith	Cause of death / Achos marwolaeth	Signature, description and residence of informant / Llofnod, disgrifiad a chyfeiriad yr hysbysydd	When registered / Pryd y cofrestrwyd	Signature of registrar / Llofnod y cofrestrydd
494.	6th May 1958 at Her Majesty's Prison, Swansea.	Vivian Frederick Teed.	Male	24 years	of 19 Manor Road, Manselton in the County Borough of Swansea Builders Labourer.	Dislocation of cervical vertebrae Execution of sentence of death. No P.M.	Certificate received from David Rhys James. Coroner for the District of Gower. Inquest held 6th May 1958.	Ninth May 1958	D. J. Hopkins Registrar

Certified to be a true copy of an entry in a register in my custody.
Tystiolaethwyd ei fod yn gopi cywir o gofnod mewn cofrestr a gedwir gennyf i.

Lynne Bladen — Superintendent Registrar / Cofrestrydd Arolygol

Twelfth September 1991 — Date / Dyddiad

Tystysgrif marwolaeth Vivian Frederick Teed (yr olaf i gael ei grogi yng Nghymru).

Ngharchar Strangeways, Manceinion, a'r llall yng Ngharchar Walton, Lerpwl. Er gwaetha'i enw, nid Cymro oedd Owen. John Robson Walby oedd ei enw'n wreiddiol ond newidiodd ef wedi ei wasanaeth milwrol. Am ryw reswm, bu'n gred boblogaidd mai'r olaf i'w grogi yng Nghymru oedd Ronald Harries—Ronnie Cadno. Fe'i dedfrydwyd ef a Dennis McCarthy o Drimsaran i gael eu crogi un ar ôl y llall ym mis Mawrth 1954 ond newidiodd yr Ysgrifennydd Cartref gosb McCarthy i un o garchar am oes, eithr crogwyd Harries. Dedfrydwyd Michal Onufrejczyk i farwolaeth wedi hynny hefyd ond er iddo golli'i apêl ni chrogwyd yntau chwaith. Efallai mai cyd-ddigwyddiad oedd y ffaith mai Catholigion oedd McCarthy ac Onufrejczyk. Ond yr olaf i gael ei grogi yng Nghymru oedd Vivian Frederick Teed ar 6 Mai 1958.

Gwaed ar y Pared

Fore dydd Sadwrn 16 Tachwedd 1957 brawychwyd pentre Fforest-fach ger Abertawe pan dorrodd y newydd am farwolaeth yr is-bostfeistr yn ystod y nos. Gŵr gweddw a di-blant, 73 mlwydd oed, ac wedi treulio 47 mlynedd yn y Swyddfa Bost wedi cyfnod byr yn athro yn Ysgol y Gendros. Gŵr tawel, uchel ei barch ac yn adnabyddus i bawb yn rhinwedd ei swydd. Bwriadai ymddeol ddiwedd y mis a gwerthu'r siop, a chyda hynny mewn golwg roedd wedi gwneud nifer o welliannau i'r adeilad—gwelliannau a orffennwyd ond y diwrnod cynt. Bu ffyrm o adeiladwyr lleol, David Lewis a'i Fab, wrthi oddi ar 6 Awst.

Tŷ deulawr oedd y lle a'r stafelloedd byw ar y llawr isaf y tu cefn i'r swyddfa, drws ffrynt y Post yn agor i'r stryd a drws arall i basej a redai ar hyd ochr y tŷ, gyda drws mewnol o'r pasej hwnnw i'r Swyddfa Bost—drws a fyddai'n cael ei gloi yn union wedi oriau gwaith bob dydd gan fod lladron wedi torri i mewn i'r lle fwy nag unwaith. Felly medrid diogelu'r swyddfa yn hollol ar wahân i'r stafelloedd byw. I'r dde wrth ddod i mewn drwy'r drws ochr yr oedd grisiau'n arwain i'r llofft ac ar y prynhawn dydd Gwener roedd y lle ar ei newydd wedd a'r gweithwyr wedi mynd.

Dwy ferch leol oedd y staff yno—Miss Nugent a Miss Margaret John o Gwm-du, Abertawe. Yn ôl yr ail, bu Mr Williams yn byw ar ei ben ei hun ers iddo gladdu'i wraig ac roedd yn dra gofalus ynglŷn â diogelwch y lle. Cariai allweddi'r drysau a'r diogell gydag ef yn ddieithriad a byddai ganddo fynychaf fwndel o arian papur yn ei boced ôl. Caewyd y Swyddfa am chwech o'r gloch y nos Wener honno ac aeth y ddwy ferch adref am ddeng munud wedi chwech ar ôl i Miss John gloi derbyniadau'r dydd yn y diogell a rhoi'r allweddi'n ôl i'w meistr a bolltio'r drws ffrynt.

Ychydig yn hwyrach galwodd Benjamin Davies ar y postfeistr i drafod busnes ac am bum munud ar hugain i saith, yn ôl ei arfer, daeth postmon yno i gasglu parseli.

Am ugain munud i naw fore trannoeth cyrhaeddodd Miss John ei gwaith fel arfer—roedd y swyddfa i fod ar agor ar foreau Sadwrn—a gweld bod drws y ffrynt wedi'i gloi a neb i'w weld yn symud y tu mewn. Roedd y drws ochr hefyd ar glo ac er galw sawl gwaith methodd gael ateb, ond medrodd sbecian drwy hollt y bocs llythyron a gweld er ei dychryn y postfeistr yn gorwedd yn y cyntedd a'r golau ynghynn—peth hollol anarferol. Rhedodd am gymorth ar unwaith a galw'r heddlu ac ymhen munudau roedd Sarjant Punter a'r Cwnstabl Tom Smith—P.C. 49 fel y digwyddai—yn cyrraedd. Gyda pheth trafferth aeth y Cwnstabl i gefn y tŷ, dringo dros wal a thorri'i ffordd i fewn drwy roi ei ysgwydd i'r drws. Agorodd ddrws y ffrynt i'r Sarjant a gwelwyd ar unwaith bod William wedi cael ei lofruddio, er nad oedd unrhyw arwydd fod neb wedi torri i mewn.

Pennaeth adran CID Bwrdeisdref Abertawe oedd y Ditectif Brif Arolygydd Thomas Dunford a galwyd ef yno ar unwaith. Gosododd warchodwyr o'r tu allan a gorchymyn y rheiny i atal pawb rhag dod yn agos i'r fan, a threuliodd ddwyawr yn archwilio'r lle am olion bysedd ac unrhyw gliwiau eraill. Tynnwyd lluniau o'r corff a'r stafell gan y Ditectif Sarjant Graham Davies yn ogystal â lluniau o'r grisiau a'r cyntedd lle'r oedd gwaed dros bob man.

Gorweddai'r corff mewn pwll o waed, wyneb i waered a'r traed yn ymestyn i gyfeiriad y drws a'r pen tuag at y grisiau. Roedd pedwar ôl esgid waedlyd ar y llawr yn arwain o'r corff tuag at y drws, ac o'u mesur gwelwyd mai maint chwech oeddent. Gan mor fach oedd y traed, agorid y posibilrwydd mai ôl traed bachgen ysgol, neu hyd yn oed fenyw, oeddent. Cafwyd morthwyl ar y mat a'i goes wedi'i thorri a'r darn hwnnw o'r goes ar ris isaf y grisiau. Roedd ryg wedi'i blygu'n aflêr ac yn waed i gyd heb fod ymhell oddi wrth ben y corff, ac ar y llawr rhwng y pen a gwaelod y grisiau hosan sidan merch ac arni olion gwaed. Yn union uwch ei ben roedd darn o blaster wedi cwympo oddi ar y wal yn dynodi un ai bod ymladd ffyrnig wedi bod rhwng y postfeistr a'i ymosodwr neu ei fod ef wedi ceisio ei godi'i hun o'r llawr drwy grafangu'i ffordd i fyny'r wal. Gwelwyd bod gwaed hyd yn oed ar fwl y clo *Yale* yn y drws, ac roedd y llofrudd llawgoch wedi dod o hyd i'r allwedd ac agor y drws i stafell y swyddfa. Roedd yr allwedd ynddo o hyd a honno hefyd yn waed drosti ond yr oedd y diogell heb ei gyffwrdd. Daeth Dunford o hyd i rai smotiau o waed ar y palmant ryw 15 llath o ddrws y ffrynt, a sylwodd un o'r cymdogion fod gwaed ar gefn mainc orffwys ar ochr Heol Stesion o Sgwâr Fforest-fach beth pellter i ffwrdd. Amcangyfrifai Dr. Edwards, y meddyg lleol, i'r farwolaeth ddigwydd rhyw ddeng neu ddeuddeng awr ynghynt a chyhoeddwyd y manylion hynny yn y papur lleol y noson honno.

Wedi cwblhau'r ymchwiliadau cyntaf, ymgynghorodd Dunford â'r Prif Gwnstabl Turner a'i sgwad o dditectifs. Rhoddwyd holl adnoddau Heddlu Abertawe ar waith a galwyd am gymorth *Scotland Yard*—roedd cytundeb rhwng Comisiynydd Heddlu'r Metropolis â phob Prif Gwnstabl drwy'r wlad i gynorthwyo mewn achosion tebyg yn rhad ac am ddim pe gelwid arnynt o fewn deuddydd i'r digwyddiad.

Erbyn pum munud ar hugain i ddeg y noson honno roedd y Ditectif Uwch Arolygydd George Miller a'r Ditectif Sarjant John Cummings o'r *Yard* wedi cyrraedd ac aeth Dunford â hwy ar unwaith i'r Swyddfa Bost gyda'r patholegydd, Dr. Charles Freezer, a'r gwyddonydd Glyndwr Davies a chyda hwy'r heddwas cyswllt, y Ditectif Brif Arolygydd Lionel Foster o'r Labordy Fforensig.

Un o'r pethau pwysicaf mewn achos o lofruddiaeth yw i'r patholegydd gael gweld y corff yn union fel y cafwyd ef ac, wrth gwrs, yr oedd corff William Williams heb ei gyffwrdd, er bod y gweithgareddau rwtîn wedi eu gwneud yn ystod y dydd. Anfonwyd cylchlythyrau i'r heddluoedd cyfagos gyda'r manylion i gyd ac yn gofyn am wneud ymholiadau mewn tai golchi a *dry cleaners* gan ei bod yn amlwg y byddai dillad y llofrudd yn waed i gyd. Roedd ditectifs lleol hefyd wedi bod wrthi o ddrws i ddrws ac yn holi eu hysbysyddion ymhlith plant y cysgodion. Er na wyddid i sicrwydd bod arian wedi eu dwyn roedd yn rhesymol dyfalu mai lladrad oedd y cymhelliad serch nad oedd y diogell wedi'i agor—wedi'r cyfan, beth arall fyddai atyniad postfeistr i droseddwr?

Archwiliodd y patholegydd a'r gwyddonydd y corff a chael dwy allwedd a chyfanswm o un bunt ar hugain mewn papurau punnoedd a phapurau chweugain yn ei bocedi—rhagor o arian nad oedd y llofrudd wedi eu dwyn—rhyfedd hynny os mai lladrad oedd ei fwriad!

Bu'n noson hwyr ond yr oedd y ditectifs wrth eu gwaith yn fore drannoeth—bore Sul—yn holi o dŷ i dŷ yn Fforest-fach. Gan mai'r Saboth ydoedd, a'r capeli'r adeg honno'n dipyn llawnach nag ydynt heddiw, yn araf iawn yr âi'r gwaith yn ei flaen. Roedd Capel Saron ar bwys y Swyddfa Bost yn llawn y bore hwnnw—yn wir, dywedodd Miller yn ei ddatganiad cyntaf i'r wasg, '*We have seen dozens of people in spite of difficulties arising on a Welsh Sunday.*'

Eto, yn ystod y bore, cynhaliwyd archwiliad *post mortem* ar y corff yn y marwdy cyhoeddus, ac wrth ddiosg y dillad cafodd Dr. Freezer dair allwedd arall a daeth i'r casgliad fod y postfeistr wedi marw tuag wyth o'r gloch y nos Wener. Roedd y pen wedi'i daro saith ar hugain o weithiau gydag arf di-fin tebyg i ergydion morthwyl a chafwyd bod yr anafiadau yn gyson â maint y morthwyl a gafwyd gerllaw'r corff. Gymaint oedd y grym a ddefnyddiwyd i daro'r hen ŵr fel bod esgyrn y benglog wedi eu gwasgu i'r ymennydd a hynny oedd achos y farwolaeth.

O ganlyniad i apêl daer gan yr awdurdodau am wybodaeth, daeth gŵr ifanc o'r enw Ronald Williams ymlaen â'r wybodaeth ei fod wedi bod yng nghwmni Vivian Teed rai wythnosau ynghynt pan sibrydodd hwnnw wrtho am ladrad yr oedd yn ystyried ei gyflawni—torri i fewn i Swyddfa Bost Fforest-fach. Fwy na hynny, tua hanner awr wedi naw nos Sadwrn 16 Tachwedd, roedd Williams wedi cwrdd â Teed yn Nhafarn Cwmbwrla ac wedi hynny mewn caffi gerllaw pan ddywedodd Teed wrtho ei fod wedi gwneud y *job* yn Fforest-fach, ond nad oedd wedi cael dim yno a'i fod wedi gorfod taro'r postfeistr. Yn awgrymog iawn hefyd, dywedodd iddo wisgo sanau am ei ddwylo a'i fod wedi colli un ohonynt, a chan nad oedd y ffaith i'r hosan sidan honno gael ei darganfod gerllaw'r corff wedi cael ei chyhoeddi yn y papurau, edrychai'n debyg fod gan naill ai Williams neu Teed wybodaeth fewnol o'r drosedd o leiaf.

Felly dyma ddechrau chwilio am Teed, a oedd eisoes yn adnabyddus i'r heddlu—roedd wedi bod yng ngharchar ddwywaith: unwaith am fod yn absennol o'r Llu Awyr heb ganiatâd, a'r ail dro am ymosod. Gŵr sengl ydoedd, un o naw o blant o Drefansel, Abertawe, ar y pryd yn ddi-waith ond a fu'n gweithio fel labrwr rhwng 6 Awst a 7 Hydref i ffyrm David Lewis a'i Fab—yr union ffyrm a fu'n gweithio ar y gwelliannau yn y Swyddfa Bost—ffaith a gadarnhawyd yn natganiad rheolwr cyffredinol yr adeiladwyr:

> 'Yn ystod ei gyfnod gyda ni gweithiodd yn Swyddfa Bost Fforest-fach, ar 23, 24 a 26 Awst 1957.'

Agorwyd y cwest i'r farwolaeth gan Francis Wilson, y Crwner, ar ddydd Llun 18 Tachwedd a rhoddwyd tystiolaeth adnabyddiaeth gan nai i'r postfeistr, Frederick Camp o Gendros. Yna gohiriwyd yr achos. Am ddeg o'r gloch yr un bore roedd Teed yn cael ei holi gan Miller a Dunford yng Ngorsaf Heddlu Abertawe. Rhoddodd ei fersiwn ef o'i symudiadau ar ddydd Gwener gan daeru na fu'n agos at Swyddfa Bost Fforest-fach ar y nos Wener nac yn gynnar fore trannoeth, ond derbyniodd iddo weithio rhai diwrnodau yno pan fu'n labro gyda ffyrm David Lewis. Gweithiai yn llofft yr adeilad a bu'n torri rhai geiriau â'r postfeistr ar yr awr ginio pan ddeuai hwnnw i weld sut yr oedd y gwaith yn dod yn ei flaen.

> 'Ar ddydd Gwener 15 Tachwedd arhosais gartref y rhan fwyaf o'r bore a thua hanner awr wedi dau euthum i gwrdd â'm cariad, Beryl Doyle, sy'n byw yn 38 Ffordd y Brain, Abertawe. Aethom i Barc Ravenhill gyda'i babi ac aros yno hyd bump o'r gloch. Yna aethom i'r arosfa fws yn Fforest-hall ac eistedd ar y wal hyd nes aeth yn rhy oer i'r babi. Wedyn aeth hi i'r tŷ pan oedd bron â thywyllu. Nid wyf fi'n cael mynd i'w thŷ—mae hi'n wraig briod ac nid yw ei thad yn fodlon fy mod yn cadw cwmni iddi. Bûm yn loetran y tu allan i'r tŷ tan tua chwarter wedi saith pan ddaeth hi allan i ddweud na fyddai'n hir gan fod ei thad yn paratoi i fynd allan. Bu'n rhaid imi ddisgwyl rhagor. Yna daeth ef allan ond arhosodd wrth y glwyd a gwelais nad oedd yn gwisgo'i gôt fawr. Rwy'n siŵr iddo fy ngweld. Dywedodd Beryl hynny wrthyf drannoeth, a dyna pam nad aeth ef allan. Bûm yn loetran fan hynny hyd chwarter i naw—rwy'n gyfarwydd â gwneud hynny. Ond yn y diwedd ildiais a cherdded ar hyd Heol Pentregethin ac i Dafarn Cwmbwrla. Cyrhaeddais yno tua deng munud wedi naw a mynd i mewn yn gyntaf i'r stafell ganu i weld a oedd fy mrodyr yno. Fe ddylwn fod wedi dweud tra oeddwn yn aros y tu allan i dŷ Beryl i mi fynd adref am tua chwarter i chwech i drio cael ychydig sylltau gan fy mrodyr. Rhoddodd Donald bedwar a

chwech i mi. Yna euthum yn ôl i dŷ Beryl. Deliais y bws adref ac yn ôl ac yr oeddwn o'r lle am dros awr. Roedd hynny cyn i dad Beryl ddod i'r glwyd. Roeddwn yn gwisgo'r siwt frown hon. Yn Nhafarn Cwmbwrla gwelais Donald fy mrawd, es i'r bar a chwarae darts gyda'r bechgyn. Arhosais yno tan tua phum munud i ddeg pan aeth Donald a minnau i siop *chips* Frank a chael gwerth ceiniog, dim ond ni ein dau—neb arall o'r chwarae-wyr darts. Yna aethom i gaffi De Marco yr ochr arall ac aros yno tan tua deng munud wedi un-ar-ddeg, cerdded adref a chyrraedd yno tuag ugain munud wedi un-ar-ddeg. Nid wyf yn cofio i mi siarad â neb yng nghaffi Frank am lofruddiaeth Mr Williams yn y Swyddfa Bost achos ni fuaswn yn gwybod dim am y peth y pryd hynny. Y tro cyntaf i mi glywed sôn amdano oedd yn Nhafarn Cwmbwrla drannoeth—roedd pawb yn siarad am y peth. Ni fûm yn agos i'r Swyddfa Bost dydd Gwener 15 Tachwedd 1957. Rwy'n eithaf bodlon i feddyg fy archwilio a rhoi fy holl ddillad i'w harchwilio. Nid oeddwn yn agos i Swyddfa Bost Fforest-fach ar nos Wener na bore dydd Sadwrn. Darllenwyd y datganiad yma i mi ac y mae'n wir.'

(Arwyddwyd) V. F. Teed

Ar unwaith daliwyd Teed ar ei gynnig i feddyg ei archwilio—roedd y Dr. Edwards yno cyn hanner dydd. Cymerodd sampl o'i waed a gwelodd fod ysgythriadau ffres ar gefn ei law chwith. Casglwyd hefyd beth o'r baw o dan ei ewinedd i'w ddadansoddi a sampl o'i wallt ac aethpwyd â'i holl ddillad gan roi dillad benthyg iddo yn eu lle. Erbyn hanner awr wedi dau roedd y gwyddonydd wedi gweld digon i fedru dweud bod olion gwaed arnynt. Gwahoddwyd ef i esbonio'r ysgythriadau a'r olion gwaed ac am y cyntaf dywedodd mai ei gariad a'u hachosodd pan fu cweryl rhyngddynt y dydd Mawrth cyn hynny. Am yr ail dewisodd ychwanegu at ei ddatganiad—nid datganiad o dan rybudd gan nad oedd yn ofynnol rhybuddio troseddwr honedig nes i'r heddwas 'benderfynu ei gyhuddo' yr adeg honno. Ar y pryd, yr oedd Rheolau'r Barnwyr yn dra gwahanol i'r rhai a gyhoeddwyd yn 1963 ac yn wahanol hefyd i'r Côd Ymddygiad o dan Gymal 66 o'r Ddeddf Heddlu a Thystiolaeth Droseddol 1984.

'Dywedwyd wrthyf fod olion gwaed ar fy siaced a'r unig esboniad y gallaf ei roi yw eu bod wedi dod o'r crafiadau a welodd y meddyg ar fy llaw chwith y bore yma. Dywedwyd wrthyf fod trywsus y siwt a ddygwyd oddi arnaf hefyd yn dangos olion

COUNTY BOROUGH OF SWANSEA, To Wit
REGINA v. VIVIAN FREDERICK TEED
EXHIBIT " 12 "
H. Ll. Williams
DATE: 18/12/1957 COMMITTING JUSTICE

Bt

Swansea Borough Police
18th November 1957,

STATEMENT: Vivian Frederick TEED

ADDRESS: 19. Manor Road, Manselton, Swansea.

OCCUPATION: unemployed labourer

who saith:

I am a single man and I reside at the above address. I have been for about three months up to October, 1957, I was working for David Lewis, Builders, of Kings Head Road, Gendros, Swansea as a labourer.

I did not go near the Post Office on Friday 15th November 1957. I am perfectly willing to submit to a medical examination and submit all my clothing for examination. I don't know why you should pick on me, I don't know anything about it as I was not near the Fforestfach Post Office on Friday evening or Saturday morning.

Rhannau o'r datganiad gwreiddiol

gwaed. Nid wyf yn gwybod o ble y daethant nac am unrhyw esboniad amdanynt. Tua phythefnos yn ôl, rwyf newydd gofio, cafodd fy nghariad erthyliad yn y tŷ a chynorthwyais i'w chario i'r ambiwlans. Dywedwyd wrthyf fod gwaed ar fy esgidiau, ac nid oes gennyf esboniad heblaw yr un blaenorol ynglŷn ag erthyliad fy nghariad.'

(Arwyddwyd) V. F. Teed

Trigai Muriel Davies mewn byngalo o'r enw Not At Home yn Limeslade, Abertawe, a dywedodd hi wrth yr heddlu i Teed ddod i fyw yno gyda'i gariad Beryl Doyle yn nechrau mis Hydref 1957. Ar y trydydd ar hugain o'r mis hwnnw cafodd Beryl erthyliad a galwyd am ambiwlans. Cadarnhaodd y gyrrwr, Lewis Neale, ei fod wedi cario'r ferch i'r ambiwlans gyda chymorth Teed. Nid oedd y ferch yn colli gwaed ac wedi iddo ei chludo i Ysbyty Hill House sylwodd nad oedd dim gwaed o gwbl ar y plancedi nac ar y stretsier. Ond dywedodd Muriel Davies iddi weld peth gwaed ar y gwely. Ni welodd waed ar ddim byd arall yn y tŷ.

Erbyn hynny roedd brawd Teed, Donald, yn cael ei holi ynglŷn â'i symudiadau ar y nos Wener ac am y pedwar a chwech yr honnai Teed iddo eu benthyca. Gwnaeth Donald ddatganiad iddo dreulio'r prynhawn yn ei gartref, 19, Heol Manor, o chwarter awr wedi tri hyd hanner awr wedi saith pan aeth i Dafarn Cwmbwrla. Y tro cyntaf iddo weld ei frawd y diwrnod hwnnw oedd yn y dafarn am hanner awr wedi naw. Nid oedd wedi ei weld o gwbl rhwng chwarter wedi tri a hanner awr wedi saith ond pwysleisiodd iddo syrthio i gysgu yn y cyfamser ac nad oedd wedi benthyg arian iddo.

Holwyd ei dad hefyd, yn bennaf ynglŷn â'r morthwyl a gafwyd gerllaw'r corff. Ymhlith ei offer, meddai ef, yr oedd ganddo forthwyl a phwysodd y ditectifs arno i'w 'mofyn, ond ni fedrai ddod o hyd iddo. Dangoswyd iddo'r morthwyl a ddefnyddiwyd gan y llofrudd a thystiodd ei fod yn union yr un fath â'i forthwyl ef, er na allai wirio mai'r un ydoedd.

Roedd y dystiolaeth yn erbyn Teed yn datblygu'n gadarn a phenderfynodd Miller ei gyhuddo. 'Vivian Frederick Teed, o ganlyniad i ymholiadau a wnaethpwyd, rwyt yn awr yn mynd i gael dy gyhuddo o lofruddio William Williams yn Swyddfa Bost Fforest-fach ar, neu o gwmpas, 15 Tachwedd 1957.'

Rhybuddiodd ef yn ffurfiol gan ddweud nad oedd yn rhaid iddo ddweud dim oni ddymunai wneud hynny ac atebodd Teed, 'Fy natganiad i yw y gwir. Fe fedrwch chi brofi mai gwaed fy nghariad ydyw, pam na wnewch chi hynny? Dyna'r unig esboniad y medraf ei roi.'

Am 4.40 pm, cyhuddwyd ef gan y Ditectif Brif Arolygydd Dunford o'r llofruddiaeth 'yn ystod, neu er hyrwyddo lladrad ar 15 Tachwedd 1957'. Darllenwyd y cyhuddiad iddo a rhybuddiwyd ef eto. Atebodd yntau, 'Nid oes gennyf ddim i'w ddweud.'

O dan Ddeddf Dyn-laddiad 1957, pennwyd dau fath o lofruddiaeth—llofruddiaeth seml a phrif lofruddiaeth (*simple murder* a *capital murder*) ac yr oedd yr ail yn teilyngu'r gosb eithaf. Y 'prif lofruddiaethau' o dan Gymal 5 y Ddeddf oedd:

a) Llofruddiaeth wrth gyflawni neu i hyrwyddo lladrad
b) Llofruddiaeth wrth saethu neu achosi ffrwydriad
c) Llofruddiaeth wrth wrthsefyll restio cyfreithiol neu wrth gynorthwyo dianc
ch) Llofruddiaeth heddwas neu ei gynorthwywr yng ngweinyddiad ei ddyletswydd a
d) Llofruddiaeth swyddog carchar neu ei gynorthwywr yng ngweinyddiad ei ddyletswydd gan garcharor

5 & 6 Eliz. 2 *Homicide Act*, 1957 Ch. 11

Liability to death penalty

[De]ath penalty [for] certain [mu]rders.

5.—(1) Subject to subsection (2) of this section, the following murders shall be capital murders, that is to say,—

(*a*) any murder done in the course or furtherance of theft;

(*b*) any murder by shooting or by causing an explosion;

(*c*) any murder done in the course or for the purpose of resisting or avoiding or preventing a lawful arrest, or of effecting or assisting an escape or rescue from legal custody;

(*d*) any murder of a police officer acting in the execution of his duty or of a person assisting a police officer so acting;

(*e*) in the case of a person who was a prisoner at the time when he did or was a party to the murder, any murder of a prison officer acting in the execution of his duty or of a person assisting a prison officer so acting.

Byddai ail lofruddiaeth gan yr un person ar wahanol achlysuron hefyd yn teilyngu'r gosb eithaf, ond carchar am oes fyddai'r gosb yn hytrach na chrogi yn hanes rhywun o dan ddeunaw oed ac yn achos gwraig feichiog.

Felly wynebai Teed y gosb eithaf pe profid ef yn euog, ac wedi iddo gael ei gyhuddo mae'n amlwg iddo ddechrau ystyried ei sefyllfa o ddifri. Ymhen ychydig dros hanner awr, galwodd ar Sarjant Price o'r Swyddfa Gyhuddo a dweud ei fod am weld Miller a Dunford. Aeth y ddau ohonynt ato i'r gell a'i eiriau cyntaf oedd, 'Rwyf am newid fy natganiad', ac aethpwyd ag ef i un o'r swyddfeydd. Rhybuddiodd Miller ef unwaith yn rhagor gan ddweud y byddai'r rhybudd yn cael ei sgrifennu gan Sarjant Cummings cyn y câi ddweud dim.

<u>Further statement</u> <u>at</u> [illegible] 5.20pm

I have been cautioned that I am not obliged to say anything unless I wish but that whatever I do say will be taken down in writing and may be given in evidence. [signed] Teed.

I wish to change my first statement. I was at Forestfach on Friday night and I did go in the Post Office it was about quarter to seven. I waited outside until I see [illegible] nobody about then I went and knocked at the side door. As soon as I knocked Mr. Williams answered the door but the only reason for my knocking was to see if there was anyone in. see When he answered the door I was rather surprised because I hadn't really expected an answer as there were no lights showing at the windows. My idea was to find out if there was anyone in and then get in by the best possible means.

Dyma'i ail ddatganiad.

'Roeddwn yn Swyddfa Bost Fforest-fach nos Wener ac euthum i mewn, roedd hyn tua chwarter i saith. Arhosais y tu allan nes nad oedd neb o gwmpas yna cnociais y drws. Atebodd Mr Williams y drws ond yr unig reswm i mi gnocio oedd i gael gweld a oedd rhywun yno, chi'n gweld. Cefais fy synnu braidd achos nid oeddwn yn disgwyl ateb am nad oedd golau yn y ffenestri. Fy mwriad oedd gwybod a oedd rhywun yno ac wedyn mynd i mewn orau y medrwn. Fel y dywedais, pan atebodd ef synnais, ac yr oeddwn yn ofni iddo fy adnabod. Felly y peth cyntaf a wnes oedd ei wthio yn ôl, yna dechreuodd weiddi a stryglan â mi. Roedd morthwyl yn fy mhoced—deuthum ag ef gyda mi rhag ofn y byddai'n rhaid i mi dorri i mewn. Gwyddwn pe byddwn yn ymladd ag ef yn rhy hir y byddai rhywun yn siŵr o glywed ac efallai dod i weld, felly tynnais y morthwyl o'm poced a'i daro. Yn lle'i fwrw yn anymwybodol fel y disgwyliwn, daliodd ati i ymladd, felly deliais innau ymlaen i'w daro, ond daliai i weiddi o hyd a bu'n rhaid i mi ddal i'w daro er mwyn dianc achos roedd yn cydio ynof. Yn y diwedd syrthiodd i'r llawr gan fy nhynnu innau gydag ef. Yna aeth—wel—yn dawel, roedd yn griddfan o hyd a chymerais rai allweddi o'i bocedi a'u defnyddio i agor drws y Swyddfa Bost o'r pasej. Gadewais yr allwed yn y clo. Roedd yna lawer o allweddi a chollais rai. Es i mewn a thrio agor pob drôr i weld a oedd arian yno. Chwiliais o gwmpas ond roedd yn dywyll a minnau'n methu gweld. Roedd e'n dal i ochneidio ac yna dechreuodd symud—fel pe bai'n mynd i godi. Nid oeddwn am iddo fy ngweld, felly diffoddais y golau a mynd am y drws. Yna meddyliais y byddai'n well cynnau'r golau fel y gallai rhywun ei weld—plismon ar ei rownd efallai—a mynd i edrych. Roeddwn am i hynny ddigwydd, nid oeddwn am iddo golli gormod o waed. Wedyn dechreuodd godi eto, bu'n trio codi drwy'r amser ond roedd yn methu cael ei draed odano am fod y llawr yn llithrig gan y gwaed, ac yna'r peth olaf a welais i oedd ei fod wedi dod i'w benliniau. Euthum allan drwy ddrws y ffrynt. Roeddwn yn bwriadu gadael y drws ar agor ond roedd rhywun y tu allan yn postio llythyr, felly tynnais y drws ar fy ôl a'i gau yn dynn fel y gwnâi rhywun wrth adael y lle. Wel, dyna'r cyfan yr wyf am ei ddweud. Fe ddywedais wrth rywun am hyn yn y caffi yng Nghwmbwrla. Rwy'n credu mai Ron yw ei enw. Mae rhagor yr wyf am ei ddweud. Nid oedd gennyf fwriad o gwbl i niweidio'r hen ŵr. Nid oedd gennyf fwriad hyd yn oed cyffwrdd ag ef na gwneud yr hyn a wneuthum. Rwy'n credu bod rhywun wedi bod yno ar fy ôl i achos ni fûm i yn agos i un o'r seddau ar y Sgwâr na'r siop radio ac ni fedraf ddeall y gwaed yna i gyd ar y sedd o'r hyn a ddarllenais yn y papurau. Torrodd y morthwyl yn fy llaw. Hedfanodd i rywle ac anghofiais bopeth amdano yn fy mraw. Darllenwyd y datganiad yma i mi ac y mae'n wir.'

(Arwyddwyd) V.F. Teed

Roedd yn amlwg fod Teed wedi bod yn dilyn yr hanes yn y papurau ac yn ddigon cyfrwys i geisio cymhlethu pethau drwy ei awgrym fod rhywun arall wedi bod yn y Swyddfa Bost ar ei ôl ef y noson honno—posibilrwydd nad oedd yr heddlu wedi ei ddiystyru, mae'n siŵr. Ond nid oedd y dystiolaeth yn cadarnhau hynny. Roedd dadansoddiad Glyndwr Davies o'r gwaed ar y sedd ac ar y palmant yn dangos yn eglur mai gwaed Grŵp A ydoedd tra mai gwaed Grŵp O oedd gwaed y postfeistr a'r holl waed a gafwyd o'r tu mewn i'r cyntedd. Nid oedd gan y gwaed o'r tu allan ddim i'w wneud â'r llofruddiaeth. Adweithio i waed Grŵp O hefyd a wnaeth yr holl olion gwaed ar ddillad Teed, ei esgid chwith, a'r baw a gafwyd o dan ei ewinedd, ac olion gwaed o'r un grŵp a gafwyd ar y morthwyl, a phrofwyd mai gwallt William Williams oedd o hyd yn glynu wrtho.

Pan fo dafn o waed yn trafaelu drwy'r awyr mae'n mynd ar siâp gellygen, hytrach yn debyg i ddiferion o dap dŵr, gyda chynffon fechan yn dilyn corff y defnyn. Pan ddisgynna'r dafn ar fur neu bared bydd ôl y gynffon honno, pa mor fach bynnag y bo, yn dangos yn eglur o dan chwyddwydr yr arbenigwr o ba gyfeiriad y bydd wedi dod.

Yn groes i fersiwn Teed o'r drosedd yn ei ddatganiad roedd y cannoedd smotiau gwaed ar y llawr a'r muriau yn y Swyddfa Bost a'u huchder yn profi bod y postfeistr wedi cael ei daro nifer o weithiau pan oedd ar lawr, achos yr oedd mwyafrif y smotiau gwaed o fewn tair troedfedd i'r llawr. Ac ymysg y gwaed ar y ryg hwnnw cafwyd tameidiau bychain o asgwrn yn gymysg â chrafion o blaster o'r wal a phaent, a awgrymai fod y truan wedi ceisio plygu'r ryg fel rhyw fath o obennydd iddo'i hun i leddfu rhywfaint ar boenau dychrynllyd ei funudau olaf.

Honnodd Teed hefyd iddo adael yr adeilad 'drwy ddrws y ffrynt', ond cafwyd hwnnw wedi ei folltio o'r tu mewn ac nid oedd olion gwaed o gwbl ar y bollt, tra oedd olion ar bob drws arall ac yn enwedig ar ddwrn y clo *Yale* yn nrws ochr y tŷ.

Mae'n rhaid mai drwy hwnnw yr aeth allan a dyna ddymchwel ei honiad iddo drio gwneud rhywfaint o drugaredd â'r hen ŵr drwy geisio gadael ffordd i rywun ddod o hyd iddo. Eithr o dan Reolau'r Barnwyr yr adeg honno, nid oedd gan Miller yr hawl i'w groesholi wrth iddo wneud datganiad gwirfoddol, ac y mae'n ddigon posibl, wrth gwrs, iddo fod wedi gwneud camgymeriad.

Bu'r achos traddodi gerbron Llys Abertawe ar 18 ac 19 Rhagfyr a chyflwynwyd yr holl dystiolaeth, gan alw ar dad a brawd y cyhuddiedig i dystio'n ei erbyn, ac, fel y gellid disgwyl, yr oedd y ffaith fod gan Teed draed anarferol o fychain—maint chwech i fod yn fanwl—yn allweddol yn yr achos. Rhoddodd yr Ynad Cyflogedig, H. Llewelyn Williams C.F., y cyhuddiad yn ffurfiol iddo a'i ateb oedd, 'Plediaf yn ddieuog ac nid oes gennyf ddim i'w ddweud ar hyn o bryd.'

'Oes gennych chwi dystion i'w galw heddiw?'

'Nac oes, ar hyn o bryd,' atebodd yntau.

Anfonwyd ef i sefyll ei brawf ym Mrawdlys Morgannwg yng Nghaerdydd, a'i gadw yn y ddalfa ond caniatawyd cymorth cyfreithiol iddo. Caniatawyd iddo hefyd gael gweld ei gariad, Beryl Doyle, cyn gadael y llys oni byddai gan awdurdodau'r carchar wrthwynebiad.

Ar ddydd Llun 17 Mawrth 1958, agorwyd yr achos yng Nghaerdydd o flaen Mr Ustus Salmon. Mr Mars Jones C.F. oedd yn erlyn gydag E. P. Wallis-Jones yn Gwnsler Ieuaf. Elwyn Jones C.F. oedd yn amddiffyn gyda Dyfan Roberts yn ei gynorthwyo. Plediodd Teed yn ddieuog i'r cyhuddiad o Brif Lofruddiaeth ac yna galwyd enwau'r rheithgor. Tra bu'r rheiny—deg gŵr a dwy wraig—yn cymryd y llw roedd yn welw ei wedd ac yn crynu fel deilen.

Ni wadai o gwbl mai ef a laddodd William Williams, ond er mwyn ceisio gostwng y cyhuddiad i un o ddyn-laddiad, dadleuwyd ei fod ar y pryd yn dioddef o salwch meddwl—cyfrifoldeb lleiedig—ac mai'r annormalaeth meddwl hwnnw oedd wedi amharu ar ei gyfrifoldeb meddyliol. Cyfrifoldeb yr amddiffyniad oedd profi hynny a cheisiodd Elwyn Jones argyhoeddi'r rheithgor fod gan Teed bersonoliaeth seicopathig. Eithr ar ran y Goron, tystiodd dau arbenigwr yn groes i hynny—Dr. Andrew Fenton, Swyddog Meddygol mewn sawl carchar gan gynnwys Carchardai Caerdydd ac Abertawe, a Dr. Hugh Elwyn James, Prif Swyddog Meddygol Carchar Abertawe.

Roedd gan Fenton brofiad helaeth yn y maes ac yr oedd wedi archwilio 250 o bobl wedi eu cyhuddo o lofruddiaethau. Bu'n cyfweld Teed yn Abertawe ar 28 Tachwedd a hefyd yng Ngharchar Bryste sawl gwaith rhwng 14 Ionawr a 4 Chwefror. Yn ei farn ef nid oedd y carcharor yn dioddef oddi wrth unrhyw wendid seicopathig, nid oedd unrhyw dystiolaeth i awgrymu hynny meddai. Roedd yn amlwg wedi cynllunio'n hollol glir ei feddwl sut i gyflawni lladrad o'r Swyddfa Bost, gwyddai fod Williams yn ei adnabod ac y buasai'n rhaid iddo ei ladd. Buasai'n chwarae gwyddbwyll ac yn ymddwyn yn hollol normal gydol yr amser y bu yng Ngharchar Bryste. Prin y byddai ymddygiad o'r fath yn debygol mewn rhywun yn dioddef yn seicopathig. Caniatâi fod Teed, o bosibl, yn dioddef o 'annormalaeth cymeriad' ond nid o 'annormalaeth meddwl'.

Tystiodd Hugh Elwyn James i'r un perwyl, ond dros y diffynnydd mynnai Dr. Eurfyl Jones yn hollol groes i hynny, gan roi ei resymau dros ddal fod Teed yn dioddef o wendid meddwl a olygai gyfrifoldeb lleiedig. Yn y pen draw, ac wedi diosg areithiau'r ddau dwrne o'u termau meddygol, craidd yr achos oedd pa un o'r ddau oedd wedi llwyddo i argyhoeddi'r rheithgor.

Drannoeth, crynhodd y Barnwr y dystiolaeth gan egluro'r gyfraith yn fanwl i'r rheithwyr. Yr oedd pedair dedfryd yn bosibl: Prif Lofruddiaeth, hynny oedd llofruddiaeth yn ystod neu er hyrwyddo lladrad; Llofruddiaeth Seml; Dyn-laddiad, ac yn olaf Dieuog. Ciliodd y rheithgor o'r neilltu i ymgynghori ond wedi dwyawr daethant yn ôl wedi methu cytuno, a'r pryd hwnnw yr oedd yn ofynnol i'r deuddeg fod yn unfarn yn eu casgliad.

Cyfarchodd Mr Ustus Salmon hwynt wedyn, 'Yr ydych yn gorff o ddinasyddion. Mae pawb ohonoch wedi tyngu llw i gyhoeddi dedfryd yn unol â'r dystiolaeth. Wrth gwrs mae dyletswydd arnoch, nid fel unigolion, ond fel corff unfrydol.

'Ni ddylai neb gael ei orfodi i benderfynu dedfryd, ond er mwyn dod i ddedfryd unfrydol—eich dedfryd chwi i gyd—mae'n rhaid wrth ymresymu a rhywfaint o gyfaddawdu a chywiro barn o fewn cwmpas y llw a dyngasoch.

'Achosir cryn anhwylustod cyhoeddus a thraul os metha rheithgor gytuno oherwydd anfodlonrwydd un o'r aelodau i wrando ar ddadleuon y lleill. A gaf fi bwysleisio bod eich dyletswydd chwi yn ymwneud â'r dystiolaeth yn unig. Mae unrhyw un sy'n gwrthod rhoddi dedfryd yn unol â'r dystiolaeth ac yn cael ei ddylanwadu gan ystyriaethau eraill yn anffyddlon i'w lw ac yn annheilwng i eistedd ar fainc rheithgor.

'Nid yw canlyniad eich dedfryd yn ymwneud â chwi o gwbl. Ni fydd yr hyn a all ddilyn yn ddim i'w wneud â chydwybod yr un ohonoch. Nid hynny yw cyfrifoldeb yr un ohonoch chwi. Eich dyletswydd chwi fel dinasyddion yw rhoi dedfryd yn unol â'r dystiolaeth a dim arall. Os gwelwch yn dda ewch o'r neilltu unwaith eto i ystyried eich dedfryd.'

Awr a chwarter yn ddiweddarach, daethant yn eu hôl wedyn ac estynnodd y fforman nodyn i'r Barnwr. Wedi'i ddarllen, troes Mr Ustus Salmon at y llys a dweud, 'Ym marn un aelod nid yw'r erlyniad wedi profi nad oedd amharu sylweddol ar gyfrifoldeb y diffynnydd am ei weithred. Mae'r gweddill wedi eu darbwyllo bod yr erlyniad wedi profi'r mater.'

Yna troes at y rheithwyr unwaith yn rhagor. 'Mae'n rhaid i mi ofyn i chwi ailystyried eich dedfryd a chredaf mai fy nyletswydd yw eich atgoffa o'r hyn a ddywedais wrth grynhoi.

'Cyn belled ag y mae amharu ar gyfrifoldeb yn y cwestiwn, nid dyletswydd yr erlyniad yw ei wrthbrofi. Mae'r cyfrifoldeb o brofi 'amharu ar gyfrifoldeb' neu 'gyfrifoldeb lleiedig' ar yr amddiffyniad.

'Os nad yw'r diffynnydd yn eich bodloni, mae yn methu. Ef sydd i fod i brofi hyn. Os gwelwch yn dda, ailystyriwch eich dedfryd.'

Yr oedd yn amlwg fod cydwybod un o'r deuddeg yn ei bigo wrth ystyried bod bywyd neu farwolaeth cyd-ddyn yn gorwedd ar ei benderfyniad ef. Eithr bron i awr yn ddiweddarach daethant i gasgliad unfarn—euog.

Wedi galw ar Teed i sefyll, gwisgodd y Barnwr y capan du i gyhoeddi'r ddedfryd a'r geiriau tyngedfennol: 'Cosb y Llys hwn yw eich bod i ddioddef marwolaeth yn null awdurdodedig y gyfraith. Boed i Dduw drugarhau wrth eich enaid.'

Wrth gael ei arwain o'r doc, oedodd am ennyd i godi'i law chwith ar ddwy wraig yn yr oriel gyhoeddus. Yna aeth i lawr y grisiau i'r celloedd islaw yng ngofal dau swyddog carchar. Digwyddai un ohonynt fod yn ewythr i mi, Oliver Davies, a fu'n swyddog yng Ngharchar Caerdydd am flynyddoedd ac a ddewiswyd yn un o'r rhai a fyddai'n gwarchod Teed yn nghell y condemniedig. Bu wrth y gorchwyl atgas fwy nag unwaith yn ogystal â gwasanaethu mewn dienyddio. Gan gymaint y tensiwn a fagai'n gynyddol wrth i'r awr dyngedfennol nesáu, o'r braidd nad oedd yn fendith gweld y cyfan drosodd.

Yn anochel apeliodd Teed yn erbyn y ddedfryd ac aeth gerbron yr Arglwydd Brif Ustus Goddard a'r Ustusiaid Hilberry a Donovan yn y Llys Apêl ar 21 Ebrill. Ond heb hyd yn oed alw ar y Cwnsler dros y Goron, trowyd yr apêl o'r neilltu. Yn ôl yr arfer, roedd yn rhaid i ddau ddydd Sul fynd heibio rhwng dyddiad apêl a diwrnod y dienyddio a phennwyd dydd Mawrth

Oliver Davies

6 Mai, dair wythnos cyn pen blwydd Teed yn bump ar hugain oed, iddo fynd i'r crocbren. Cyflwynwyd deiseb ar ei ran i'r Ysgrifennydd Cartref yn ymbil am leihau'r gosb ond ofer fu pob ymdrech i arbed ei fywyd.

Ar fore dydd Sadwrn 3 Mai 1958—diwrnod rownd derfynol Cwpan FA rhwng Bolton Wanderers a Manchester United—cyhoeddwyd ymateb yr Ysgrifennydd Cartref na fedrai weld un rheswm dros ymyrryd yng nghwrs y gyfraith, ac aeth Rheolwr y Carchar yn Abertawe i gell y condemniedig i hysbysu Teed y byddai'n cael ei grogi ymhen tri diwrnod. Roedd ganddo radio yn ei gell ac yn ddiweddarach y prynhawn hwnnw clywodd arno gyhoeddi cadarnhad ei farwolaeth ei hun.

Yn y cyfamser roedd y gêm fawr ar gychwyn yn Wembley, a'r dorf yn morio 'Abide With Me' a seiniau'r hen emyn dôn honno a fu'n cysuro cymaint mewn pob math o gyfyngder yn llenwi conglau cell yr anobaith. Wrth i'r canu gynyddu, gwelwyd rhyw dawelwch tangnefeddus yn disgyn ar y carcharor a dechreuodd ganu gyda'r dyrfa anweledig a'i lais yn cryfhau, cryfhau o hyd.

Weddill y prynhawn gwrandawodd ar sylwebaeth y gêm yn ddyn gwahanol, fel petai wedi dod i delerau ag ef ei hun. Gyda'r nos, â seiniau'r emyn o hyd yn canu yn ei ben, gofynnodd i un o'i warchodwyr a fedrai ganu. Fel y digwyddai, yr oedd hwnnw'n berchen ar un o'r lleisiau bas gorau a drafaeliodd eisteddfodau Sir Aberteifi erioed, ac am yr eildro'r diwrnod hwnnw roedd llawr y gell yn lle i'r gân a'r deisyfiad am gymorth yr '*help of the helpless*' yn llenwi'r lle.

Erbyn pedwar o'r gloch, dydd Llun, er na wyddai Teed mo hynny, roedd y crogwr wedi cyrraedd ac ni fyddai'n gadael y carchar wedyn tan iddo orffen ei waith. A thua'r un pryd byddai'r rhaff a'r cyfarpar arall wedi cyrraedd o Wandsworth—yno y cedwid y pethau hynny ym mlynyddoedd olaf crogi.

Gwawriodd dydd Mawrth 6 Mai yn gymylog gyda glaw mân. Roedd torf wedi crynhoi y tu allan i'r carchar, rhai i brotestio ac eraill o ran cywreinrwydd, ac yn eu plith un o gyfoedion ysgol William Williams. Am wyth o'r gloch, yn ôl yr arfer, daeth gwarchodaeth y ddau swyddog a fu'n gwmni i Teed am y tridiau olaf i ben a newidwyd hwy am ddau swyddog lleol. A phrin bod seiniau'r cloc yn taro naw wedi distewi nad oedd y cyfan drosodd a dienyddio yng Ngwlad y Menig Gwynion wedi dod i ben.

Am un-ar-ddeg o'r gloch cynhaliwyd cwest ar Vivian Frederick Teed, carcharor Rhif 9936, o flaen rheithgor a'r Crwner, David Rhys James, Crwner Gŵyr. Derbyniwyd tystiolaeth y Ditectif Brif Arolygydd Thomas Dunford am restio Teed, am y ddedfryd yn y Brawdlys ac am adnabyddiaeth o'r corff. Yr unig dyst oedd Rheolwr Carchar Abertawe, Yr Uchgapten Geoffrey Nash, a ddywedodd iddo fod yn bresennol yn y dienyddio 'a gyflawnwyd yn gywir ac yn gyflym'.

Teulu Trallod

Mae ambell deulu fel petai trallodion yn digwydd yn amlach yn eu hanes nac yn hanes pawb arall, ac mae'n anodd peidio â theimlo bod teulu'r Teediaid yn un o'r rheiny. Yr oedd tad-cu Vivian yn löwr ac yn ŵr digon garw'i ffordd yn ôl pob hanes—nes i ddiwygiad '04 gael gafael arno. Newidiodd yn gyfan gwbl yn ôl y sôn gan ddylanwadu ar holl weithwyr eraill Pwll Garn-goch nes i'r rheiny hefyd gael tröedigaeth. Yr hen geffylau truain, nad oeddent wedi cael dim ond y gair nesaf i bastwn erioed, nes bod rhegfeydd a llwon wedi dod mor gyfarwydd iddynt nes mynd yn llwyr ddiystyr, yn sydyn reit yn gorfod ymdopi ag iaith lân a thyner, a gweddustra llwyr anghydnaws â gerwinder y ffas. Buont yn pallu'n lân a gweithio am agos i wythnos nes cynefino â'r drefn newydd!

Daeth ei ferch hithau o dan yr un dylanwad yn ifanc a phan briododd hi ceisiodd ei gorau glas i ennill ei gŵr yntau i deulu'r ffydd. Ond er iddo ymdrechu'n deg weddill ei oes gofynnai ar ei wely angau '*Why does he pass me by*'. Druan o Elizabeth Teed, 'gorthrymderau mawr o hyd' fu ei hanes drwy'i bywyd.

Bu iddynt un-ar-ddeg o blant—Joan yr hynaf o'r merched, Sylvia, Margaret a Hilary yr ieuengaf. Ond bu farw Margaret yn chwe wythnos oed. Bu farw bachgen bach hefyd yn ddeuddydd oed, a magasant John, Vivian, Douglas, Stanley, Donald a Brian o fechgyn. Cawsant bob un yn ei dro dröedigaeth grefyddol—pawb ond Douglas, ac yn wir mae Stanley yn dal i bregethu'r Efengyl bob Sul.

Ond bu farw John mewn damwain yn ei waith ac yntau'n ddim ond un-ar-hugain oed. Llithrodd peiriant yr oedd yn ei yrru ar safle adeiladu dros ddibyn a'i ladd—a hynny tra oedd Vivian a Douglas yng Ngharchar Camp Hill Ynys Wyth. Bu farw Douglas mewn ffrwgwd yn ei gartref un noson—roedd ganddo gyllell yn ei law a rhywfodd aeth honno i'w galon yn yr ymrafael. Carcharwyd mab Stanley am ddyn-laddiad wedi iddo ladd ei wraig, ac wrth gwrs, crogwyd Vivian.

Yn bedair ar ddeg oed aeth Joan i weithio, ond fel y ferch hynaf o'r teulu bu'n gefn mawr i'w mam, gan hanner magu'r plant lleiaf. Arferai gario Vivian yn faban siôl o gwmpas i'w ddangos i'r cymdogion, yn falch iawn ohono mae'n siŵr.

Bu pump o'r plant yn ifaciwîs yn Sir Gaerfyrddin adeg y rhyfel—Sylvia yn Llwyn-teg, Meidrim ac yn ddiweddarach yng Nghwm-cloch, John a Douglas yn Eithin Duon Uchaf a Stanley a Vivian yn Eithin Duon Isaf gyda Beti Howells a Gwyneth ei chwaer. Roedd y rheiny newydd golli'u mam ac er nad oedd Beti ond llances bedair ar bymtheg oed ei hunan hi fu mamfaeth y ddau ffoadur bach, a chan mai wyth oed oedd Vivian tueddai i gael tipyn bach mwy o raff na'i frawd hŷn.

Yn naturiol, âi'r plant i Ysgol Sul Capel Ffynnon Bedr gerllaw ac i Ysgol Alma ddyddiau'r wythnos, gan ddod yn Gymry Cymraeg mewn dim amser, ac fel plant eraill yr ardal cymerai Vivian ran mewn cyngherddau lleol i groesawu'r milwyr adref o'r rhyfel. Mae'n amlwg iddo fod wrth ei fodd yno, achos ymhen blynyddoedd, nid unwaith na dwywaith y rhedodd i ffwrdd o'i gartref yn Abertawe ac yn Eithin Duon Isa' y cafwyd ef bob tro.

Buont yno am dair blynedd, a phan ddychwelodd y lleill arhosodd Stanley yn was ffarm yn yr ardal. Ym meudy Gelli Aur yr oedd pan gafodd ei dröedigaeth. O'r eiliad honno cysegrodd ei fywyd yn gyfan gwbl i ledaenu'r Efengyl.

Ond mae'n debyg nad oedd Douglas yn ddylanwad llawn cystal ar Vivian. Un gwyllt ei dymer oedd ef, yn taro gyntaf a meddwl wedyn. Dedfrydwyd y ddau i ddwy flynedd yng Ngharchar Camp Hill wedi i Douglas ymosod ar ddyn mewn bws, er bod lle i gredu na chymerodd Vivian fawr o ran yn y drosedd. Eithr barnwyd ei fod yn ategol iddi.

Bu profiad Ynys Wyth, ynghyd â'r hyn a deimlai ef oedd yn anghyfiawnder dybryd, yn fodd i'w chwerwi am weddill ei oes. Yn ddiamau bu cyfathrach â throseddwyr gwargaled y carchar yn ddylanwad hollol groes i egwyddor honedig carcharu, sef diwygio drwgweithredwr yn ogystal â'i gosbi.

Cyn pen ychydig fisoedd wedi'i ryddhau yr oedd wedi cymeryd y morthwyl hwnnw a llofruddio gŵr diamddiffyn yn anghredadwy o greulon. Ond nid oedd, un ai oherwydd ei fraw neu o achos rhyw weddillion o gywilydd rywle yng ngwaelod ei enaid, wedi cyflawni'i fwriad o ddwyn yr un ddimai. Nid oedd chwaith wedi trio'n galed iawn i ddileu'r dystiolaeth. Wedi'r cyfan, medrai'n hawdd fod wedi cael gwared o'i ddillad gwaedlyd ac o leiaf geisio golchi olion ei erchyllwaith o dan ei ewinedd a mynnu ei hawl i wrthod rhoi sampl o'i waed i'w ddadansoddi. Ni ddewisodd chwaith fynnu cyfreithiwr i siarad drosto yn ei gyfweliadau cyntaf. Nid yw'n anodd dychmygu twrnai galluog yn ei gynghori i ddweud mai o gasineb cynhenid, neu o ryw ddialedd dychmygol, y lladdodd William Williams. Er na fyddai hynny'n debyg o'i gael yn rhydd, fel yr oedd y gyfraith ar y pryd o leiaf byddai'n gam tuag at ei ddiogelu o'r crocbren.

Yr oedd, yn ôl tystiolaeth ei lythyron, yn ŵr o grebwyll. Ac eto dewisodd beidio â dangos unrhyw gyfrwystra pan oedd yn fater o ddiogelu ei groen ei hun.

Roedd Joan yn briod ac yn disgwyl plentyn adeg y llofruddiaeth, a'r nos Sadwrn honno y gwelwyd yr hanes yn yr *Evening Post* yr oedd yn nhŷ ei rhieni a Vivian gyda hwy. Yn naturiol, y mwrdwr oedd testun y sgwrs ac arswyd yng nghalonnau pawb. Mynnodd ei thad i Vivian hebrwng Joan adref, rhag ofn, a'r drychineb yn Fforest-fach oedd y siarad rhyngddynt ar y ffordd. Gobeithiai Joan y byddai y llofrudd yn cael ei ddal gan ei fod yn haeddu'r gosb eithaf, ond atebodd ei brawd ei bod yn bosibl nad oedd wedi bwriadu lladd, yn wir, ei fod yn fwy na thebyg mai felly yr oedd! Ffarweliodd y ddau wrth y llidiart ac arhosodd yntau yn y fan nes iddi gyrraedd y drws, yna trodd hithau a chodi'i llaw arno. Dyna'r tro olaf iddi ei weld yn ddyn rhydd.

Wedi i Vivian gael ei restio ymwelai Joan â'r carchar yn gyson ac fel y gellir dychmygu roedd y tensiwn rhyngddynt bron yn annioddefol. Gorchwyl digon anodd yn fynych yw ymweld â chlaf mewn ysbyty ond mae'n rhaid bod chwilio am eiriau o gysur i'ch brawd eich hunan o dan gwmwl llofruddiaeth erchyll yn uffern ar y ddaear. Crynai Vivian drwyddo yn ddibaid, ac o'r braidd y medrai dorri gair â hi. Ond yr oedd gan Joan nerth ei chred, a'i hanogaeth o hyd oedd iddo geisio'r Arglwydd a'i Iachawdwriaeth Ef.

Yna bu'n rhaid ei dwyn i ysbyty oherwydd cymhlethdodau ei beichiogrwydd i gael trallwysiad gwaed ac yno y clywodd y newydd am ddedfrydu ei brawd, a hynny yn y modd creulonaf posib. Un o'i chyd-gleifion, heb wybod am y berthynas rhyngddi a Vivian, yn dweud mewn dicter cyfiawn, mae'n siŵr 'eu bod yn mynd i grogi'r bachan Teed 'na'. Tynnodd Joan y dillad gwely dros ei phen ac wylo'i hing i obennydd ei galar, ond wedi dod ati'i hun mynnodd gael dweud y cyfan wrth bawb yn y lle.

Er na fedrai ymweld â'i brawd llythyrai'r ddau yn gyson, a'i llythyrau hi yn ddieithriad yn gorffen gyda'r dymuniad iddo geisio'r Arglwydd. Mewn un llythyr gofynnodd ef iddi enwi'r baban yn Marc os mai bachgen fyddai, a thridiau wedi iddo golli ei apêl ganwyd plentyn Joan. Merch ydoedd a galwyd hi yn Sharon Grace, 'am mai ystyr y gair Grace yw *God's Riches at Christ's Expense*, a bod arnom fel teulu angen gras yr adeg honno'n arbennig'. Ond gwireddwyd dymuniad Vivian flynyddoedd yn ddiweddarach pan alwyd ŵyr cyntaf Joan yn Marc.

Fel y dynesai dyddiad y dienyddio gwelid nifer o bobl chwilfrydig yn cerdded Heol Manor, gan aros i syllu ar Rif 19, a rhai ohonynt hyd yn oed yn sbecian drwy'r ffenestri. Un noson aeth Joan i ateb cnoc ar ddrws y ffrynt. Pan gyrhaeddodd nid oedd neb yno ond roedd darn o raff wedi'i chlymu mewn cwlwm rhedeg yn hongian o'r bocs llythyron. Yr oedd ei mam ar y pryd wedi niweidio'i chefn ac yn methu â cherdded, felly ni fedrodd hi ymweld â Vivian o gwbwl, ond ysgrifennai ato'n gyson, a châi hanes pob ymweliad gan Joan, a'i gorchymyn bob tro fyddai, 'Cofia fi ato, a dwed wrtho am geisio'r Arglwydd.'

Brynhawn Sadwrn 3 Mai, wedi'r oedfa ryfedd honno yng nghell y condemniedig, aeth caplan y carchar i weld mam Vivian gan ddwyn y newyddion da am ei dröedigaeth. Yr oedd Vivian meddai wedi gofyn iddo ddarllen Y Drydedd Salm ar Hugain a Dameg y Mab Afradlon. I'w fam yr oedd hynny'n brawf sicr fod ei mab wedi edifarhau, ac yn ei llawenydd ei hateb hi oedd ei bod yn fil gwell ganddi iddo gael ei grogi yn gadwedig na'i weld yn dod o'r carchar ymhen deng mlynedd a heb ei achub.

Ar y pryd yr oedd Douglas yntau yn yr un carchar am drosedd arall eto, a chan ei bod yn siŵr mai'r prif bwnc siarad ymhlith y carcharorion fyddai'r crogi oedd i fod ymhen tridiau, symudwyd ef dros dro i garchar Caerdydd. Rhyfedd fod yr un a fu efallai'n gymaint achos â'r un i gychwyn Vivian ar lwybr ei ddistryw bron am y pared ag ef pan ddaeth y llwybr hwnnw i ben. A rhyfeddach fyth mai ef, unig eithriad teulu'r achubiaeth oedd yr un agosaf ato pan dorrodd arno'r wawr. Drwy ddirgel ffyrdd . . . Eithr yng ngorfoledd ei sicrwydd newydd yn ei lythyr olaf personol iawn i'w fam mae sŵn holl wewyr dynoliaeth yr oesoedd.

> *. . . I won't say that I am not afraid, I am very afraid. Everyone must be afraid of dying. If we weren't we wouldn't struggle so hard to live. I'm not ashamed to admit my fear to you, but no one in here will see it.*

Drannoeth aeth Joan i'r carchar am y tro olaf, gan fynd â'r baban bach gyda hi yn ôl dymuniad ei brawd. Nid oedd wedi ei weld ers iddo gael ei ddedfrydu, chwe wythnos ynghynt. Erbyn hynny, wrth gwrs, yr oedd Vivian yng nghell y condemniedig ac wrth i Joan gael ei thywys i'r adain honno o'r carchar teimlai ryw ias sinistr yn cerdded ei holl gorff wrth iddi ddringo'r grisiau. Synhwyrai naws tynged drwy'r holl le a gwyddai mai yn yr union fan honno y deuai einioes ei brawd i'w therfyn. Ac eto, mewn rhyw ffordd ryfedd cysurai ei hun na fyddai'n rhaid iddo ddringo'r grisiau hynny i'w dranc—yr oedd yno'n barod.

A'i baban yn ei chôl nid oedd hyd yn oed gadair ar ei chyfer hi na'r carcharor. Dim ond panel o wydr iddynt sefyll o boptu iddo a siarad drwyddo orau y medrent. Ond pan ddygwyd Vivian i mewn gwelodd ar unwaith ei fod wedi newid yn hollol. Roedd cryndod chwe wythnos yn ôl wedi mynd a thawelwch yn ei lygaid, a'r hedd hwnnw 'na wŷr y byd amdano' yn goleuo'i wynepryd.

Mae'n siŵr ei bod yn ddigon anodd ceisio sôn am bethau dyfna'r ysbryd ar adeg o'r fath o gwbl, heb sôn am geisio gwneud hynny drwy banel gwydr, ac ni fedrent hyd yn oed gyffwrdd dwylo. Gymaint mwy cysurlawn yn aml mewn trallod yw'r cyffyrddiad ysgafnaf na'r geiriau dwysaf. A Sharon Grace dair wythnos oed a dorrodd yr iâ. Syllai Vivian arni fel petai'n gweld angel, yn enwedig pan dynnodd ei mam yr hosanau bychain oddi amdani er mwyn iddo weld ei thraed pitw, perffaith—y traed hynny nad oeddent wedi'u llychwino ar ffyrdd y byd. Ac â bysedd y plentyn bach yn gafael yn dynn am fys modrwy'i mam bu'r brawd a chwaer yn sgwrsio am amser yn ail-fyw dyddiau hapus eu plentyndod. Yr oedd Sharon fach yn sicr wedi dod a gras gyda hi.

Wrth dynnu'r ymweliad i ben trodd Joan at y ddau swyddog a safai o'r tu ôl i Vivian gydol yr amser i ddiolch iddynt am edrych ar ei ôl ac am bob caredigrwydd yr oeddent wedi'i ddangos tuag ato. Ac y mae'n rhaid bod diffuantrwydd syml ei geiriau wedi cyffwrdd dwy galon yr oedd blynyddoedd o warchod troseddwyr wedi eu hen galedu. Pan ymadawodd dim ond ei llygaid hi a'r truan oedd i farw ymhen deuddydd oedd yn sych.

Ar ei ffordd adref teimlai ysgafnder y dedwyddwch y bu'n ei geisio ers misoedd a holl faich ei phryder yn llithro oddi arni. Brysiodd i ddweud wrth ei mam fod Vivian wedi'i achub a gorfoledd yn ei llais ac o'r eiliad honno syrthiodd blynyddoedd oddi ar ysgwyddau un a welodd fwy na'i siâr o drallod y byd. Aeth ar ei gliniau'n union, gan weddïo dros bob un o'i phlant wrth ei enw, fel y gwnaeth bob dydd ers eu geni, ac fel y gwna o hyd.

Joan yn darllen llythyr olaf ei brawd iddi

5. 5. 58

In replying to this letter, please write on the envelope:—

Number 9936 Name TEED V

..................................Prison

H. M. PRISON,
SWANSEA.

Dear Joan

I got your letter off the boys today. I expected it this morning when I got Mam's. I should have realized you would have to send it with the boys. You gave me a fine visit yesterday. It was easy for me to be happy with you. You have been wonderful right through this.

I've written to Mam today but she wont get it until Wednesday. These letters are very hard to write. Sometimes I just feel like giving up so, every word comes from my heart, clean and true. There's no need for dramatics now. I dont have to act anymore. It's wonderful to feel so clean and honest. Its to be thinking of others. I'm thinking of Mam and Hilary and you and those two wonderful Brothers of mine. I am very proud of them both. They are as steady as rocks. Its funny how kindness can always upset me easily and yet the opposite never could. I could say a lot more Joan but I haven't left enough room to say goodbye properly so I'll do it in my normal way GOODNIGHT

S.E.I.T.P. K J
XXXX X X YOUR LOVING BROTHER VIV X

Llythyr olaf Vivian

Fore trannoeth aeth Donald a Brian i weld eu brawd, a'i gais olaf oedd am gael gweld hen ffrind iddo o ardal Caerfyrddin o'r enw Eileen. Efallai iddynt fod yn gariadon rywbryd gan mai i'w gweld hi yr aeth yn absennol o'r Llu Awyr flynyddoedd cyn hynny. Nid yw'n glir, fodd bynnag, o'i lythyr olaf a gafodd y dymuniad hwnnw ai peidio.

Eithr y mae ei fam yn hollol dawel ei meddwl. Hyd yn oed pan ofynnwyd iddi oni hoffai gael corff ei mab i'w gladdu ym mynwent y teulu ei hateb oedd nad oedd wahaniaeth ym mhle y cleddid y corff cyhyd ag y bo'r enaid gyda'r Arglwydd. Yn rhyfeddach fyth mae hi a gweddill y teulu yn dal o blaid dienyddio. Mae cyfraith Moses yn rhan o Drefn Rhagluniaeth.

Rhan o'r llythyr olaf (wedi'i gyfieithu i'r Gymraeg):

> Annwyl Joan,
>
> Cefais dy lythyr gan y bechgyn heddiw. Roeddwn yn ei ddisgwyl y bore yma pan gefais un Mam. Dylwn fod wedi sylweddoli y byddai'n rhaid i ti ei anfon gyda'r bechgyn. Rhoddaist ymweliad hyfryd i mi ddoe. Roedd yn hawdd i mi fod yn hapus gyda thi. Buost yn rhagorol drwy gydol y trwbwl yma ac rwy'n dy garu am hynny. Yn ystod y misoedd olaf hyn rwyf wedi dod i dy adnabod di a Ken yn well nag a wneuthum erioed o'r blaen. Wyddwn i ddim y medrai neb fod mor garedig ac mor anhunanol ag y buoch chwi eich dau. Byddai'n dda gennyf pe bawn wedi sylweddoli hynny pan oeddwn y tu allan. Buoch o help mawr i mi'r adeg honno hefyd, ac fe'ch telais yn ôl drwy eich gadael i lawr. Rwyf erioed wedi teimlo'n euog am hynny Joan. Yr oeddwn bob amser yn rhy hunanol. Cyn belled ag yr oeddwn i yn iawn ni faliwn lawer am neb arall. Trueni i mi ddysgu gwerthfawrogi caredigrwydd yn rhy hwyr. Rwy'n golygu hynna'n wirioneddol. Nid dim ond ei sgrifennu. Rwy'n credu bod yr holl drwbwl a'r gofid yma wedi fy helpu i dyfu i fyny. Ni chredaf fy mod yn ddyn cyn i hyn ddigwydd. Plentyn oeddwn o hyd. Tybiwn fy mod yn gwybod llawer am fywyd. Fedrai neb ddysgu dim i mi. Ond ni wyddwn ddim byd, serch hynny. Roedd caredig-rwydd a gweddeidd-dra yn rhyw bethau i gymryd mantais

ohonynt. Erbyn hyn gwn yn wahanol. Efallai dy fod wedi rhyfeddu ddoe pan ddywedais fod Eileen yn dod i'm gweld heddiw. Ond mae'n rhaid dy fod yn deall y rheswm fy mod am ei gweld. Gwnaeth lawer o bethau hyfryd er fy mwyn i ac yn awr, ar y diwedd, yr oeddwn am ddangos iddi fy mod wedi dod i sylweddoli mor dda yr oedd wedi bod. Rwy'n gweld pethau'n glir iawn yn awr, dyna pam rwy'n dweud fy mod yn credu i mi dyfu i fyny. Rwyf fel petawn yn meddwl yn wahanol yn awr. Rwy'n meddwl am bobol eraill am unwaith. Fedra i ddim peidio â theimlo braidd yn falch ohonof fy hun. Gynt nid oeddwn ond llipryn di-werth. Mae'n rhyfedd sut y medrai neb deimlo unrhyw fath o serch tuag ataf, ac eto i gyd rhoddwyd i mi lawer o garedigrwydd a chariad. Wn i ddim a ydwyf yn egluro hyn i gyd yn rhyw glir iawn, Joan, ond rwy'n credu y byddi yn medru deall fy nheimladau.

Rwyf wedi sgrifennu at Mam heddiw. Ni chaiff hi mohono tan ddydd Mercher. Mae'r llythyron hyn yn anodd iawn i'w hysgrifennu. Rwy'n teimlo weithiau fel rhoi'r gorau iddi ond rwy'n dal i wthio'r pin sgrifennu yn ei flaen a rhoi i lawr yn union yr hyn rwy'n ei feddwl. Does dim oedi i feddwl am bethau pert i'w dweud, mae pob gair yn dod o'r galon, yn lân a chywir. Does dim eisiau bod yn ddramatig bellach. Does dim rhaid actio mwy. Mae'n hyfryd teimlo mor lân a gonest. Ni theimlais fel hyn erioed o'r blaen. Mae'r holl ffugio a'r hunandosturi a'r eiddigedd a'r casineb fel petaent wedi eu golchi allan ohonof. Rwy'n teimlo'n anniddig ond rwy fel petawn yn meddwl am eraill. Rwy'n meddwl am Mam a Hilary a'r ddau frawd rhyfeddol yna sydd gennyf. Rwy'n falch iawn ohonynt eu dau. Maent mor gadarn â'r graig. Wyddost ti Joan, yr oeddwn yn arfer teimlo'n nerfus iawn pan fyddai rhai ohonoch yn dod yma i'm gweld. Roeddwn wastad yn ofni y byddech yn torri i lawr. Gwyddwn pe bai unrhyw un yn gwneud hynny, y byddwn innau'n dechrau hefyd. Lawer gwaith bu gennyf lwmp yn fy ngwddf a byddai wedi bod yn hawdd iawn. Yr ydych chi i gyd wedi arbed hynny i mi ac ni fedraf ddweud mor falch yr wyf. Rhyfedd fel y mae caredigrwydd yn fy anesmwytho lle na fedrai'r gwrthwyneb wneud hynny fyth. Medrwn ddweud llawer rhagor ond nid wyf wedi gadael digon o le i ddweud ffarwél yn iawn felly fe wnaf hynny yn fy ffordd arferol, NOS DA.

Dy serchus frawd Viv.

Vivian Teed yn y Llu Awyr

Elizabeth, ei fam, gyda'r awdur yn 1992

19 - 5/01
20 - 9/01
15 - 2/02
30 - 11/03
43 - 3/04
33 1/1/05
47 - 5/05